PRÁTICA ADMINISTRATIVA

COORDENADORES: DARLAN BARROSO
MARCO ANTONIO ARAUJO JUNIOR

PRÁTICA FORENSE

ANA CAROLINA VICTALINO
DANIEL LAMOUNIER
MARCOS OLIVEIRA

PRÁTICA ADMINISTRATIVA

2ª edição
2020

saraiva jur

ISBN 978-85-536-1238-3 obra completa

DADOS INTERNACIONAIS DE CATALOGAÇÃO NA PUBLICAÇÃO (CIP)
ANGÉLICA ILACQUA CRB-8/7057

Lamounier, Daniel
Prática forense : prática administrativa / Daniel Lamounier, Marcos Oliveira, Ana Carolina Victalino. – 2. ed. – São Paulo : Saraiva Educação, 2020.
(Coleção Prática Forense / coordenada por Darlan Barroso e Marco Antonio Araujo Junior)
272 p.

Bibliografia
ISBN 978-85-536-1644-2

1. Direito 2. Direito administrativo - Brasil 3. Prática forense 4. Ordem dos Advogados do Brasil - Exames I. Título II. Oliveira, Marcos III. Victalino, Ana Carolina IV. Barroso, Darlan V. Araujo Junior, Marco Antonio VI. Série.

20-0225 CDD 340

Índice para catálogo sistemático:

1. Direito administrativo : Brasil : OAB 342.9(81)(079.1)

saraiva EDUCAÇÃO | saraiva jur

Av. Doutora Ruth Cardoso, 7.221, 1º andar, Setor B
Pinheiros – São Paulo – SP – CEP 05425-902

SAC | sac.sets@somoseducacao.com.br

Direção executiva Flávia Alves Bravin
Direção editorial Renata Pascual Müller
Gerência editorial Roberto Navarro
Gerência de produção e planejamento Ana Paula Santos Matos
Gerência de projetos e serviços editoriais Fernando Penteado

Consultoria acadêmica Murilo Angeli Dias dos Santos

Planejamento Clarissa Boraschi Maria (coord.)

Novos projetos Melissa Rodriguez Arnal da Silva Leite

Edição Eveline Gonçalves Denardi (coord.)
Daniel Pavani Naveira
Estevão Bula Gonçalves

Produção editorial Fernanda Matajs (coord.)
Luciana Cordeiro Shirakawa

Arte e digital Mônica Landi (coord.)
Amanda Mota Loyola
Camilla Felix Cianelli Chaves
Claudirene de Moura Santos Silva
Deborah Mattos
Guilherme H. M. Salvador
Tiago Dela Rosa

Projetos e serviços editoriais Juliana Bojczuk Fermino
Kelli Priscila Pinto
Marília Cordeiro
Mônica Gonçalves Dias

Projeto gráfico Fernanda Matajs
Diagramação Fabricando Ideias Design Editorial
Revisão Viviane Oshima
Capa Aero Comunicação
Produção gráfica Marli Rampim
Sergio Luiz Pereira Lopes
Impressão e acabamento EGB Editora Gráfica Bernardi Ltda

Data de fechamento da edição: 12-12-2019

Dúvidas? Acesse www.editorasaraiva.com.br/direito

CL 606385 CAE 720943

Sobre os Coordenadores

DARLAN BARROSO

Advogado. Sócio-fundador do MeuCurso. Mestre em Direito. Especialista em Direito Processual Civil pela PUC-SP. Professor de Direito Processual Civil e Coordenador de Pós-graduação em Processo Civil no MeuCurso. Foi Coordenador de cursos preparatórios na Rede LFG, Diretor Pedagógico no Damásio Educacional, Autor e Coordenador de obras na Editora Revista dos Tribunais. Atualmente, é Autor e Coordenador de obras na Editora Saraiva.

MARCO ANTONIO ARAUJO JUNIOR

Advogado. Mestre em Direitos Difusos e Coletivos. Especialista em Direito das Novas Tecnologias pela Universidad Complutense de Madrid. Atuou como Conselheiro Seccional da OAB/SP (2013/2015 e 2016/2018), Presidente da Comissão de Defesa do Consumidor da OAB/SP (2013/2015 e 2016/2018), Membro da Comissão Nacional de Defesa do Consumidor do Conselho Federal da OAB (2013/2015 e 2016/2018). Diretor Adjunto da Comissão Permanente de Marketing do Brasilcon. Membro do Conselho Municipal de Defesa do Consumidor do Procon Paulistano. Atuou também como presidente da Associação Nacional de Proteção e Apoio ao Concurso Público (Anpac) de 2015/2016 e 2017/2018 e atualmente atua como Vice-Presidente (2019/2020). Foi Professor, Coordenador do Núcleo de Prática Jurídica, Coordenador Acadêmico e Diretor do Curso de Direito da Uniban/SP; Professor e Coordenador do Curso Prima/SP; Professor e Diretor Acadêmico da Rede LFG; Professor, Coordenador da Graduação e Pós-graduação da Faculdade Damásio, Vice-Presidente Acadêmico, Diretor Executivo do Damásio Educacional e Diretor Acadêmico do IBMEC/SP. Atualmente, é Professor e Sócio-fundador do MeuCurso, Autor e Coordenador de obras na Editora Saraiva.

Sumário

Apresentação da coleção Prática Forense

Apresentamos a coleção *Prática Forense* agora consolidada pelo selo Saraiva Jur. Um projeto gráfico moderno e atualizado, proporcionando uma leitura mais agradável com a inclusão de quadros-resumos, destaques e modelos, facilitando a fixação e o aprendizado dos temas mais recorrentes em concursos e exames.

Com a aplicação do conhecimento e da didática de professores experientes e especializados na preparação de candidatos para concursos públicos e Exame de Ordem, os textos refletem uma abordagem objetiva e atualizada, essencial para auxiliar o candidato nos estudos dos principais temas da ciência jurídica.

Esta coleção propicia ao candidato o aprendizado e uma revisão completa, pois terá à sua inteira disposição material totalmente atualizado, de acordo com as diretrizes da jurisprudência e da doutrina dominantes sobre cada tema.

Esperamos que a coleção *Prática Forense* continue cada vez mais a fazer parte do sucesso profissional de seus leitores, celebrando suas conquistas e construindo carreiras.

Darlan Barroso

Marco Antonio Araujo Junior

Coordenadores

1 Petição inicial

A petição inicial constitui o primeiro ato do processo. Trata-se de peça processual de relevante importância, pois é por ela que o Poder Judiciário é provocado e atuará na resolução do conflito de interesses existente entre as partes.

No Exame da OAB, é a peça prático-profissional mais cobrada, e sua estrutura básica, constante nos arts. 319 e 320 do Código de Processo Civil, acaba por ser utilizada como parâmetro para todas as outras peças processuais, isto é, endereçamento, qualificação, fatos etc.

1.1. Como identificar que a peça é uma petição inicial

Na prova prática do Exame de Ordem, a utilização de uma petição inicial será viável quando a parte dever acionar o Judiciário para resolver um problema. O enunciado da questão prático-profissional deixará em evidência que não há ainda nenhuma demanda proposta, ou seja, inexiste processo em trâmite.

Ademais, indicará que a conduta a ser adotada é uma "medida judicial", pois, se inexistente o termo judicial, poderá o enunciado abordar a necessidade da elaboração de um parecer.

Portanto, diante de enunciado que narre apenas a situação-problema, não indique a existência de nenhum processo e traga a expressão "medida judicial", cabe ao examinando elaborar uma petição inicial.

Interpretando o problema: quando será uma petição inicial?	
1. Quem é meu cliente?	O examinando deverá identificar a pessoa que será autora na petição inicial. Geralmente aparece no enunciado **"como advogado de ..."**; portanto, este é o seu cliente.
2. Qual a fase processual?	Não há fase processual iniciada.
3. O que ele deseja?	A petição inicial visa assegurar os direitos do seu cliente que foram ou estão sendo violados pela parte contrária.

1.2. Qual o nome que deve constar no preâmbulo da petição inicial para indicar a ação?

Identificada a necessidade de propositura de petição inicial, surge a seguinte dúvida: qual o nome que deve constar no preâmbulo da petição inicial para indicar a ação?

Considerando a prática forense e que a 2ª fase do Exame de Ordem é marcada por uma prova prático-profissional, quando se tratar de procedimento comum, adequado que o nome da peça seja o objeto do pedido da petição inicial. Por exemplo, se o pedido for a condenação do réu ao pagamento de danos materiais, o nome da peça será AÇÃO DE INDENIZAÇÃO POR DANOS MATERIAIS PELO PROCEDIMENTO COMUM; se o pedido tiver por objeto a anulação de determinado ato administrativo, o nome da peça será AÇÃO ANULATÓRIA PELO PROCEDIMENTO COMUM, e assim por diante.

Por sua vez, quando se tratar de procedimento especial, importante perceber que o próprio Código de Processo Civil ou Lei Especial indicará o nome da peça.

Portanto, sugerimos que sejam utilizados os seguintes nomes no preâmbulo da petição inicial:

PROCEDIMENTO COMUM	AÇÃO DE [objeto do pedido] PELO PROCEDIMENTO COMUM
PROCEDIMENTO ESPECIAL OU LEGISLAÇÃO EXTRAVAGANTE O nome daquele determinado na legislação	AÇÃO DE CONSIGNAÇÃO EM PAGAMENTO (art. 539 do CPC) AÇÃO DE EXIGIR CONTAS (art. 550 do CPC) AÇAO DE REINTEGRAÇÃO DE POSSE (art. 560 do CPC) AÇÃO POPULAR (Lei n. 4.717/65) AÇÃO CIVIL PÚBLICA (Lei n. 7.347/85) MANDADO DE SEGURANÇA (Lei n. 12.016/2009)

Abaixo, apresentamos quadro sinótico com as ações e ritos (procedimentos) constantes no Código de Processo Civil:

AÇÕES E RITOS – PETIÇÃO INICIAL

PROCESSO DE CONHECIMENTO

Visa à obtenção de sentença de mérito (título executivo judicial)

PROCEDIMENTOS ESPECIAIS

Código de Processo Civil

Jurisdição contenciosa
- Consignação (art. 539)
- Exigir contas (art. 550)
- Possessórias (art. 554)
- Divisão e demarcação (art. 569)
- Dissolução parcial de sociedade (art. 599)
- Inventário (art. 610)
- Embargos de terceiro (art. 674)
- Oposição (art. 682)
- Habilitação (art. 687)
- Monitória (art. 700)
- Homologação de penhor legal (art. 703)
- Regulação de avaria grossa (art. 707)
- Restauração de autos (art. 712)

Família (art. 693)
- Divórcio contencioso (art. 693)
- Separação
- Reconhecimento de união estável
- Guarda, visitação e filiação (no CPC as ações de família em geral adotam o regime do art. 693)

Nos Tribunais
- Rescisória (art. 966)
- Homologação de sentença estrangeira (art. 960)
- Reclamação (art. 988 do CPC, art. 192, I, *l*, da CF + 13, Lei n. 8.038/90 + 11.417/2006)

Jurisdição voluntária (art. 719)
- Notificação e interpelação (art. 726)
- Alienação judicial (art. 730)
- Divórcio e separação consensuais e extinção consensual da união estável (art. 731)
- Testamento e codicilos (art. 735)
- Herança jacente (art. 738)
- Bens de ausentes (art. 744)
- Coisas vagas (art. 746)
- Interdição (art. 1.177)
- Organização das fundações (art. 764)
- Ratificação de protestos marítimos (art. 766)

Legislação extravagante

Família
- Alimentos (Lei n. 5.478/68)

Locação (Lei n. 8.245/91)
- Despejo (comum: art. 59 da Lei n. 8.245/91)
- Consignação de aluguel
- Revisional (comum)
- Renovatória

Alienação fiduciária
- Busca e apreensão (Dec. 911/69)

Direito de resposta
- Ação especial de direito de resposta ou retificação do ofendido – Lei n. 13.188/2015

Constitucional
- Mandado de segurança (art. 5º, LXIX, da CF + Lei n. 12.016/2009)
- *Habeas data* (art. 5º, LXXII; Lei n. 9.507/97)
- Mandado de injunção (art. 5º, LXXI, da CF; Lei n. 13.300/2016)
- Ação popular (art. 5º, LXXIII, da CF; Lei n. 4.717/65)
- Ação civil pública (Lei n. 7.347/85)
- ADI/ADC/ADPF (art. 102, I, *a*, da CF + Lei n. 9.868/98)

PROCEDIMENTO COMUM

Cabimento residual quando não houver rito especial (art. 318)

Exemplos de nomes dados na prática:

Obrigações/negócios
- Cobrança
- Indenização ou responsabilidade civil
- Obrigação de fazer ou não fazer
- Entrega de coisa
- Pauliana
- Ação de regresso (art. 914, § 2º, do CC)
- Anulatória
- Declaração de existência ou inexistência de relação jurídica

Família
- Investigação de paternidade (+ art. 693)
- Petição de herança (art. 1.824 do CC)
- Anulação de casamento (art. 1.560 do CC)

Imóveis/coisas
- Usucapião
- Adjudicação compulsória
- Imissão na posse
- Reivindicatória
- Nunciação de obra nova
- Demolitória

PROCESSO DE EXECUÇÃO

Visa à satisfação de título executivo extrajudicial – arts. 783 e 784

Execução de entrega de coisa
- art. 806

Execução de obrigação de fazer/não fazer
- art. 814

Quantia
- Quantia certa (art. 824)
- Contra devedor insolvente (art. 748 do CPC/73 + art. 1.052 do NCPC)
- Alimentos (art. 911)
- Fazenda Pública

Atenção: artigos citados e sem referência pertencem ao Código de Processo Civil.

1.3. Requisitos da petição inicial

A petição inicial deve cumprir os requisitos do art. 319 do Código de Processo Civil para ser admitida. A ausência de cumprimento dos requisitos gera seu indeferimento e a extinção do processo sem resolução do mérito. São requisitos da petição inicial:

Análise do art. 319 do Código de Processo Civil	
Art. 319. A petição inicial indicará:	
I – o juízo a que é dirigida;	ENDEREÇAMENTO
II – os nomes, os prenomes, o estado civil, a existência de união estável, a profissão, o número de inscrição no Cadastro de Pessoas Físicas ou no Cadastro Nacional da Pessoa Jurídica, o endereço eletrônico, o domicílio e a residência do autor e do réu;	QUALIFICAÇÃO
III – o fato e os fundamentos jurídicos do pedido;	DOS FATOS e DO DIREITO
IV – o pedido com as suas especificações;	PEDIDO
V – o valor da causa;	VALOR DA CAUSA
VI – as provas com que o autor pretende demonstrar a verdade dos fatos alegados;	PROVAS
VII – a opção do autor pela realização ou não de audiência de conciliação ou de mediação.	INTERESSE OU DESINTERESSE EM AUDIÊNCIA

Conforme veremos a seguir, a estrutura da petição inicial está toda no art. 319 do CPC. Ausente qualquer dessas informações, o juiz determinará a emenda a fim de que sejam preenchidos os requisitos da petição inicial.

Passamos agora a analisar de maneira detalhada cada um dos requisitos.

1.3.1. *Endereçamento (art. 319, I, do CPC)*

O endereçamento consiste na indicação do órgão judiciário que apreciará a petição inicial (juiz ou Tribunal). É neste momento que o autor deve atentar às regras de competência e endereçar a petição inicial para o juízo competente.

Conforme estudado em capítulo próprio, existem critérios de competência que devem ser observados pelo autor. De forma resumida, o examinando deverá percorrer o seguinte caminho para encontrar a competência adequada para o caso:

1) competência internacional ou da jurisdição brasileira (a ser identificada no CPC);
2) competência da Justiça Comum ou especializada (a ser identificada na Constituição Federal);
3) competência da Justiça Federal ou da Justiça dos Estados ou do Distrito Federal? (a ser identificada na Constituição Federal);
4) competência de foro (a ser identificada no CPC);
5) vara especializada (a ser identificada no CPC e na legislação especial).

Atenção: Foro: para fazer referência à competência territorial (por exemplo, Foro da Comarca da Capital, Foro da Subseção Judiciária de Santos etc.).

Vara ou juízo: termo utilizado para expressar competência objetiva (por exemplo, vara de família, vara cível etc.).

Fórum: termo que significa o prédio no qual está instalado o órgão jurisdicional. Assim, "fórum" nunca poderá ser usado para indicação de competência na petição inicial ou em qualquer outra petição incidental.

O endereçamento sempre será indicado na parte inicial superior da petição, de preferência com letras maiúsculas e sem abreviaturas, no seguinte formato:

EXCELENTÍSSIMO SENHOR DOUTOR JUIZ DE DIREITO DA _____ VARA CÍVEL DA COMARCA DE ____________________

Podemos, ainda, citar os seguintes exemplos de endereçamento:

Para a Justiça Federal:

EXCELENTÍSSIMO SENHOR DOUTOR JUIZ FEDERAL DA _____ VARA CÍVEL DA SUBSEÇÃO JUDICIÁRIA DA CAPITAL DE SÃO PAULO

Para varas especializadas da Justiça Estadual:

EXCELENTÍSSIMO SENHOR DOUTOR JUIZ DE DIREITO DA _____ VARA DA FAZENDA PÚBLICA DA COMARCA DE LIMEIRA

Para localidades em que houver juízos regionais:

EXCELENTÍSSIMO SENHOR DOUTOR JUIZ DE DIREITO DA _____ VARA CÍVEL DO FORO REGIONAL DE VILA MIMOSA DA COMARCA DE CAMPINAS

Para localidades em que houver juízos distritais:

EXCELENTÍSSIMO SENHOR DOUTOR JUIZ DE DIREITO DA _____ VARA CÍVEL DO FORO DISTRITAL DE MACAUBAL DA COMARCA DE MONTE APRAZÍVEL

Para o Tribunal de Justiça do Estado:

EXCELENTÍSSIMO SENHOR DOUTOR DESEMBARGADOR PRESIDENTE DO EGRÉGIO TRIBUNAL DE JUSTIÇA DO ESTADO ____________________

Para o Tribunal Regional Federal:

EXCELENTÍSSIMO SENHOR DOUTOR DESEMBARGADOR FEDERAL PRESIDENTE DO EGRÉGIO TRIBUNAL REGIONAL FEDERAL DA ____________________ (número) REGIÃO

Para o Superior Tribunal de Justiça:

> EXCELENTÍSSIMO SENHOR DOUTOR MINISTRO PRESIDENTE DO SUPERIOR TRIBUNAL DE JUSTIÇA

Para o Supremo Tribunal Federal:

> EXCELENTÍSSIMO SENHOR DOUTOR MINISTRO PRESIDENTE DO SUPREMO TRIBUNAL FEDERAL

1.3.2. *Qualificação (art. 319, II, do CPC)*

O requisito de qualificação das partes consiste na identificação das figuras do autor e do réu no processo. Para a correta identificação, o art. 319, II, do Código de Processo Civil estabelece que a petição inicial contenha as seguintes informações: os nomes, os prenomes, o estado civil, a existência de união estável, a profissão, o número de inscrição no Cadastro de Pessoas Físicas ou no Cadastro Nacional de Pessoa Jurídica, o endereço eletrônico, o domicílio e a residência do autor e do réu.

É normal na prática o autor não dispor de todas as informações, e nessa ocasião poderá requerer ao juiz que realize diligências para obtenção dos dados faltantes, conforme determina o art. 319, § 2º, do Código de Processo Civil.

Realizada a qualificação do autor, sugerimos que o examinando, na sequência, já inclua que aquele está representado por advogado a fim de dar cumprimento ao disposto no art. 77, V, do Código de Processo Civil. Portanto, logo após finalizar a qualificação do autor, acrescentar as seguintes informações: "representado por seu advogado, que recebe intimações no endereço _____, (procuração anexa)".

A seguir apresentamos alguns modelos de qualificação do autor representada por advogado:

a) **Pessoa natural**

> JOSÉ SILVA, estado civil ..., profissão ..., inscrito no CPF n. ..., endereço eletrônico ..., com endereço na Rua ..., vem, por meio do seu advogado, com endereço profissional onde recebe intimações na Rua ..., (procuração anexa)

b) **Pessoa jurídica de direito privado**

> MAISON COMÉRCIO, pessoa jurídica de direito privado, com sede na Rua ..., inscrita no CNPJ sob n. ..., endereço eletrônico ..., representada por seu administrador ..., estado civil ..., profissão ..., inscrito no CPF n. ..., endereço eletrônico ..., com endereço na Rua ..., conforme contrato social anexo, representado por seu advogado, que recebe intimações no endereço ..., (procuração anexa) (a referência a "contrato social" deverá ser utilizada se a

> pessoa jurídica for sociedade limitada. Tratando-se de sociedade anônima, deve-se utilizar a expressão "representada por seu Diretor ... (qualificação como da pessoa natural), conforme seu estatuto social")

c) **Pessoa jurídica de direito público**

> MUNICÍPIO DE MACAUBAL, pessoa jurídica de direito público, com endereço na Rua ..., inscrita no CNPJ sob n. ..., endereço eletrônico ..., representada por seu procurador ..., estado civil ..., profissão ..., inscrito no CPF n. ..., endereço eletrônico ..., com endereço na Rua ...

d) **Empresário individual**

> FERNANDO ARMANDO CARDOSO, empresário individual, com inscrição no CNPJ sob o n. ..., endereço eletrônico ..., com endereço na Rua ..., representado por seu advogado, que recebe intimações no endereço ..., (procuração anexa)

e) **Incapaz**

> JOEL FERNANDES, incapaz, neste ato representado por seu representante ... estado civil ..., profissão ..., inscrito no CPF n. ..., endereço eletrônico ..., com endereço na Rua ..., representado por seu advogado, que recebe intimações no endereço ..., (procuração anexa)

f) **Condomínio**

> CONDOMÍNIO REAL, com endereço na Rua ..., inscrito no CNPJ sob n. ..., endereço eletrônico ..., representado por seu síndico ..., estado civil ..., profissão ..., inscrito no CPF n. ..., endereço eletrônico ..., com endereço na Rua ..., conforme ata de assembleia anexa, representado por seu advogado, que recebe intimações no endereço ..., (procuração anexa)

g) **Fundação**

> FUNDAÇÃO CASA LEGAL, pessoa jurídica de direito privado, com endereço na Rua ..., inscrita no CNPJ sob n. ..., endereço eletrônico ..., representada por seu administrador ..., estado civil ..., profissão ..., inscrito no CPF n. ..., endereço eletrônico ..., com endereço na Rua ..., conforme contrato social anexo, representada por seu advogado, que recebe intimações no endereço ..., (procuração anexa)

h) **Associação**

> ASSOCIAÇÃO CASA MAIS, pessoa jurídica de direito privado, com endereço na Rua ..., inscrita no CNPJ sob n. ..., endereço eletrônico ..., representada por seu administrador ...,

estado civil ..., profissão ..., inscrito no CPF n. ..., endereço eletrônico ..., com endereço na Rua ..., conforme contrato social anexo, representada por seu advogado, que recebe intimações no endereço ..., (procuração anexa)

i) **Espólio**

ESPÓLIO DOS BENS DEIXADOS POR MANOEL FERNANDES, neste ato representado por seu inventariante ..., estado civil ..., profissão ..., inscrito no CPF n. ..., endereço eletrônico ..., com endereço na Rua ..., conforme termo de compromisso de inventariante, representado por seu advogado, que recebe intimações no endereço ..., (procuração anexa)

j) **Massa falida**

MASSA FALIDA DA EMPRESA ..., neste ato representada por seu administrador judicial ..., estado civil ..., profissão ..., inscrito no CPF n. ..., endereço eletrônico ..., com endereço na Rua ..., conforme termo de compromisso anexo, representada por seu advogado, que recebe intimações no endereço ..., (procuração anexa)

1.3.3. *Fatos e fundamentos jurídicos (art. 319, III, do CPC)*

Finalizada a qualificação das partes, deverá o autor expor os fatos que constituem o seu direito. Dessa maneira, a petição inicial deverá conter uma síntese do problema trazido no enunciado, a qual sugerimos abordar em apenas três parágrafos.

A narrativa fática tratada na petição inicial deverá apontar: relação jurídica das partes, causa do litígio e consequência.

Dos fatos	
Relação jurídica das partes	Descrever a relação jurídica fática mantida entre as partes, isto é, qual a relação que as une. Por exemplo, pedestre que transita em via pública cuja responsabilidade pela pavimentação é da concessionária Via Mais.
Causa do litígio	O motivo que originou a lide entre a partes, o que causou o problema jurídico. Por exemplo, a autora cair em buraco existente em rua que era supervisionada pela concessionária Via Mais.
Solução jurídica	A solução jurídica a ser tomada decorrente da causa do litígio. Por exemplo, em razão da queda no buraco, surge o direito de pleitear indenização por danos materiais e estéticos.

A seguir modelo de elaboração do capítulo dos fatos:

A autora, na data de 2 de julho do presente ano, foi vítima de acidente na via pública em razão de não constar sinalização em local com pavimentação irregular, sendo que a responsabilidade de assegurar a boa sinalização da via era do agente público Josué Cunha.

Em decorrência do acidente, a autora sofreu diversas escoriações nas mãos e rosto, sendo encaminhada para o hospital logo após o acidente e permanecendo internada por 14 dias.

Assim, em razão da responsabilidade da administração pelas vias públicas, cabível a presente ação judicial para pleitear o pagamento de indenização por danos materiais, estéticos e morais.

1.3.4. *Fundamentos jurídicos (do direito)*

Os fundamentos jurídicos consistem na indicação da fundamentação legal (artigo de lei) e da consequência jurídica decorrente dos fatos relacionados na petição inicial.

Importante:

- **Fundamentos jurídicos:** fatos e consequência jurídica.
- **Fundamentação legal:** artigo de lei material ou processual e súmulas.

No capítulo DO DIREITO da petição inicial, que se refere aos fundamentos jurídicos, sugerimos a transcrição dos artigos de lei e súmulas mais importantes para o caso, por exemplo:

> Art. 186. Aquele que, por ação ou omissão voluntária, negligência ou imprudência, violar direito e causar dano a outrem, ainda que exclusivamente moral, comete ato ilícito.

No Exame de Ordem, a fundamentação jurídica tem grande relevância no momento da correção, pois demonstra se o candidato tem articulação e capacidade de raciocínio lógico-jurídico. Por isso, sugerimos que o candidato, ao expor as teses que entender cabíveis, justifique-as ou corrobore-as com a citação ou transcrição dos dispositivos legais e súmulas pertinentes a fim de enriquecer a fundamentação.

1.3.5. *Pedido (art. 319, IV, do CPC)*

O pedido representa a espécie e os efeitos práticos da tutela jurisdicional pretendidos pelo autor. No processo de conhecimento, o pedido deverá ser composto de duas partes:

- **Pedido imediato:** equivale à espécie de provimento jurisdicional esperada pelo autor, ou seja, *condenação, declaração* ou *constituição (constituição ou desconstituição).*
- **Pedido mediato:** representa os efeitos práticos da tutela.

Por exemplo:

Por todo o exposto, requer a Vossa Excelência a procedência do pedido de **CONDENAÇÃO** do réu ao **PAGAMENTO DO VALOR DE R$ 10.000,00 (...).**

Pedido imediato **Pedido mediato**

Lembre-se:

Pedido imediato (processo de conhecimento)	Pedido mediato
• Condenação (para obtenção de uma obrigação). • Declaração (para obtenção da manifestação acerca da existência acerca de uma relação jurídica ou obrigação). • Constituição: positiva ou negativa (para criar, modificar ou extinguir uma relação jurídica ou obrigação).	Efeitos práticos, por exemplo, o valor, a obrigação de fazer ou não fazer, a entrega da coisa, o conteúdo da declaração etc.

Conforme os arts. 322 e 324 do Código de Processo Civil, o pedido será certo (explícito) e determinado (delimitado). Todavia, conforme o art. 327, § 1º, do Código de Processo Civil, é possível ao autor cumular pedidos, desde que eles sejam compatíveis entre si, os procedimentos sejam adequados a todos e o juiz seja competente para conhecê-los.

Cumulação de pedidos	
Simples	O autor formula dois ou mais pedidos e deseja todos eles. Exemplo: danos materiais e morais.
Alternativo	O autor formula dois ou mais pedidos, mas deseja somente um deles, sem ordem de preferência. Exemplo: a casa ou o carro.
Subsidiário	O autor formula dois ou mais pedidos e deseja somente um deles, mas tem preferência. Exemplo: a casa e, subsidiariamente, não sendo possível a casa, então o carro.
Sucessivo	O autor formula dois ou mais pedidos, mas os subsequentes dependem da concessão do primeiro pedido. Exemplo: investigação de paternidade cumulada com alimentos (o autor somente terá direito a alimentos se for positiva a paternidade).

Verificados os tipos de pedidos e a forma técnica como deve ser elaborado (pedido imediato + mediato), importa esclarecer que, se a petição inicial estiver acompanhada de pedido de tutela provisória de urgência ou evidência, deverá constar na primeira posição da relação dos pedidos a concessão da tutela provisória de urgência ou evidência, na sequência o pedido principal e depois a condenação do réu ao pagamento de honorários advocatícios e custas judiciais.

A seguir o modelo de pedido com existência de tutela provisória:

> Em face do exposto, é a presente para requerer:
>
> a) a concessão da tutela provisória de urgência antecipada para o fim de determinar que a ré forneça todos os medicamentos necessários para a autora durante o tratamento médico;
>
> b) a procedência do pedido para condenar a ré a pagar à autora indenização por danos materiais e estéticos no valor de R$ 100.000.00, confirmando-se a tutela provisória de urgência antecipada;
>
> c) a condenação do réu ao pagamento de honorários advocatícios e custas processuais.

1.3.6. *Requerimentos*

No mesmo capítulo DO PEDIDO também deverá o autor realizar requerimentos ao juiz, como produção de provas, citação do réu etc. Assim, temos os requerimentos obrigatórios e os facultativos, que dependerão do caso concreto.

- **Requerimentos obrigatórios:**

a) **Citação do réu:** não consta como requisito do art. 319 do Código de Processo Civil, isso porque a regra é a de que o juiz, ao realizar o juízo de admissibilidade, designe a audiência de conciliação/mediação, na qual o autor indicará se possui ou não interesse na própria petição inicial.

Assim, o examinando deverá atentar às informações do enunciado, pois, havendo informações que induzam à necessidade de citação para oferecimento de contestação, por exemplo, os casos em que não se admite autocomposição, o autor deverá requerer a citação, nos termos dos arts. 246 e s. do Código de Processo Civil.

b) **Custas judiciais:** não sendo caso de requerimento de gratuidade da justiça, o autor deverá formular requerimento de juntada das custas judiciais: "requer a juntada das custas judiciais devidamente recolhidas".

c) **Opção ou não pela realização de audiência inicial:** o autor deverá indicar na petição inicial o interesse ou desinteresse na audiência de conciliação ou mediação: "o autor informa o interesse/desinteresse na realização da audiência de conciliação".

d) **Produção de provas:** "O autor requer a produção de todos os meios de prova em direito admitidos".

> **Já caiu**
>
> Se o enunciado trouxer informações de que seja necessária a produção de meio de prova específico, não basta o pedido genérico: deverá o examinando especificar o meio de prova evidenciado no enunciado, por exemplo: "O autor requer a produção de todos os meios de prova em direito admitidos, especialmente a prova testemunhal e pericial".

Lembre-se:

Não haverá necessidade de requerimento de provas nos seguintes casos:

i) **mandado de segurança** (a prova já é pré-constituída);

ii) processo de **execução** (a parte possui título executivo);

iii) **ação monitória** (a parte possui prova escrita).

- **Requerimentos facultativos**

a) **Gratuidade da justiça:** se o enunciado trouxer elementos de que a parte preenche os requisitos para concessão dos benefícios da gratuidade da justiça (arts. 98 e 99 do CPC), deverá ser realizado o pedido de concessão da gratuidade da justiça em vez do pedido da juntada da guia de custas.

b) **Prioridade de tramitação:** idosos, pessoas com doença grave e processos do ECA (art. 1.048, I e II, do CPC) têm prioridade de tramitação. Assim, se for o caso, o autor deverá requerer a prioridade de tramitação do processo.

c) **Intimação do Ministério Público:** nos casos previstos no art. 178 do Código de Processo Civil e em outros previstos nas legislações especiais, a participação do Ministério Público no processo como fiscal da lei é obrigatória. Assim, se for o caso de intervenção do Ministério Público por expressa disposição legal, o autor deverá realizar requerimento para esse fim, por exemplo: "requer a intimação do Ministério Público, nos termos do art. 178, II, do CPC".

1.3.7. *Valor da causa*

A regra geral estabelecida no Código de Processo Civil, nos arts. 291 e 292, é no sentido de que o valor da causa corresponderá à vantagem econômica almejada na demanda, ainda que a causa não tenha conteúdo econômico direto.

Assim, podemos dizer que o valor da causa será certo, quando a pretensão tiver conteúdo econômico direto (por exemplo, em uma ação em que se pretende o recebimento de quantia determinada), ou estimado, quando o pedido não tiver conteúdo econômico imediato (por exemplo, em uma ação de investigação de paternidade, anulação de casamento etc.).

Além disso, determina o art. 292 do Código de Processo Civil:

Valor da causa	
Cobrança de dívida	Soma monetariamente corrigida do principal, dos juros de mora vencidos e de outras penalidades, se houver, até a data de propositura da ação
Cumulação de pedidos	Soma dos valores de todos eles
Pedidos alternativos	O valor da causa será o maior
Pedido subsidiário	O valor será o do pedido principal
Existência, validade, cumprimento, modificação, resolução, resilição ou rescisão de ato jurídico	O valor do ato ou o de sua parte controvertida
Ação de alimentos	Soma de 12 prestações mensais, pedidas pelo autor
Ação de divisão, de demarcação e de reivindicação	O valor da causa será o da avaliação da área ou do bem objeto do pedido
Ação indenizatória, inclusive a fundada em dano moral	O valor pretendido
Ações em que se pedirem prestações vencidas e vincendas	O valor de umas e outras

1.3.8. *Encerramento da peça*

Finalizada a petição inicial com o cumprimento de todos os requisitos do art. 329 do Código de Processo Civil, caberá ao examinando encerrar sua peça processual, lembrando que não poderá fazer nenhum tipo de identificação sob pena de ter a prova zerada. Assim, o examinando deverá encerrar a peça da seguinte maneira:

Termos em que

pede deferimento.

Local e data ...

ADVOGADO ...

OAB ...

Estrutura básica da petição inicial:

Endereçamento	
Competência	Arts. 46 a 53 do CPC.
Preâmbulo	
Partes	Autor Réu Necessidade de qualificação completa (art. 319, II, do CPC). Indicar que a parte está devidamente representada por advogado com endereço na Rua ..., onde recebe intimações (procuração anexa).
Nome da ação	**AÇÃO DE [objeto do pedido] PELO PROCEDIMENTO COMUM COM PEDIDO DE TUTELA PROVISÓRIA DE URGÊNCIA ANTECIPADA** O examinando nomeará a peça de acordo com o pedido: INDENIZATÓRIA, COBRANÇA, ANULATÓRIA etc.
Fundamento legal	Arts. 318 e s. do CPC.
I – Dos fatos	
Relação: a Administração é responsável por garantir a boa sinalização das vias públicas. **Causa:** por negligência da Administração, a autora sofreu acidente. **Consequência:** direito a reparação e indenização por danos materiais, estéticos e morais.	
II – Do direito	
Fundamento legal	Artigos de lei de direito material e processual. Súmulas. Transcrever artigos e súmulas importantes.
III – Da tutela provisória	
Tutela provisória de urgência antecipada: arts. 294 e/ou 300 do CPC.	Em casos de urgência, poderá ser requerida tutela provisória de urgência. Seria o caso, por exemplo, para fornecer medicamentos; tratamento médico. Abordar que a concessão da tutela provisória de urgência antecipada não tem perigo de irreversibilidade (art. 300, § 3º, do CPC). Palavras-chave para concessão da tutela provisória: urgência e risco de dano e inexistência de perigo de irreversibilidade.

IV – Dos pedidos e requerimentos	
Pedidos	**a)** Concessão da tutela provisória de urgência antecipada para ..., nos termos dos arts. 294 e/ou 300 do CPC. **b)** A procedência do pedido para declarar/condenar/constituir ..., condenando o réu ao pagamento de custas e honorários advocatícios, confirmando-se a tutela provisória de urgência.
Requerimentos	**c)** A juntada da guia de custas devidamente recolhidas ou pedido de gratuidade da justiça. **d)** A produção de todos os meios de prova em direito admitidos, especialmente testemunhal e pericial. **e)** A tramitação prioritária dos autos por se tratar de pessoa idosa, nos termos do art. 1.048, I, do CPC. **f)** A intimação do Ministério Público, nos termos do art. 178, II, do CPC. **g)** O interesse/desinteresse pela audiência de conciliação/mediação.
Valor da causa	Art. 292 do CPC.
ATENÇÃO	O pedido de tutela provisória, prioridade de tramitação e intimação do Ministério Público somente deverão constar na peça se o enunciado trouxer elementos que evidenciem a necessidade de tais requerimentos.

1.3.9. *Modelo de peça prática de petição inicial pelo procedimento comum com pedido de tutela provisória de urgência antecipada*

Folha 1/4

EXCELENTÍSSIMO SENHOR DOUTOR JUIZ DE DIREITO DA ... VARA DA FAZENDA PÚBLICA DA COMARCA DE SÃO PAULO

JOSIANE FIDELIX, estado civil ..., profissão ..., inscrita no CPF n. ..., endereço eletrônico ..., com endereço na Rua ..., vem, por meio de seu advogado, com endereço profissional na Rua ..., onde recebe intimações (procuração anexa), com fundamento nos arts. 318 e s. do Código de Processo Civil, propor AÇÃO DE INDENIZAÇÃO PELO PROCEDIMENTO COMUM COM PEDIDO DE TUTELA PROVISÓRIA DE URGÊNCIA ANTECIPADA em face do MUNICÍPIO DE SÃO PAULO, pessoa jurídica de direito público, inscrita no CNPJ sob n. ..., endereço eletrônico ..., com endereço na Rua ..., representado por sua Procuradoria, com endereço na Rua ..., pelos motivos abaixo expostos.

I – DOS FATOS

A autora, na data de 2 de julho do presente ano, foi vítima de acidente na via pública em razão de não constar sinalização em local com pavimentação irregular, sendo a responsabilidade de assegurar a boa sinalização da via do agente público Josué Cunha.

Em decorrência do acidente, a autora sofreu diversas escoriações nas mãos e rosto, sendo encaminhada para o hospital logo após o acidente e permanecendo internada por 14 dias.

Assim, em razão da responsabilidade da administração pelas vias públicas, cabível a presente ação judicial para pleitear o pagamento de indenização por danos materiais, estéticos e morais.

Folha 2/4

II – DO DIREITO

O Município, conforme dispõe a Constituição Federal em seu art. 37, § 6º, da Constituição Federal, possui responsabilidade objetiva dos danos causados por seus agentes:

> Art. 37. (...)
> § 6º As pessoas jurídicas de direito público e as de direito privado prestadoras de serviços públicos responderão pelos danos que seus agentes, nessa qualidade, causarem a terceiros, assegurado o direito de regresso contra o responsável nos casos de dolo ou culpa.

Assim, considerando o acidente sofrido pela autora, configurada a responsabilidade do Município na modalidade objetiva, devendo reparar os danos causados à consumidora independentemente de culpa.

Logo, diante das escoriações na mão e no rosto, cabe ao réu arcar com todos os gastos da autora decorrentes de seu tratamento, razão pela qual impõe a condenação do réu ao pagamento de indenização por danos materiais, estéticos e morais, esclarecendo ser absolutamente possível a cumulação das referidas indenizações conforme as Súmulas 37 e 387 do STJ:

"Súmula 37. São cumuláveis as indenizações por dano material e dano moral oriundos do mesmo fato".

"Súmula 387. É lícita a cumulação das indenizações de dano estético e dano moral".

Cabível, portanto, o pedido da autora para receber indenização por danos materiais, estéticos e morais decorrente do acidente de consumo por ela sofrido, no valor de R$ 300.000,00 (trezentos mil reais).

Folha 3/4

III – DA TUTELA PROVISÓRIA DE URGÊNCIA ANTECIPADA

Os arts. 294 e 300 do Código de Processo Civil preveem a possibilidade de concessão de tutela provisória de urgência antecipada quando presentes os requisitos probabilidade do direito e perigo de dano ou risco ao resultado útil do processo.

Este é o caso dos autos. A autora possui o direito de ser indenizada por danos materiais, estéticos e morais, pois sofreu danos decorrentes da ausência de sinalização da via pública mantida pelo Município, e, diante, do acidente, o réu responde de forma objetiva, independentemente, de culpa.

Assim, diante da probabilidade do direito, a autora também preenche o requisito do perigo de dano ou risco ao resultado útil do processo, tendo em vista que em razão do acidente necessita fazer uso contínuo do medicamento XYZ para evitar sequelas dermatológicas e neurológicas decorrente do acidente sofrido.

Ademais, a concessão da tutela provisória de urgência antecipada não tem perigo de irreversibilidade, nos termos do art. 300, § 3º, do Código de Processo Civil, uma vez que os valores despendidos podem ser devolvidos.

Portanto, presentes os requisitos para concessão da tutela provisória de urgência antecipada, a autora requer, liminarmente, que seja concedida a tutela provisória de urgência antecipada para obrigar o réu a fornecer o medicamento XYZ pelo tempo necessário para o tratamento.

IV – DO PEDIDO

Em face do exposto, é a presente para requerer:

a) a concessão de tutela provisória de urgência antecipada para que seja fornecido o medicamento XYZ, nos termos dos arts. 294 e/ou 300 do CPC;

b) a procedência do pedido, para condenar o réu ao pagamento de indenização por danos materiais, estéticos e morais no valor de R$

Folha 4/4

300.000,00 (trezentos mil reais), confirmando-se a tutela provisória de urgência antecipada e condenando o réu ao pagamento de honorários e custas processuais;

c) a juntada da guia de custas devidamente recolhida ou pedido de gratuidade da justiça;

d) a produção de todos os meios de prova em direito admitidos, especialmente a produção de prova testemunhal e pericial;

e) o interesse/desinteresse na audiência de conciliação, nos termos do art. 319, VII, do CPC;

f) a prioridade de tramitação por se tratar de pessoa idosa, conforme o art. 1.048, I, do CPC (se for o caso);

g) a intimação do Ministério Público, nos termos do art. 178, II, do CPC (se for o caso).

Valor da causa: R$ 300.000,00 (trezentos mil reais).

Termos em que
pede deferimento.

Local e data ...

ADVOGADO ...
OAB ...

1.3.10. *Artigos importantes*

Art. 319 do CPC;
Endereçamento: arts. 319, I, e 46 a 53 do CPC;
Preâmbulo: arts. 318, 319, II, e 287 do CPC;
Tutela provisória: arts. 294, 300 e 300, § 3º, ou 311 do CPC;
Pedidos: arts. 319, IV, e 85 e 82, § 2º, do CPC;
Requerimentos: arts. 319, VI e VII, 98, 1.048, I, e 178 do CPC;
Valor da causa: art. 292 do CPC.

2

Competência

A **competência** no processo civil consiste na identificação do órgão jurisdicional competente para processar determinada demanda judicial. É o primeiro requisito da petição inicial, de acordo com o art. 319, I, CPC – o juízo a que é dirigida a petição inicial –, isto é, o **endereçamento**, que nada mais é que o órgão destinatário da peça processual.

As regras de competência para identificação do órgão jurisdicional brasileiro estão previstas nos arts. 42 a 53 do CPC, e os elementos necessários capazes de modificar a competência são abordados nos arts. 54 a 64. A atuação do órgão jurisdicional estrangeiro é prevista nos arts. 21 a 25 do mesmo Código.

O adequado conhecimento das regras de competência é imprescindível para a elaboração de qualquer peça processual, pois, caso a peça seja endereçada ao órgão errado, ao candidato ao Exame de Ordem não haverá atribuição de nota a esse quesito da peça prático-profissional, e, ao advogado atuante, desnecessário embaraço processual. Passemos então aos critérios de fixação de competência, que, conforme será demonstrado é residual.

2.1. Competência internacional e interna

Os critérios de fixação da competência internacional e interna (órgãos jurisdicionais brasileiros) têm por função auxiliar o endereçamento das demandas ao órgão estrangeiro ou brasileiro.

Para tanto, o Código de Processo Civil prevê as seguintes regras:

2.1.1. *Competência interna exclusiva*

Segundo as hipóteses previstas no art. 23, a demanda será obrigatoriamente processada no Brasil, excluindo a competência de qualquer outro país:

> Art. 23. Compete à autoridade judiciária brasileira, com exclusão de qualquer outra:
>
> I – conhecer de ações relativas a imóveis situados no Brasil;
>
> II – em matéria de sucessão hereditária, proceder à confirmação de testamento particular e ao inventário e à partilha de bens situados no Brasil, ainda que o autor da herança seja de nacionalidade estrangeira ou tenha domicílio fora do território nacional;
>
> III – em divórcio, separação judicial ou dissolução de união estável, proceder à partilha de bens situados no Brasil, ainda que o titular seja de nacionalidade estrangeira ou tenha domicílio fora do território nacional.

Assim, é de competência exclusiva dos órgãos jurisdicionais brasileiros o processamento de demandas que tenham por objeto **imóveis situados no Brasil** e a **partilha de qualquer bem situado no Brasil** decorrente de morte ou divórcio, separação judicial ou dissolução de união estável.

2.1.2. *Competência interna concorrente*

Os arts. 21 e 22 do Código de Processo Civil tratam das hipóteses em que a demanda **pode ser** processada nos órgãos jurisdicionais brasileiros ou estrangeiros, ficando a cargo do operador do direito a escolha do órgão jurisdicional, brasileiro ou estrangeiro, que lhe for mais conveniente.

> Art. 21. Compete à autoridade judiciária brasileira processar e julgar as ações em que:
>
> I – o réu, qualquer que seja a sua nacionalidade, estiver domiciliado no Brasil;
>
> II – no Brasil tiver de ser cumprida a obrigação;
>
> III – o fundamento seja fato ocorrido ou ato praticado no Brasil.
>
> Parágrafo único. Para o fim do disposto no inciso I, considera-se domiciliada no Brasil a pessoa jurídica estrangeira que nele tiver agência, filial ou sucursal.
>
> Art. 22. Compete, ainda, à autoridade judiciária brasileira processar e julgar as ações:
>
> I – de alimentos, quando:
>
> a) o credor tiver domicílio ou residência no Brasil;
>
> b) o réu mantiver vínculos no Brasil, tais como posse ou propriedade de bens, recebimento de renda ou obtenção de benefícios econômicos;
>
> II – decorrentes de relações de consumo, quando o consumidor tiver domicílio ou residência no Brasil;
>
> III – em que as partes, expressa ou tacitamente, se submeterem à jurisdição nacional.

Importante esclarecer que, da forma como disposto no art. 24 do CPC[1], no tocante à competência concorrente (situações dos arts. 21 e 22 do CPC), **inexiste litispendência entre a ação proposta perante o órgão jurisdicional estrangeiro e outra idêntica promovida no Brasil**, ressalvadas as disposições em contrário de tratados internacionais e acordos bilaterais em vigor no Brasil.

2.1.3. *Competência internacional exclusiva*

Excluídas as hipóteses de competência interna exclusiva (art. 23 do CPC), haverá competência internacional exclusiva nos casos previstos no *caput* do art. 25 do CPC, isto é,

---

[1] Art. 24. A ação proposta perante tribunal estrangeiro não induz litispendência e não obsta a que a autoridade judiciária brasileira conheça da mesma causa e das que lhe são conexas, ressalvadas as disposições em contrário de tratados internacionais e acordos bilaterais em vigor no Brasil.

Parágrafo único. A pendência de causa perante a jurisdição brasileira não impede a homologação de sentença judicial estrangeira quando exigida para produzir efeitos no Brasil.

havendo cláusula de eleição de foro exclusivo estrangeiro em contrato internacional, o julgamento da causa não cabe ao órgão jurisdicional brasileiro.

> Art. 25. Não compete à autoridade judiciária brasileira o processamento e o julgamento da ação quando houver cláusula de eleição de foro exclusivo estrangeiro em contrato internacional, arguida pelo réu na contestação.
>
> § 1º Não se aplica o disposto no *caput* às hipóteses de competência internacional exclusiva previstas neste Capítulo.
>
> § 2º Aplica-se à hipótese do *caput* o art. 63, §§ 1º a 4º.

Essas cláusulas de eleição de foro exclusivo estrangeiro poderão ter seu reconhecimento de nulidade de ofício, a teor da leitura do § 2º do art. 25 e da aplicação dos parágrafos do art. 63 do CPC[2].

2.2. Competência interna

Considerando o processamento da demanda no órgão jurisdicional brasileiro, seja pela competência exclusiva ou concorrente, nosso ordenamento jurídico adota novos critérios de fixação da competência, a saber[3]:

a) **funcional:** em razão da hierarquia;
b) **territorial:** em razão do domicílio e da situação da coisa;
c) **objetiva:** em razão da matéria; em razão do valor da causa; em razão da pessoa ou parte.

2.2.1. *Competência funcional*

A competência funcional afere qual órgão jurisdicional dentro do organograma do Poder Judiciário brasileiro é o competente para o processamento da demanda. Em outras palavras, o critério funcional serve para definir de quem é a competência originária, juízo de primeira instância ou Tribunal de Justiça do Estado, Tribunal Regional Federal, Tribunais Superiores.

---

2 Art. 63. As partes podem modificar a competência em razão do valor e do território, elegendo foro onde será proposta ação oriunda de direitos e obrigações.

§ 1º A eleição de foro só produz efeito quando constar de instrumento escrito e aludir expressamente a determinado negócio jurídico.

§ 2º O foro contratual obriga os herdeiros e sucessores das partes.

§ 3º Antes da citação, a cláusula de eleição de foro, se abusiva, pode ser reputada ineficaz de ofício pelo juiz, que determinará a remessa dos autos ao juízo do foro de domicílio do réu.

§ 4º Citado, incumbe ao réu alegar a abusividade da cláusula de eleição de foro na contestação, sob pena de preclusão.

3 WAMBIER, Luiz Rodrigues. *Curso avançado de processo civil:* teoria geral do processo. 16. ed. São Paulo: Ed. RT, 2016, v. 1, p. 152-156.

Em regra, as demandas judiciais são processadas e julgadas pelos juízes de primeiro grau, cabendo ao Tribunal o julgamento de recursos dessas demandas propostas em primeira instância. Entretanto, em situações excepcionais, diante de expressa previsão, algumas demandas são processadas e julgadas diretamente pelos Tribunais.

Exemplos de demandas de Competência Originária dos Tribunais	
Tribunais de Justiça do Estado	• Ação rescisória (dos julgados do próprio TJ ou de juízos de primeira instância vinculados ao Tribunal) • Reclamação (art. 988 do CPC) • Incidente de resolução de demandas repetitivas (art. 976 do CPC)
Supremo Tribunal Federal – art. 102, I, da CF	• Ações de controle de constitucionalidade (ADI, ADC e ADPF – art. 102, I, *a*, da CF) • Mandado de segurança contra ato do Presidente da República, das Mesas da Câmara dos Deputados e do Senado Federal, do Tribunal de Contas da União, do Procurador-Geral da República e do próprio Supremo Tribunal Federal (art. 102, I, *d*, da CF) • Reclamação constitucional (art. 102, I, *l*, da CF) • Ações contra Conselho Nacional de Justiça, do Conselho Nacional do Ministério Público (art. 102, I, *r*, da CF)
Superior Tribunal de Justiça – art. 105, I, da CF	• Mandado de segurança contra ato de Ministro de Estado, dos Comandantes da Marinha, do Exército e da Aeronáutica ou do próprio Tribunal (art. 105, I, *b*, da CF) • Homologação de sentença estrangeira (art. 105, I, *i*, da CF)

2.2.2. *Competência territorial*

Analisada a competência funcional, juiz de primeira instância ou Tribunal, resta localizar a competência territorial, isto é, o local específico (foro) onde a ação será proposta. A competência territorial é disciplinada nos arts. 46 a 53 do Código de Processo Civil. Para melhor elucidação, reproduzimos tabela explicativa extraída do livro *Prática no processo civil*[4]:

Ações	Local ou foro
Pessoais ou reais[5] sobre bens móveis	• Domicílio do réu – art. 46 do CPC. • Caso o réu tenha mais de um domicílio ou exista mais de um réu na ação, o autor escolherá um deles. • Caso não tenha domicílio certo, será demandado no lugar onde for encontrado ou no domicílio do autor. • A execução fiscal será proposta no foro do domicílio do réu, no de sua residência ou no do lugar onde for encontrado.

4 BARROSO, Darlan; LETTIÈRE, Juliana Francisca. *Prática no processo civil*. 9. ed. São Paulo: Saraiva, 2019, p. 91-93.

5 São ações relativas a direito da pessoa sobre a coisa (por exemplo, propriedade).

Reais sobre bens imóveis[6]	• Local de situação da coisa – art. 47 do CPC.
Inventários e partilhas	• Local do último domicílio do autor da herança (falecido) – art. 48 do CPC. • Caso o autor da herança não tenha domicílio certo (ou não tenha domicílio no Brasil), será competente o local de situação dos bens[7]. • Caso os bens estejam em locais distintos e o autor da herança não tinha domicílio certo, é competente qualquer foro em que esteja os bens. • Caso não haja bens imóveis, será competente o foro de qualquer dos bens do espólio.
Ações em que o ausente for réu ou para a arrecadação, inventário e partilha de seus bens	• Local de seu último domicílio.
Nas causas em que for ré pessoa jurídica (e a competência for o seu "domicílio")	• Competência do local de sua sede. • Todavia, poderá ser no local da filial, sucursal ou agência, quando a obrigação foi contraída por uma delas.

Não obstante a regra comum de competência territorial, existem situações em que a lei prevê foro exclusivo:

Causas (natureza da lide)	Local ou foro
Alimentos (art. 53, II, do CPC)	• Domicílio ou residência do alimentando.
Divórcio, separação ou anulação de casamento e reconhecimento ou dissolução de união estável (art. 53, I, do CPC)	• Domicílio do guardião de filho incapaz. • Caso não haja filho incapaz, o último domicílio do casal. • Domicílio do réu, se não tiver filho incapaz e se nenhuma das partes residir no último domicílio do casal. • Domicílio da vítima de violência doméstica.
Sociedade de fato (art. 53, III, *c*, do CPC)	• Local onde usualmente exerce suas atividades.
Exigência do cumprimento de obrigação (art. 53, III, *d*, do CPC)	• Local em que a obrigação deveria ter sido satisfeita.
Nas ações cuja causa verse sobre direitos do Estatuto do Idoso (art. 53, III, e, do CPC)	• Residência do idoso.
Reparação de dano por ato praticado por serventia notarial ou de registro em razão do ofício (art. 53, III, *f*, do CPC)	• Sede da serventia notarial ou do registro.

6 É competência exclusiva da Justiça brasileira processar e julgar as causas relativas a bens imóveis situados no Brasil.

7 O art. 23, II, do CPC estabelece que é competência exclusiva da Justiça brasileira o processamento de inventário de bens situados no território nacional, ainda que o falecido seja estrangeiro.

Reparação de danos (geral) (art. 53, IV, *a*, do CPC)	• Local do ato ou do fato.
Contra administrador ou gestor de negócios alheios (art. 53, IV, *b*, do CPC)	• Local do ato ou do fato.
Reparação de danos em razão de acidente de veículo ou de delito, inclusive de aeronaves (art. 53, V, do CPC)	• Domicílio do autor ou local do fato.
Ação civil pública	• Local do dano – art. 2º da Lei n. 7.347/85.
Defesa do consumidor	• Domicílio do consumidor autor – art. 101, I, do CDC.
Ações de locação (despejo, renovatória, revisional e consignatória)	• Local de situação do imóvel, se não houver foro de eleição – art. 58, II, da Lei n. 8.245/91.
Pedido de tutela de urgência antecipada ou cautelar antecedente	• Local de competência para conhecer do pedido principal (art. 299 do CPC).
Ação de execução de título extrajudicial (art. 781 do CPC)	• Domicílio do executado (seguindo a regra geral do art. 46, de eleição de foro constante no título ou, ainda, no de situação dos bens). • Se o executado tiver mais de um domicílio, poderá ser executado em qualquer um deles (art. 781, II, do CPC) • Havendo mais de um devedor, com diferentes domicílios, a execução será proposta no foro de qualquer deles, à escolha do exequente (art. 781, III, do CPC). • No lugar em que se praticou o ato ou em que ocorreu o fato que deu origem ao título, mesmo que nele não resida mais o executado.
Ação em que a União for ré (arts. 51 do CPC e 109, § 2º, da CF), competindo a escolha ao autor	• Domicílio do autor. • Local do fato ou do ato que deu origem à demanda. • Local de situação da coisa. • Distrito Federal.
Nas ações que a União for autora (art. 51 do CPC/15 e 109, § 1º, da CF). Para as demais pessoas federais (autarquias e empresas públicas)	• Domicílio do réu.
Nas ações em que o Estado ou o Distrito Federal seja autor (art. 52 do CPC)	• Domicílio do réu.
Ações em que o Estado ou o Distrito Federal for réu (art. 52 do CPC).	• Domicílio do autor. • Local da ocorrência do ato ou fato que originou a demanda. • Capital do respectivo ente federado. • Situação da coisa.
Ações em que o incapaz for réu	• Domicílio de seu representante ou assistente.

Cumprimento de sentença (fase de execução de título executivo judicial – art. 516, parágrafo único, do CPC)	• Domicílio atual do executado. • Local onde se encontrem os bens sujeitos à execução ou onde deva ser executada a obrigação de fazer ou não fazer.
Representante comercial	• Domicílio do representante comercial nas ações que tenham por objeto obrigações decorrentes do contrato de representação comercial (art. 39 da Lei n. 4.886/65).

2.2.3. *Competência objetiva*

O critério da competência objetiva é aquele em que há necessidade de observância da matéria envolvida, definida pela Constituição Federal, pela Constituição dos Estados e pelas leis de organização judiciárias dos próprios Estados, do valor da causa e das pessoas envolvidas.

2.2.3.1. Em razão da matéria

É por esse critério que se analisa a competência da Justiça Especializada (trabalhista, eleitoral ou militar), bem como a competência da Justiça Federal em face da Justiça Comum.

Matéria afeta à Justiça Especializada	
Justiça do Trabalho (art. 114 da CF)	• As ações oriundas da relação de trabalho, abrangidos os entes de direito público externo e da administração pública direta e indireta da União, dos Estados, do Distrito Federal e dos Municípios. • As ações que envolvam exercício do direito de greve. • As ações sobre representação sindical, entre sindicatos, entre sindicatos e trabalhadores e entre sindicatos e empregadores. • Os mandados de segurança, *habeas corpus* e *habeas data*, quando o ato questionado envolver matéria sujeita à sua jurisdição. • Os conflitos de competência entre órgãos com jurisdição trabalhista, ressalvado o disposto no art. 102, I, *o*. • As ações de indenização por dano moral ou patrimonial, decorrentes da relação de trabalho. • As ações relativas às penalidades administrativas impostas aos empregadores pelos órgãos de fiscalização das relações de trabalho. • A execução, de ofício, das contribuições sociais previstas no art. 195, I, *a*, e II, e seus acréscimos legais, decorrentes das sentenças que proferir. • Outras controvérsias decorrentes da relação de trabalho, na forma da lei.
Justiça Eleitoral (arts. 118 a 121 da CF)	• Controvérsias relacionadas ao direito eleitoral.
Justiça Militar (art. 124 da CF)	• Crimes militares definidos em lei.

Justiça Federal (arts. 108 e 109 da CF)	• As causas em que a União, entidade autárquica ou empresa pública federal forem interessadas na condição de autoras, rés, assistentes ou oponentes, exceto as de falência, as de acidentes de trabalho e as sujeitas à Justiça Eleitoral e à Justiça do Trabalho. • As causas entre Estado estrangeiro ou organismo internacional e Município ou pessoa domiciliada ou residente no País. • As causas fundadas em tratado ou contrato da União com Estado estrangeiro ou organismo internacional. • Os crimes políticos e as infrações penais praticadas em detrimento de bens, serviços ou interesse da União ou de suas entidades autárquicas ou empresas públicas, excluídas as contravenções e ressalvada a competência da Justiça Militar e da Justiça Eleitoral. • Os crimes previstos em tratado ou convenção internacional, quando, iniciada a execução no País, o resultado tenha ou devesse ter ocorrido no estrangeiro, ou reciprocamente. • As causas relativas a direitos humanos. • Os crimes contra a organização do trabalho e, nos casos determinados por lei, contra o sistema financeiro e a ordem econômico-financeira. • Os *habeas corpus*, em matéria criminal de sua competência ou quando o constrangimento provier de autoridade cujos atos não estejam diretamente sujeitos a outra jurisdição. • Os mandados de segurança e os *habeas data* contra ato de autoridade federal, excetuados os casos de competência dos tribunais federais. • Os crimes cometidos a bordo de navios ou aeronaves, ressalvada a competência da Justiça Militar. • Os crimes de ingresso ou permanência irregular de estrangeiro, a execução de carta rogatória, após o *exequatur*, e de sentença estrangeira, após a homologação, as causas referentes à nacionalidade, inclusive a respectiva opção, e à naturalização; • A disputa sobre direitos indígenas.

2.2.3.2. Em razão do valor da causa

O critério de competência em razão do valor da causa é de grande importância para a fixação de competência dos Juizados Especiais e para a organização judiciária nas grandes Comarcas, como ocorre, por exemplo, com a Comarca de São Paulo, em que os foros regionais têm competência para o processamento e julgamento das causas cujo valor não exceda 500 salários mínimos, sendo, portanto, obrigatório o processamento e julgamento das ações com valor superior a 500 salários mínimos no Foro Central (João Mendes Jr.).

Juizados Especiais do Estado e do Distrito Federal – Lei n. 9.099/95
Causas cujo valor não exceda a 40 salários mínimos (art. 3º, I, da Lei n. 9.099/95), sendo dispensada a participação do advogado nas causas até 20 salários mínimos (art. 9º).

Além da competência em razão do valor da causa, o Juizado Especial tem regra peculiar de competência em razão da matéria e da pessoa. Podemos afirmar ser de competência dos Juizados Especiais[8]:

8 BARROSO, Darlan; LETTIÈRE, Juliana Francisca. *Prática no processo civil*. 9. ed. São Paulo: Saraiva, 2019, p. 94-95.

Juizados Especiais do Estado e do Distrito Federal – Lei n. 9.099/95	
Competência	**Causas excluídas da competência**
Matérias a) arrendamento rural ou agrícola; b) cobrança a condômino de quaisquer quantias devidas ao condomínio; c) ressarcimento por danos em prédio urbano ou rústico (rural); d) ressarcimento por danos causados em acidente de veículo em via terrestre; e) cobrança de seguro de acidente de veículo em via terrestre; f) cobrança de honorários de profissionais liberais, ressalvado o disposto em legislação especial; g) revogação de doação. Ação de despejo para uso próprio. Ações possessórias de imóveis cujo valor não exceda a 40 salários mínimos. Execuções: a) de suas sentenças ou acórdãos; b) de títulos executivos extrajudiciais até o valor de 40 salários mínimos.	Matérias (art. 3º, § 2º): a) alimentar; b) falência; c) fiscal; d) de interesse das Fazendas Públicas; e) acidente do trabalho; f) resíduos (valores remanescentes); g) estado e capacidade das pessoas. Partes (pessoas que não podem ser partes – art. 8º): a) incapaz; b) preso; c) pessoa jurídica de direito público; d) empresa pública da União; e) massa falida ou o insolvente civil; f) pessoas jurídicas privadas, salvo a microempresa – ME (Enunciado 135 do Fonaje[9]). **Procedimentos especiais:** A jurisprudência dos juizados especiais tem firmado entendimento no sentido de que não é possível a ação no juizado quando para a lide houver procedimento especial no Código de Processo Civil.
Juizado Especial da Fazenda Pública – Lei n. 12.153/2009	
Competências	**Causas excluídas da competência**
Causas cujo valor não exceda a 60 salários mínimos – art. 2º. **Observe-se que, se a pretensão versar sobre obrigações vincendas, para fins de competência do Juizado Especial, será considerado valor da causa a soma de 12 parcelas vincendas e de eventuais parcelas vencidas (§ 2º do art. 2º).**	Art. 2º (...), § 1º (...) I – as ações de mandado de segurança, de desapropriação, de divisão e demarcação, populares, por improbidade administrativa, execuções fiscais e as demandas sobre direitos ou interesses difusos e coletivos; II – as causas sobre bens imóveis dos Estados, Distrito Federal, Territórios e Municípios, autarquias e fundações públicas a eles vinculadas; III – as causas que tenham como objeto a impugnação da pena de demissão imposta a servidores públicos civis ou sanções disciplinares aplicadas a militares.

No que diz respeito especificamente à competência dos juizados da Fazenda Pública, a competência será absoluta se no Foro estiver instalado Juizado Especial da Fazenda Pública (art. 2º, § 4º, da Lei n. 10.259/2001).

9 O acesso da microempresa ou empresa de pequeno porte ao sistema dos juizados especiais depende da comprovação de sua qualificação tributária atualizada e de documento fiscal referente ao negócio jurídico objeto da demanda.

Juizado Especial Federal – Lei n. 10.259/2001	
Competências	**Causas excluídas da competência**
Causas até o valor de 60 salários mínimos (art. 3º). **Execução das sentenças proferidas pelo Juizado Especial Federal.**	Matérias (art. 3º, § 1º): **a)** causas entre Estado estrangeiro ou organismo internacional e município ou pessoa domiciliada no Brasil (art. 109, II, da CF); **b)** as ações de mandado de segurança, de desapropriação, de divisão e demarcação, populares, execuções fiscais e por improbidade administrativa e as demandas sobre direitos ou interesses difusos, coletivos ou individuais homogêneos; **c)** as causas fundadas em tratado ou contrato da União com o Estado estrangeiro ou organismo internacional (art. 109, III, da CF); **d)** as causas relativas à disputa de direitos de indígenas (art. 109, XI, da CF); **e)** causas sobre bens imóveis da União, autarquias ou empresas públicas federais; **f)** para a anulação ou cancelamento de ato administrativo federal, salvo o de natureza previdenciária e o de lançamento fiscal; **g)** que tenham como objeto a impugnação da pena de demissão imposta a servidores públicos civis ou de sanções disciplinares aplicadas a militares.

Portanto, com relação à competência dos Juizados, pode-se concluir o seguinte:

Competência	
Relativa	**Absoluta**
Juizados dos Estados e do Distrito Federal (a parte tem disponibilidade de escolha entre o uso do Juizado ou da Justiça Comum).	**Juizado Especial Federal (art. 3º, § 3º, da Lei n. 10.259/2001** – para as causas de competência do Juizado até o valor de 60 salários mínimos, no foro onde estiver instalada Vara do Juizado Especial). **Juizado Especial da Fazenda Pública (art. 2º, § 4º, da Lei n. 12.153/2009** – para as causas cíveis de interesse dos Estados, do Distrito Federal, dos Territórios e dos Municípios, até o valor de 60 salários mínimos, no foro onde estiver instalado Juizado Especial da Fazenda Pública).

2.2.3.3. Em razão da pessoa

Este critério de fixação de competência está estritamente ligado às pessoas envolvidas na causa. Alguns artigos do Código de Processo Civil preveem expressamente o foro competente quando figurarem no polo passivo determinadas pessoas:

Pessoa	Competência
A ação em que o ausente for réu	Foro de seu último domicílio (art. 49 do CPC).
A ação em que o incapaz for réu	Foro de domicílio de seu representante ou assistente (art. 50 do CPC).
Causas em que a União seja autora	Foro de domicílio do réu (art. 51 do CPC).
Causas em que a União seja demandada	Foro de domicílio do autor, o de ocorrência do ato ou fato que originou a demanda, no de situação da coisa ou no Distrito Federal (parágrafo único do art. 51 do CPC).
Causas em que o Estado ou o Distrito Federal seja autor	Foro de domicílio do réu (art. 52 do CPC).
Causas em que o Estado ou o Distrito Federal seja demandado	Foro de domicílio do autor, o de ocorrência do ato ou fato que originou a demanda, o de situação da coisa ou na capital do respectivo ente federado (parágrafo único do art. 52 do CPC).

2.3. Regra prática de fixação de competência

A importância da adequada fixação da competência está ligada ao correto endereçamento da peça processual, isto é, localizar, entre todos os órgãos do Poder Judiciário brasileiro e nas diversas divisões territoriais, aquele que seja o competente para processar e julgar o processo. Em termos práticos, a localização da competência ocorre por meio de um processo de exclusão, sendo formuladas as seguintes perguntas[10-11]:

1) *A ação será proposta no Brasil ou em outro Estado soberano?* As regras que disciplinam a competência internacional concorrente estão dispostas no art. 21 do CPC. Em se tratando de competência interna exclusiva, ou seja, de ação que apenas poderá ser proposta no Brasil, as hipóteses de incidência estão no art. 23 do CPC.

   Concluído que a ação será no Brasil, passamos para a segunda questão:

2) *É competência da Justiça comum ou da Justiça especializada?* Caso a ação verse acerca de relação de trabalho (art. 114 da CF), ela será proposta no aparelho judiciário do trabalho. Em se tratando de lide sobre matéria eleitoral, a ação será processada na Justiça Eleitoral. Ou, ainda, envolvendo a lide matéria militar, a ação será na Justiça Militar. Por fim, não sendo caso de Justiça especializada, por um critério residual, a ação será proposta no aparelho judiciário comum (em cujo topo está o STJ).

Sendo competência da Justiça comum, o que mais nos interessa na prática jurídica civil, passamos para a terceira pergunta:

---

10 NERY JUNIOR; Nelson; NERY, Rosa Maria de Andrade. *Código de Processo Civil comentado*. 11. ed. São Paulo: Ed. RT, 2014.

11 BARROSO, Darlan; LETTIÈRE, Juliana Francisca. *Prática no processo civil*. 9. ed. São Paulo: Saraiva, 2019, p. 96-97.

3) *É competência da Justiça Federal ou da Justiça dos Estados ou do Distrito Federal?* As regras que determinam a competência da Justiça Federal estão previstas no art. 109 da CF. No entanto, por um critério residual, não sendo competência da Justiça Federal, será competência da Justiça dos Estados ou do Distrito Federal.

   Encontrada a Justiça, vamos para a localização do foro:

4) *Qual o foro (local de propositura da ação)?* A ação será proposta no domicílio do réu? No domicílio do autor? No local da sede? Tais perguntas são respondidas pelas regras previstas no Código de Processo Civil (arts. 42 a 53), conforme tratamos anteriormente. Aqui a dúvida não é em relação ao órgão jurisdicional, mas sim quanto ao local de propositura da ação.

   Definido o local (comarca ou seção judiciária), devemos encontrar o juízo ou vara:

5) *Qual a vara?* A definição da vara deve ser realizada após a localização da competência territorial, pelo fato de que em cada comarca ou seção judiciária existirão varas ou juízos próprios, não sendo possível definir uma regra geral.

Assim, dentro das normas de organização judiciária local, o advogado deverá encontrar a espécie de vara mais adequada para a solução dos conflitos. É comum, nas grandes comarcas, encontrarmos juízos cíveis especializados (por exemplo, varas de família, de registros públicos, da Fazenda Pública, de acidentes do trabalho etc.).

2.4. Modelos de endereçamento de peças processuais

A competência consiste no endereçamento da peça processual. Assim, quando da elaboração da peça processual, deverá ser indicado o órgão jurisdicional competente para seu processamento. Além da indicação correta da competência, é importante a utilização da correta terminologia sobre a divisão territorial da Justiça e da nomenclatura correta em relação ao magistrado:

Terminologia e nomenclatura	
Divisão territorial	**Nomenclatura**
Justiça Federal: Subseção Judiciária ou Seção Judiciária. Cada Estado da Federação corresponde a uma seção judiciária, e, por sua vez, as seções podem ser divididas em subseções judiciárias. Justiça Estadual: Comarcas ou distritos (foros regionais).	Justiça Federal da 1ª Instância: Juiz Federal Justiça Federal de 2ª Instância (TRF): Desembargador Federal Justiça Estadual de 1ª Instância: Juiz de Direito Justiça Estadual de 2ª Instância (TJ): Desembargador Tribunais Superiores ou Supremo Tribunal Federal: Ministro

Exemplos de endereçamento:

- **Para o Supremo Tribunal Federal:**

> EXCELENTÍSSIMO SENHOR DOUTOR MINISTRO PRESIDENTE DO SUPREMO TRIBUNAL FEDERAL

- **Para o Superior Tribunal de Justiça:**

EXCELENTÍSSIMO SENHOR DOUTOR MINISTRO PRESIDENTE DO SUPERIOR TRIBUNAL DE JUSTIÇA

- **Para o Tribunal Regional Federal:**

EXCELENTÍSSIMO SENHOR DOUTOR DESEMBARGADOR PRESIDENTE DO EGRÉGIO TRIBUNAL REGIONAL FEDERAL

- **Para a Justiça Federal:**

EXCELENTÍSSIMO SENHOR DOUTOR JUIZ FEDERAL DA ... VARA CÍVEL DE ... SEÇÃO JUDICIÁRIA DE ...

- **Para Tribunal de Justiça:**

EXCELENTÍSSIMO SENHOR DOUTOR DESEMBARGADOR PRESIDENTE DO EGRÉGIO TRIBUNAL DE JUSTIÇA DO ESTADO DE ...

- **Para a Justiça Estadual:**

EXCELENTÍSSIMO SENHOR DOUTOR JUIZ DE DIREITO DA ... VARA CÍVEL DA COMARCA DE ...

- **Para a Justiça Estadual – Fazenda Pública:**

EXCELENTÍSSIMO SENHOR DOUTOR JUIZ DE DIREITO DA ... VARA DA FAZENDA PÚBLICA DA COMARCA DE ...

- **Vara da Justiça Estadual – Vara de Família:**

EXCELENTÍSSIMO SENHOR DOUTOR JUIZ DE DIREITO DA ... VARA DE FAMÍLIA E SUCESSÕES DA COMARCA DE ...

- **Para a Justiça Estadual – Foro Regional:**

EXCELENTÍSSIMO SENHOR DOUTOR JUIZ DE DIREITO DA ... VARA CÍVEL DO FORO REGIONAL DE ... DA COMARCA DE ...

- **Para o Juizado Especial Federal:**

EXCELENTÍSSIMO SENHOR DOUTOR JUIZ FEDERAL DA ... VARA DO JUIZADO ESPECIAL FEDERAL CÍVEL DE ...

- **Para o Juizado Especial Cível:**

> EXCELENTÍSSIMO SENHOR DOUTOR JUIZ DE DIREITO DA ... VARA DO JUIZADO ESPECIAL CIVEL DA COMARCA DE ...

- **Para o Juizado Especial da Fazenda Pública:**

> EXCELENTÍSSIMO SENHOR DOUTOR JUIZ DE DIREITO DA ... VARA DO JUIZADO ESPECIAL DA FAZENDA PÚBLICA DA COMARCA DE ...

3

Tutela provisória

3.1. Introdução

A tutela provisória, prevista nos arts. 294 a 311 do Código de Processo Civil, constitui provimento jurisdicional de caráter provisório concedido para amenizar o efeito tempo do processo. Isso porque, quando a parte aciona o Poder Judiciário, busca a obtenção da tutela jurisdicional, e, pela regra geral, essa tutela jurisdicional somente será concedida com a sentença.

Ocorre que a prolação da sentença, após todo o trâmite legal, acaba por demorar meses ou anos. Assim, em determinadas situações, o legislador prevê medida judicial para que as partes, desde que cumpridos os requisitos, possam dela fazer uso, a fim de não tornar inútil o efeito e resultado do processo.

Essa medida judicial cujo objetivo é não tornar sem efeito ou inútil o processo é denominada tutela provisória.

3.2. Tutela provisória e liminar

No sentido lato da palavra, liminar é todo provimento jurisdicional concedido de plano ou em momento anterior àquele que seria comum. Na verdade, todas as tutelas provisórias, no sentido lato da palavra, são consideradas espécies de liminares. Todavia, no sentido estrito, cada medida apresenta cabimento próprio e é dotado de requisitos específicos, com características práticas que dependem do momento do requerimento e do objetivo pretendido pela parte.

A seguir destacamos os artigos em que o Código de Processo Civil destaca a existência de tutela provisória e liminares, bem como artigos da legislação especial que expressamente tratam da terminologia liminar:

CPC – tutela provisória	CPC – liminar	Legislação especial – liminar
Art. 9º – art. 294 – art. 300 – art. 311 Art. 519 – art. 932, II Art. 969	Art. 555, II – art. 562 Art. 678 Art. 695 Art. 525, § 6º – art. 911, § 1º Art. 955 Art. 989, III	Art. 84, § 3º, do CDC Art. 59, § 1º, da Lei n. 8.245/91 (locação) Art. 4º da Lei n. 5.478/68 (alimentos) Arts. 22-A e 22-B da Lei n. 9.307/96 (arbitragem) Art. 1º da Lei n. 8.397/92 (cautelar fiscal) Art. 7º, III, da Lei n. 12.016/2009 (MS) Art. 10 da Lei n. 9.868/99 (ADI e ADC)

O examinando deverá utilizar na sua peça a terminologia "liminar" quando o Código de Processo Civil ou a legislação especial assim nominar ou contiver requisitos específicos mencionando que o juiz concederá sem ouvir a parte (art. 678 do CPC).

Por sua vez, não havendo menção ao termo "liminar" ou requisitos determinados, utilizará tutela provisória de urgência [antecipada ou cautelar] ou evidência, a depender do caso.

3.3. Tutela provisória

A tutela provisória é gênero, sendo suas espécies: urgência e evidência (art. 294 do Código de Processo Civil). A tutela de urgência, cautelar ou antecipada, será concedida quando a situação em juízo envolver situação de risco de dano à parte ou ao resultado útil do processo.

Por sua vez, a tutela de evidência será concedida independentemente da existência de risco, todavia há necessidade de comprovação da probabilidade do direito, podendo este ser em razão da existência de decisões judiciais consideradas precedentes obrigatórios e vinculativos, bem como até em razão de ato realizado pela parte contrária, ou seja, abuso de defesa, manifesto propósito protelatório etc. (art. 311 do CPC). Portanto, a organização da tutela provisória no Código de Processo Civil pode ser assim definida:

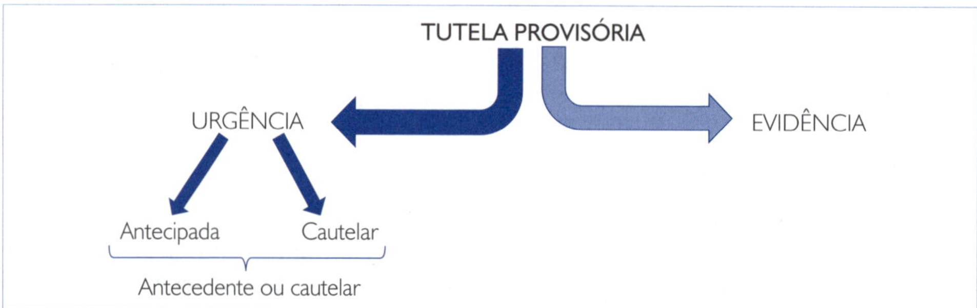

A tutela provisória de urgência poderá ser concedida em caráter antecedente ou incidental, isto é, antes da petição inicial, como capítulo da petição inicial ou durante o trâmite do processo, sendo esta última nominada de incidental.

Antecedente	Incidental
• Petição inicial: requerimento da tutela antecipada ou cautelar e indicação do pedido de tutela final, com a exposição da lide, do direito que se busca realizar e do perigo de dano ou risco ao resultado útil do processo. • Competência: juízo competente para conhecer do pedido principal. • Valor da causa: o autor terá de indicar o valor da causa, que deve levar em consideração o pedido de tutela final. • Custas: necessidade de recolhimento de custas.	• Capítulo da petição inicial ou a qualquer momento no processo por meio de petição simples. • Desnecessidade de recolher custas.

Os termos "antecedente" e "incidental" consistem tão somente no momento de requerimento do pleito da tutela provisória de urgência tanto antecipada como cautelar. Importante ressaltar que não há previsão de requerimento de tutela de evidência na forma antecedente, portanto esta poderá ser requerida somente de maneira incidental.

A tutela provisória, seja ela de urgência ou de evidência, está adstrita a algumas disposições gerais, a saber:

- **Eficácia:** a tutela provisória conserva sua eficácia na pendência do processo, mas pode, a qualquer tempo, ser revogada ou modificada.
- **Medidas coercitivas:** o juiz poderá determinar as medidas que considerar adequadas para efetivação da tutela provisória, por exemplo, multa, busca e apreensão, força policial etc.
- **Motivação:** na decisão que conceder, negar, modificar ou revogar a tutela provisória, o juiz motivará seu convencimento de modo claro e preciso.
- **Recurso:** da decisão que versa sobre tutela provisória cabe recurso de agravo de instrumento (art. 1.015, I, do CPC), salvo se ela for decidida em sentença, quando então caberá apelação (art. 1.013, § 5º, do CPC). Se for decidida pelo relator no Tribunal, caberá agravo interno (art. 1.021 do CPC).

3.3.1. *Tutela provisória de urgência*

A tutela de urgência será concedida quando houver elementos que evidenciem a probabilidade do direito e o perigo de dano ou o risco ao resultado útil do processo. Esses dois requisitos, probabilidade do direito e perigo de dano ou risco ao resultado útil do processo, devem ser cumpridos tanto para a tutela de espécie antecipada quanto para a cautelar.

A concessão da tutela provisória de urgência (antecipada ou cautelar) pode ser condicionada à prestação de garantia para ressarcir os danos que a outra parte possa vir a sofrer, podendo a caução ser dispensada se a parte economicamente hipossuficiente não puder oferecê-la.

A tutela de urgência poderá ser concedida liminarmente, sem ouvir a parte contrária (art. 9º, parágrafo único, I, do CPC), ou após justificação prévia (quando o juiz ainda não está convencido e designa audiência de justificação para ouvir a parte e formar seu convencimento).

> **Dica!**
>
> Somente será concedida **TUTELA PROVISÓRIA DE URGÊNCIA ANTECIPADA** se a medida for reversível, isto porque o art. 300, § 3º, do CPC veda a concessão de tutela de urgência antecipada quando há perigo de irreversibilidade dos efeitos da decisão.

Por fim, dispõe o art. 302 do Código de Processo Civil que, independentemente de se tratar de tutela antecedente ou incidental, cautelar ou antecipada, poderá o requerente ser responsabilizado, sem prejuízo do dano processual (litigar de má-fé – arts. 79 a 81 do CPC), pela reparação dos prejuízos causados à parte contra quem foi proferida a decisão, nas seguintes hipóteses: (a) quando a sentença lhe for desfavorável (ao requerente); (b) quando, obtida liminarmente a tutela em caráter antecedente, não fornecer os meios necessários para a citação do requerido no prazo de 5 dias; (c) quando ocorrer a cessação da eficácia da medida; e (d) quando o juiz acolher a alegação de decadência ou prescrição da pretensão do autor.

3.3.1.1. Tutela provisória de urgência antecipada

A tutela provisória de urgência antecipada tem por finalidade antecipar os efeitos da sentença (tutela definitiva). Em outras palavras, trata-se de medida satisfativa, isto porque, com a concessão da tutela provisória de urgência antecipada, a parte recebe o bem da vida, aquilo que obteria por ocasião da prolação da sentença.

Modelo de tutela de urgência antecipada incidental: ver o capítulo da petição inicial no procedimento comum (a tutela antecipada incidental pode ser requerida na petição inicial, como um capítulo, ou em qualquer outra peça oportuna).

> **Importante:** sempre que requerer uma medida de urgência ou provisória no processo, nossa sugestão é que seja aberto um capítulo para justificativa do preenchimento dos requisitos legais para sua concessão.

3.3.1.1.1. *Tutela provisória de urgência antecipada antecedente*

Além da forma incidental, o Código de Processo Civil, nos arts. 303 e 304, prevê a tutela provisória de urgência antecipada antecedente. Como determinado no *caput* do art. 303 do CPC, essa modalidade (antecedente) de tutela provisória somente tem cabimento na espécie urgência, ou seja, em regra não é autorizado o pedido de tutela provisória antecedente de evidência.

Ademais, seu requerimento ocorrerá em situações de urgência contemporânea, isto é, situação de urgência que estiver ocorrendo quando da propositura da ação, isto é, na prática forense, quando o autor ainda não obteve toda a documentação necessária para a propositura da ação, mas necessita da concessão de determinada providência urgente.

Assim, existentes os requisitos da tutela provisória de urgência (probabilidade do direito e perigo de dano ou risco ao resultado útil do processo), pode o autor, nessa situação de urgência em que ainda não tenha toda a documentação necessária para a propositura da ação (urgência contemporânea), limitar-se ao requerimento da tutela antecipada, com a indicação do pedido da tutela final, a exposição da lide e do direito que se busca realizar, além de demonstrar o perigo de dano ou o risco ao resultado útil do processo.

Além do cumprimento desses pressupostos, deve o autor indicar na petição inicial que pretende valer-se desse benefício (tutela antecipada antecedente) e, ainda, indicar o valor da causa, que deve levar em consideração o pedido de tutela final (art. 303, §§ 4º e 5º, do CPC).

Estrutura básica do pedido de tutela provisória de urgência antecipada antecedente:

Endereçamento	
Competência	Art. 299 do CPC
Preâmbulo	
Partes	Autor Réu Necessidade de qualificação completa (art. 319, II, do CPC). Indicar que a parte está devidamente representada por advogado com endereço na Rua ..., onde recebe intimações (procuração anexa).

Nome da ação	TUTELA PROVISÓRIA DE URGÊNCIA ANTECIPADA ANTECEDENTE
Fundamento legal	Arts. 303 e 304 do CPC
I – Dos fatos	
Relação: existência de relação entre as partes. **Causa:** urgência contemporânea. **Consequência:** necessidade de concessão da tutela de urgência antecipada.	
II – Do direito	
Fundamento legal	Artigos de lei de direito material e processual (arts. 303 e 304 do CPC). Abordar o cumprimento dos requisitos: probabilidade do direito e perigo de dano ou risco ao resultado útil do processo. Informar que o caso não é de irreversibilidade (art. 300, § 3º, do CPC). Súmulas. Transcrever artigos e súmulas importantes.
III – Dos pedidos e requerimentos	
Pedidos	**a)** a concessão da tutela provisória de urgência antecipada antecedente para o fins de ..., nos termos do art. 303 do Código de Processo Civil;
Requerimentos	**b)** a citação e intimação do réu para comparecer em audiência de conciliação e mediação, conforme o art. 303, § 1º, II, do Código de Processo Civil, e recorrer, se quiser, sob pena de estabilização da demanda, nos termos do art. 304, *caput*, do Código de Processo Civil; **c)** a informação de que o autor está se valendo do pedido de tutela provisória antecipada antecedente previsto no *caput* do art. 303 do Código de Processo Civil; **d)** a juntada do comprovante de recolhimento das custas iniciais de acordo com o pedido final, conforme determinação do art. 303, § 4º, do Código de Processo Civil; **e)** informar que, no prazo de 15 dias, aditará a petição inicial com o pedido de tutela final de ..., conforme determina o art. art. 303, § 1º, I, do CPC; **f)** a tramitação prioritária dos autos por se tratar de pessoa idosa, nos termos do art. 1.048 do CPC (se for o caso); **g)** a intimação do Ministério Público, nos termos do art. 178, II, do CPC (se for o caso).
Valor da causa	Art. 303, § 4º, do CPC (valor do pedido da tutela final).
ATENÇÃO	O requerimento de prioridade de tramitação e intimação do Ministério Público somente deverá constar na peça se o enunciado trouxer elementos que evidenciem a necessidade de tais requerimentos.

3.3.1.1.2. *Modelo de peça prática de tutela provisória de urgência antecipada antecedente*

Folha 1/4

01	EXCELENTÍSSIMO SENHOR DOUTOR JUIZ DE DIREITO DA ... VARA
02	DA FAZENDA PÚBLICA DA COMARCA DE VOTUPORANGA
03	
04	

ELIZA BATISTA, estado civil ···, profissão ···, inscrita no CPF n· ···, endereço eletrônico ···, com endereço na Rua ···, vem, por meio do seu advogado, com endereço profissional na Rua ···, onde recebe intimações (procuração anexa), com fundamento nos arts· 303 e 304 do Código de Processo Civil, requerer TUTELA PROVISÓRIA DE URGÊNCIA ANTECIPADA ANTECEDENTE em face DO MUNICÍPIO DE VOTUPORANGA, pessoa jurídica de direito público, inscrita no CNPJ n· ···, endereço eletrônico ···, com endereço na Rua ···, representada por sua Procuradoria, com endereço na Rua ···, conforme razões de fato e de direito abaixo expostas·

I – EXPOSIÇÃO DA LIDE

A autora está muito doente e necessita fazer uso contínuo do medicamento XYZ para sobreviver· Embora, durante os últimos anos, tenha obtido os medicamentos no único hospital público da cidade em que reside, no início da semana não teve o medicamento fornecido pelo Poder Público e desmaiou por três vezes·

Em consulta médica no pronto-socorro, o diagnóstico foi a falta de medicamento, tendo o Poder Público se recusado a concedê-lo novamente, mesmo com a Autora internada·

Assim, diante da necessidade do uso contínuo do medicamento, não restou alternativa à Autora a não ser a propositura da presente medida·

Folha 2/4

II – DO DIREITO

A Constituição Federal, em seu art· 5º, determina que o direito à vida é inviolável e o bem maior a ser tutelado pelo Poder Público, devendo este assegurar a toda a população o direito à saúde·

Nesse sentido, o art· 196 da Constituição Federal dispõe que:

Art. 196. A saúde é direito de todos e dever do Estado, garantido mediante políticas sociais e econômicas que visem à redução do risco de doença e de outros agravos e ao acesso universal e igualitário às ações e serviços para sua promoção, proteção e recuperação.

Assim, denota-se que a saúde é direito de todos e dever do Poder Público, não podendo este se eximir da prestação de assistência universal aos cidadãos. Portanto, o medicamento XYZ deve ser imediatamente fornecido para a Autora.

III – DO RISCO DE DANO

Além da presença do direito da Autora, o art. 300 do Código de Processo Civil dispõe que a tutela de urgência será concedida se presente o risco de dano.

No presente, caso se a Autora não iniciar a ingestão do medicamento imediatamente, sofrerá outros desmaios, havendo, inclusive, risco de morte, tendo em vista a doença de que a Autora é portadora, CID n. ...

Some-se a isso que a medida é absolutamente reversível, já que, se o pedido da Autora sucumbir, esta pagará os prejuízos sofridos pelo Poder Público, portanto, cumprido o requisito do art. 300, § 3º, do Código de Processo Civil.

Folha 3/4

Assim, presentes os requisitos da tutela de urgência, probabilidade do direito e risco de dano, impõe-se a concessão do pedido da tutela.

IV – DOS PEDIDOS

Em face do exposto, é a presente para requerer:

a) a concessão da tutela provisória de urgência antecipada antecedente para o fim de fornecer o medicamento XYZ, nos termos do art. 303 do Código de Processo Civil;

b) a citação e intimação do Réu, por meio eletrônico ou oficial de justiça (art. 246, § 2º, e 247, III, do CPC), para comparecer em audiência de conciliação e mediação, conforme o art. 303, § 1º, II, do Código de Processo Civil, e recorrer, se quiser, sob pena de estabilização da demanda, nos termos do art. 304, "caput", do Código de Processo Civil;

c) a informação de que a Autora está se valendo do pedido de tutela provisória antecipada antecedente previsto no "caput" do art. 303 do Código de Processo Civil;

d) a juntada do comprovante de recolhimento das custas iniciais de acordo com o pedido final, conforme determinação do art. 303, § 4º, do Código de Processo Civil; ou pedido de justiça gratuita;

e) informa que, no prazo de 15 dias, aditará a petição inicial com o pedido de tutela final de obrigação de fazer de fornecimento do medicamento XYZ pelo tempo que a Autora necessitar, conforme determina o art. art. 303, § 1º, I, do Código de Processo Civil;

f) a tramitação prioritária dos autos por se tratar de pessoa idosa, nos termos do art. 1.048 do CPC (se for o caso);

g) a intimação do Ministério Público, nos termos do art. 178, II, do CPC (se for o caso).

Valor da causa: R$ ... (art. 303, § 4º, do CPC).

Termos em que

Folha 4/4

pede deferimento.

Local e data ...

ADVOGADO ...

OAB ...

Atenção: requerida a tutela antecipada antecedente, ao magistrado são dadas duas oportunidades: conceder ou negar o pedido. Se conceder, determinará o aditamento da petição inicial, sob pena de extinção do processo sem resolução do mérito. Com a complementação de sua argumentação, a juntada de novos documentos e a confirmação do pedido de tutela final no prazo de 15 dias ou em outro prazo maior, se necessário, ainda, citará e intimará o réu para a audiência de conciliação ou de mediação, na forma do art. 334 do CPC. Nesse aditamento não há incidência de novas custas processuais (art. 303, § 3º, do CPC).

3.3.1.1.3. *Estrutura básica do aditamento da petição inicial com requerimento de tutela provisória de urgência antecipada antecedente*

Endereçamento	
Competência	Juízo em que tramita o pedido de tutela provisória antecipada antecedente
Preâmbulo	
Partes	Autor Réu Não há necessidade de qualificação completa, pois todos eles já estão qualificados. Já há número de processo, portanto, indicar: Processo n. ...
Nome da ação	ADITAMENTO A PETIÇÃO INICIAL
Fundamento legal	Art. 303, § 1º, I, do CPC
I – Dos fatos	
Abordar as informações da petição inicial, por exemplo: conforme exposto na petição inicial; tutela provisória de urgência antecipada antecedente deferida a fls. ... etc.	
II – Do direito	
Fundamento legal	Reiterar os artigos de lei incidentes e, se for o caso, inserir novos artigos para novos pedidos. Já que se trata de aditamento, o autor pode alterar os pedidos e causa de pedir. Súmulas. Transcrever artigos e súmulas importantes.
III – Dos pedidos e requerimentos	
Pedidos	**a)** a procedência do pedido de obrigação de fornecer de ..., com a condenação do réu ao pagamento de custas e honorários advocatícios, confirmando-se a tutela provisória de urgência antecipada antecedente deferida anteriormente;
Requerimentos	**b)** a juntada de novos documentos (se for o caso), nos termos do art. 303, § 1º, I do CPC, e a produção de todos os meios de prova em direito admitidos.
Valor da causa	Não há, tendo em vista que deve ser informado na petição com requerimento de tutela provisória de urgência antecipada antecedente (art. 303, § 4º, do CPC).

3.3.1.1.4. *Modelo de aditamento do requerimento de tutela provisória de urgência antecipada antecedente*

Folha 1/3

01	EXCELENTÍSSIMO SENHOR DOUTOR JUIZ DE DIREITO DA 7ª VARA
02	DA FAZENDA PÚBLICA DA COMARCA DE VOTUPORANGA
03	
04	
05	

Processo n. ...

ELIZA BATISTA, já qualificada nos autos do processo em epígrafe, vem, por meio do seu advogado, já constituído nos autos, com fundamento no art. 303, § 1º, I, do Código de Processo Civil, ADITAR a petição inicial com requerimento de tutela provisória de urgência antecipada antecedente para AÇÃO DE OBRIGAÇÃO DE FAZER que move em face do MUNICÍPIO DE VOTUPORANGA, também já qualificado, conforme razões de fato e de direito abaixo expostas.

I – DOS FATOS

Conforme já exposto na petição inicial de fls. ..., a autora teve negado o fornecimento do medicamento XYZ e por esta razão precisou propor o pedido de tutela provisória de urgência antecipada antecedente.

O caso em análise consiste em obrigação de fazer razão da recusa de fornecimento do medicamento. A fls. ..., foi deferida a tutela antecipada na modalidade antecedente, com cumprimento realizado (ou até o

Folha 2/3

momento sem cumprimento).

Assim, deve ser a tutela antecipada confirmada ao final, juntamente com a obrigação condenatória de fornecer o medicamento XYZ pelo tempo que a autora dele necessitar.

II – DO DIREITO

Como sumariamente exposto A fls. ..., o caso trata de obrigação do Poder Público em fornecer medicamento à Autora.

É inaceitável a recusa ao fornecimento do medicamento, pelo fato de que a saúde, conforme o art. 196 da Constituição Federal, deve ser garantida pelo Estado.

Assim, com fundamento no direito fundamental à saúde e no dever da prestação integral à saúde pelo Estado, deve o município Réu ser condenado à obrigação de fornecer de fornecer o medicamento XYZ à Autora pelo tempo que esta dele necessitar.

III – DO PEDIDO

Em face do exposto, é a presente para requerer:

a) a procedência do pedido de obrigação de fornecer o medicamento XYZ, com a condenação do Réu ao pagamento de custas e honorários advocatícios, confirmando-se a tutela provisória de urgência antecipada antecedente deferida anteriormente;

b) a juntada de novos documentos (se for o caso), nos termos do art. 303, § 1º, I, do CPC, e a produção de todos os meios de prova em direito admitidos.

Termos em que

pede deferimento.

Folha 3/3

Local e data ...

ADVOGADO ...

OAB ...

> Por sua vez, se o juiz não conceder a tutela antecipada antecedente por entender que não há elementos para a concessão, determinará emenda da petição inicial em até 5 dias, sob pena de ser indeferida e de o processo ser extinto sem resolução de mérito.

3.3.1.1.5. *Estabilização da tutela provisória de urgência antecipada antecedente*

Se concedida a tutela antecipada e a parte contrária não interpuser o respectivo recurso – leia-se agravo de instrumento para os casos de concessão de tutela antecipada em primeira instância e agravo interno quando a decisão for pleiteada e concedida perante algum Tribunal –, a decisão que concedeu a tutela antecipada torna-se estável (art. 304 do CPC), ocasião em que o processo será extinto (art. 304, § 1º, do CPC).

Apesar da estabilidade, prevê o Código a possibilidade de revisão, reforma ou invalidação da tutela antecipada por qualquer das partes, no prazo de 2 anos, contados da ciência da decisão que extinguiu o processo.

3.3.1.2. Tutela provisória de urgência cautelar

A tutela cautelar requerida em caráter antecedente é tratada nos arts. 305 a 310 do CPC, e, diferentemente da tutela antecipada, que busca a satisfação do direito, a tutela cautelar tem por finalidade resguardar/assegurar o direito do autor para que este possa receber ao final do processo.

Importante destacar que na prática muitas vezes é difícil distinguir se o caso contempla tutela antecipada ou cautelar, e, por essa razão, o legislador autorizou a possibilidade de aplicação do princípio da fungibilidade com o objetivo de receber o pedido de tutela cautelar como antecipada.

> **Fungibilidade:** o Código de Processo Civil contemplou a fungibilidade de tutela cautelar para tutela antecipada (art. 305, parágrafo único, do CPC).

O art. 301 do Código de Processo Civil traz um **rol exemplificativo** das medidas cautelares de urgência (arresto, sequestro, arrolamento de bens, registro de protesto contra alienação de bem), contudo nada impede que outra medida idônea seja realizada para assegurar o direito das partes.

Modelo de tutela de urgência cautelar incidental: a tutela cautelar incidental pode ser requerida na petição inicial, como um capítulo, ou em qualquer outra peça oportuna.

> **Importante:** sempre que se requerer uma medida de urgência ou provisória no processo, nossa sugestão é que seja aberto um capítulo para justificativa do preenchimento dos requisitos legais para sua concessão.

3.3.1.2.1. *Tutela provisória de urgência cautelar antecedente*

Assim como a tutela antecipada, a cautelar poderá ser requerida em caráter antecedente por meio de petição indicando a lide e seu fundamento, a exposição sumária do direito que se objetiva assegurar e o perigo de dano ou o risco ao resultado útil do processo.

Distribuída a petição inicial com pedido de tutela cautelar antecedente, o juiz determinará a citação do réu para que, no prazo de 5 dias, apresente defesa ao pedido cautelar e indique as provas que pretende produzir, sob pena de os fatos alegados pelo autor serem presumidos como aceitos pelo réu (arts. 306 e 307 do CPC).

Efetivada a tutela cautelar, o pedido principal deve ser formulado pelo autor nos próprios autos no prazo de 30 dias sem o pagamento de novas custas judiciais, uma vez que estas já foram recolhidas no momento da propositura do pedido de tutela cautelar antecedente e, na sequência, adotando o processo agora o procedimento comum. "As partes serão intimadas para a audiência de conciliação ou de mediação, na forma do art. 334, por seus advogados ou pessoalmente, sem necessidade de nova citação do réu." Não havendo autocomposição, o prazo para contestação será contado na forma do art. 335 (art. 308, §§ 3º e 4º, do CPC).

3.3.1.2.2. *Estrutura básica de tutela provisória de urgência cautelar antecedente*

Endereçamento	
Competência	Art. 299 do CPC
Preâmbulo	
Partes	Autor Réu Necessidade de qualificação completa (art. 319, II, do CPC). Indicar que a parte está devidamente representada por advogado com endereço na Rua ..., onde recebe intimações (procuração anexa).
Nome da ação	TUTELA PROVISÓRIA DE URGÊNCIA CAUTELAR ANTECEDENTE
Fundamento legal	Arts. 305 e s. do CPC
I – Dos fatos	
Relação: existência de relação entre as partes. **Causa:** urgência e necessidade de evitar danos e risco de resultado útil ao processo. **Consequência:** necessidade de concessão da tutela de urgência cautelar.	
II – Do direito	
Fundamento legal	Artigos de lei de direito material e processual (arts. 301 e 305 do CPC). Abordar o cumprimento dos requisitos: probabilidade do direito e perigo de dano ou risco ao resultado útil do processo. Súmulas. Transcrever artigos e súmulas importantes.
III – Dos pedidos e requerimentos	
Pedidos	**a)** a concessão da tutela provisória de urgência cautelar antecedente para o fim de ..., nos termos do art. 305 do Código de Processo Civil; **b)** caso entenda que o pedido a que se refere seja de natureza antecipada, requer seja aplicado o princípio da fungibilidade, previsto no art. 305, parágrafo único, do Código de Processo Civil;
Requerimentos	**c)** a citação do réu para, no prazo de 5 dias, contestar o pedido e indicar as provas que pretende produzir, sob pena de os fatos serem presumidos verdadeiros, nos termos dos arts. 305 e 306 do Código de Processo Civil; **d)** informar que, no prazo de 30 dias, apresentará o pedido principal de ..., conforme o art. 308 do Código Civil; **e)** a juntada do comprovante de recolhimento das custas iniciais de acordo com o pedido final; **f)** a tramitação prioritária dos autos por se tratar de pessoa idosa, nos termos do art. 1.048 do CPC (se for o caso); **g)** a intimação do Ministério Público, nos termos do art. 178, II, do CPC (se for o caso).

Valor da causa	Valor do pedido principal
ATENÇÃO	O requerimento de prioridade de tramitação e intimação do Ministério Público somente deverá constar na peça se o enunciado trouxer elementos que evidenciem a necessidade de tais requerimentos.

3.3.1.2.3. *Modelo de peça prática de tutela provisória de urgência cautelar antecedente*

Folha 1/4

EXCELENTÍSSIMO SENHOR DOUTOR JUIZ DE DIREITO DA ... VARA CÍVEL DA COMARCA DE ARAÇATUBA

ALICE CRUZ, estado civil ..., profissão ..., inscrita no CPF n. ..., endereço eletrônico. .., com endereço na Rua ..., vem, por meio de seu advogado, com endereço profissional na Rua ..., onde recebe intimações (procuração anexa), com fundamento nos arts. 305 e s. do Código de Processo Civil, requerer TUTELA PROVISÓRIA DE URGÊNCIA CAUTELAR ANTECEDENTE DE ARRESTO em face de EDUARDO SILVA, estado civil ..., profissão ..., inscrito no CPF n. ..., endereço eletrônico ..., com endereço na Rua ..., vem, por meio de seu advogado, com endereço profissional na Rua ..., conforme razões de fato e de direito abaixo expostas.

I – DA LIDE E SEU FUNDAMENTO

Há um ano, a autora emprestou para o réu importância em dinheiro para a realização de obras na casa sua casa.

Para garantir o pagamento da dívida, em (data), autora e réu firmaram instrumento de Confissão de Dívida (doc. 1) assinado por 2 (duas) testemunhas, no valor de R$ 1.000.000,00 (um milhão de reais), cujo pagamento deveria ter ocorrido na data de ontem.

Ocorre que, além de a obrigação não ter sido cumprida na data firmada, a autora tomou conhecimento de que o requerido está, sistematicamente, alienando todos os seus bens, conforme se pode aferir por meio dos documentos anexos, contrato de compra e venda da residência do

Folha 2/4

devedor (doc. 2), contrato de compromisso de venda do imóvel localizado no litoral (doc. 3) e anúncios de jornais colocando à venda todos os demais imóveis do devedor, o que faz a autora temer pela dilapidação de todo o patrimônio, sem que reste algum bem suficiente para garantir a dívida contraída.

Dessa forma, não resta alternativa a não ser a propositura do presente pedido para o fim de arrestar os bens do réu.

II – EXPOSIÇÃO SUMÁRIA DO DIREITO

O caso em análise trata de questão relacionada ao inadimplemento, isto é, o réu não cumpriu sua obrigação de pagar na data com a qual se comprometeu, portanto, diante do não pagamento, o débito tornou-se exigível.

Logo, a ausência de pagamento na data estipulada, além da própria exigibilidade do débito, deixa o réu em situação de mora, aplicando-se assim, o disposto no art. 394 e seguintes do Código Civil.

Presentes a exigibilidade e a mora, a autora tem direito de receber seus valores, inclusive por meio do Judiciário.

III – DO RISCO AO RESULTADO ÚTIL

O art. 300 do Código de Processo Civil autoriza a obtenção de tutela de urgência sempre que presentes os requisitos da probabilidade do direito e do perigo de dano ou risco ao resultado útil do processo. Por sua vez, a tutela de urgência poderá ser concedida na espécie antecipada ou cautelar.

No caso em análise, impõe-se a adoção de imediata da tutela cautelar de arresto, isto porque o réu, de forma inequívoca, está dilapidando seu patrimônio, alienando todos os seus bens, conforme documentos anexos,

Folha 3/4

com o objetivo de não pagar o débito existente com a autora.

A medida é urgente, pois, se os bens não forem arrestados, eventual execução restará frustrada, por não existir patrimônio para satisfazê-la.

Em sendo assim, presentes o perigo de dano ou risco ao resultado útil do processo, bem como a probabilidade do direito, de rigor a concessão da presente medida de arresto para o fim de impedir a alienação ou qualquer transmissão de bens do réu para terceiros.

IV – DOS PEDIDOS

Em face do exposto, é a presente para requerer:

a) a concessão da tutela provisória de urgência cautelar antecedente para o fim de arrestar os bens do réu, nos termos do art. 305 do Código de Processo Civil;

b) caso entenda que o pedido a que se refere seja de natureza antecipada, requer seja aplicado o princípio da fungibilidade, previsto no art. 305, parágrafo único, do Código de Processo Civil;

c) a citação do réu para, no prazo de 5 (cinco) dias, contestar o pedido e indicar as provas que pretende produzir, sob pena de os fatos serem presumidos verdadeiros, nos termos dos arts. 305 e 306 do Código de Processo Civil;

d) informa que, no prazo de 30 dias, apresentará o pedido principal de ação de execução, conforme o art. 308 do Código Civil;

e) a juntada do comprovante de recolhimento das custas iniciais de acordo com o pedido final;

f) a tramitação prioritária dos autos por se tratar de pessoa idosa, nos termos do art. 1.048 do CPC (se for o caso);

g) a intimação do Ministério Público, nos termos do art. 178, II, do CPC (se for o caso).

Valor da causa: R$ 1.000.000,00 (um milhão de reais).

Folha 4/4

Termos em que

pede deferimento.

Local e data ...

ADVOGADO ...

OAB ...

O pedido principal da tutela cautelar antecedente será sempre a ação principal que deveria ser distribuída. Por exemplo, no caso do modelo, a ação de execução de título executivo extrajudicial. Assim, o pedido principal deverá cumprir todos os requisitos de admissibilidade da respectiva ação principal.

3.3.2. *Tutela provisória de evidência*

O art. 311 do CPC trata da tutela provisória de evidência, **concedida sem a necessidade de demonstração do perigo da demora ou de risco ao resultado útil do processo**.

As possibilidades de concessão da tutela provisória de evidência são quatro:

(i) abuso do direito de defesa ou manifesto propósito protelatório da parte;

(ii) matéria de direito com tese firmada em julgamento de casos repetitivos ou em súmula vinculante;

(iii) pedido reipersecutório fundado em prova documental do contrato de depósito; e

(iv) não oposição de prova pelo réu capaz de gerar dúvida quanto aos documentos juntados com a petição inicial.

Atenção: a tutela de evidência poderá ser concedida liminarmente, sem ouvir o réu, nas seguintes hipóteses:

- matéria de direito com tese firmada em julgamento de casos repetitivos ou em súmula vinculante;
- pedido reipersecutório fundado em prova documental do contrato de depósito.

Não cabe tutela de evidência na modalidade antecedente, portanto somente será possível o requerimento de forma incidental.

A tutela de evidência incidental pode ser requerida na petição inicial, como um capítulo, ou em qualquer outra peça oportuna.

Importante: sempre que se requerer uma medida de urgência ou provisória no processo, nossa sugestão é que seja aberto um capítulo para justificativa do preenchimento dos requisitos legais para sua concessão.

3.4. Artigos relevantes e quadro sinótico

Tutela de urgência: arts. 294 e 300 e § 3º do CPC;

Tutela antecipada antecedente: art. 303, *caput*, § 1º, I e II, §§ 4º e 5º, e 304, *caput*, do CPC;

Tutela cautelar antecedente: arts. 305, 306 e 307 do CPC;

Tutela de evidência: art. 311, *caput* e parágrafo único, do CPC.

Tutelas provisórias ou liminares					
Espécies	**Tutelas provisórias no CPC**			**Liminar específica**	**Efeito suspensivo**
	Urgência		**Evidência**		
	Antecipada	**Cautelar**			
Incidência	Procedimento comum (regra[1])	Qualquer procedimento e na execução	Comum	**Procedimentos especiais:** Embargos de terceiro (678) Possessórias (562) Ações de família (TP – 695) Despejo – Lei n. 8.245/91 Alimentos – art. 4º, Lei n. 5.478/68 Mandado de segurança – art. 7º, III, Lei n. 12.016/2009.	**Recursos e embargos:** Agravo de instrumento – 1.019, I RE e REsp – § 5º, 1.029 Embargos à execução (919)
Requisitos	Probabilidade do direito[2]		Independe de perigo de dano – mas contém alto grau de probabilidade nos casos do 311.		
	Perigo de dano e reversibilidade (§ 3º)	Risco ao resultado do processo (arresto, sequestro, arrolamento de bens, registro de protesto ou qualquer medida)			
Momento	Antecedente[3] ou incidental (esta, sem custas)		Incidental	Incidental	Incidental
	Liminar ou após justificação Juiz poderá exigir caução		Liminar apenas nos casos dos incisos II e III	Cada rito especial terá a previsão legal quanto aos requisitos	Cada previsão conterá os requisitos para a concessão
Importante	Tutela provisória antecipada antecedente – 303 Concedida a medida, o autor terá 15 dias para o aditamento (sem recursos, haverá a estabilização – 304[4])	Tutela provisória cautelar antecedente – 305 Medidas para cumprimento da cautelar – rol exemplificativo do art. 297	Havendo cabimento, o autor poderá cumular a tutela de urgência e de evidência		

Quadro publicado no *site* www.darlanbarroso.com.br. Direitos autorais reservados.

1 Nos procedimentos especiais, quando não houver previsão legal de "liminar" ou, no caso proposto, não estiverem presentes os requisitos, o autor poderá se valer das tutelas provisórias genéricas previstas no art. 294 do CPC.

2 Muitas vezes, as bancas podem utilizar a expressão como sinônimo de *fumus boni iuris*.

3 Quando antecedente, a competência para o pedido de urgência será perante o juízo competente para a causa – art. 299 do CPC.

4 Estabilizada a tutela antecipada antecedente, nos termos do art. 304, qualquer das partes, no prazo de 2 anos, poderá propor ação, pelo procedimento comum, para obter a reforma, anulação ou invalidação da medida (não é ação rescisória) – *vide* § 2º do art. 304.

4

Reclamação constitucional

A reclamação constitucional é uma medida judicial adotada para garantir a soberania das decisões de um Tribunal e a segurança jurídica.

4.1. Cabimento

A reclamação pode ser utilizada objetivamente para 3 situações:

a) preservação da esfera de competência do Tribunal;
b) garantir a autoridade das decisões do Tribunal;
c) garantir a correta aplicação de súmula vinculante.

Para a prática em Direito Administrativo, a situação mais provável de ser questionada é quanto à correta aplicação de súmula vinculante, que poderá ocorrer por uma falha tanto na esfera administrativa quanto no curso de uma ação judicial.

> **Atenção:** a súmula vinculante deverá ser respeitada pela Administração Pública e pelos órgãos do Poder Judiciário.

4.2. Pressupostos

Para a propositura da reclamação, alguns pressupostos devem ser observados:

a) que o ato ou decisão tenham ocorrido após o surgimento da **súmula vinculante** (publicação) desrespeitada;
b) no caso de omissão ou ato administrativo, é necessário o esgotamento das vias administrativas;
c) no caso de decisão judicial, a reclamação deve ocorrer antes do seu trânsito.

4.3. Previsão legal

a) Constituição Federal – art. 103-A, § 3º:

> Art. 103-A. (...)
>
> § 3º Do ato administrativo ou decisão judicial que contrariar a súmula aplicável ou que indevidamente a aplicar, caberá reclamação ao Supremo Tribunal Federal que,

julgando-a procedente, anulará o ato administrativo ou cassará a decisão judicial reclamada, e determinará que outra seja proferida com ou sem a aplicação da súmula, conforme o caso.

b) Código de Processo Civil – arts. 988 a 993:

Art. 988. Caberá reclamação da parte interessada ou do Ministério Público para:

I – preservar a competência do tribunal;

II – garantir a autoridade das decisões do tribunal;

III – garantir a observância de enunciado de súmula vinculante e de decisão do Supremo Tribunal Federal em controle concentrado de constitucionalidade;

IV – garantir a observância de acórdão proferido em julgamento de incidente de resolução de demandas repetitivas ou de incidente de assunção de competência;

§ 1º A reclamação pode ser proposta perante qualquer tribunal, e seu julgamento compete ao órgão jurisdicional cuja competência se busca preservar ou cuja autoridade se pretenda garantir.

§ 2º A reclamação deverá ser instruída com prova documental e dirigida ao presidente do tribunal.

§ 3º Assim que recebida, a reclamação será autuada e distribuída ao relator do processo principal, sempre que possível.

§ 4º As hipóteses dos incisos III e IV compreendem a aplicação indevida da tese jurídica e sua não aplicação aos casos que a ela correspondam.

§ 5º É inadmissível a reclamação:

I – proposta após o trânsito em julgado da decisão reclamada;

II – proposta para garantir a observância de acórdão de recurso extraordinário com repercussão geral reconhecida ou de acórdão proferido em julgamento de recursos extraordinário ou especial repetitivos, quando não esgotadas as instâncias ordinárias.

§ 6º A inadmissibilidade ou o julgamento do recurso interposto contra a decisão proferida pelo órgão reclamado não prejudica a reclamação.

Art. 989. Ao despachar a reclamação, o relator:

I – requisitará informações da autoridade a quem for imputada a prática do ato impugnado, que as prestará no prazo de 10 (dez) dias;

II – se necessário, ordenará a suspensão do processo ou do ato impugnado para evitar dano irreparável;

III – determinará a citação do beneficiário da decisão impugnada, que terá prazo de 15 (quinze) dias para apresentar a sua contestação.

Art. 990. Qualquer interessado poderá impugnar o pedido do reclamante.

Art. 991. Na reclamação que não houver formulado, o Ministério Público terá vista do processo por 5 (cinco) dias, após o decurso do prazo para informações e para o oferecimento da contestação pelo beneficiário do ato impugnado.

> Art. 992. Julgando procedente a reclamação, o tribunal cassará a decisão exorbitante de seu julgado ou determinará medida adequada à solução da controvérsia.
>
> Art. 993. O presidente do tribunal determinará o imediato cumprimento da decisão, lavrando-se o acórdão posteriormente.

c) Lei n. 11.417/2006 – art. 7º:

> Art. 7º Da decisão judicial ou do ato administrativo que contrariar enunciado de súmula vinculante, negar-lhe vigência ou aplicá-lo indevidamente caberá reclamação ao Supremo Tribunal Federal, sem prejuízo dos recursos ou outros meios admissíveis de impugnação.
>
> § 1º Contra omissão ou ato da administração pública, o uso da reclamação só será admitido após esgotamento das vias administrativas.
>
> § 2º Ao julgar procedente a reclamação, o Supremo Tribunal Federal anulará o ato administrativo ou cassará a decisão judicial impugnada, determinando que outra seja proferida com ou sem aplicação da súmula, conforme o caso.

d) Lei n. 9.784/99 – arts. 56, § 3º, 64-A e 64-B:

> Art. 56. (...)
>
> § 3º Se o recorrente alegar que a decisão administrativa contraria enunciado da súmula vinculante, caberá à autoridade prolatora da decisão impugnada, se não a reconsiderar, explicitar, antes de encaminhar o recurso à autoridade superior, as razões da aplicabilidade ou inaplicabilidade da súmula, conforme o caso.
>
> Art. 64-A. Se o recorrente alegar violação de enunciado da súmula vinculante, o órgão competente para decidir o recurso explicitará as razões da aplicabilidade ou inaplicabilidade da súmula, conforme o caso.
>
> Art. 64-B. Acolhida pelo Supremo Tribunal Federal a reclamação fundada em violação de enunciado da súmula vinculante, dar-se-á ciência à autoridade prolatora e ao órgão competente para o julgamento do recurso, que deverão adequar as futuras decisões administrativas em casos semelhantes, sob pena de responsabilização pessoal nas esferas cível, administrativa e penal.

4.4. Legitimidade

4.4.1. *Legitimidade ativa*

Podem propor a reclamação constitucional todos os atingidos por ato administrativo (ou omissão) ou decisão judicial que contrariar autoridade de decisão do Tribunal ou enunciado de súmula vinculante.

4.4.2. *Legitimidade passiva*

A autoridade que proferiu o ato administrativo ou que o deveria proferir e a autoridade judicial que contrariar autoridade de decisão do Tribunal ou enunciado de súmula vinculante.

4.4.3. *"Amicus curiae"*

É possível a admissão do *amicus curiae* nos autos da reclamação, devendo ser demonstrada a relevância da matéria, a especificidade do tema objeto da demanda e a repercussão social da controvérsia. Poder-se-á solicitar ou admitir a participação de pessoa natural ou jurídica, órgão ou entidade especializada (com representação adequada).

É de perceber que o CPC vai além das possibilidades que a legislação relativa ao controle de constitucionalidade dispõe, inclusive possibilitando que o relator solicite o ingresso de *amicus curiae* para enriquecer a instrução e julgamento.

4.5. Liminar

Ao despachar a reclamação, o relator, se necessário, ordenará a suspensão do processo ou do ato impugnado para evitar dano irreparável (art. 989, II).

4.6. Competência

A reclamação será proposta no Tribunal que sofrer a violação à autoridade de suas decisões.

No caso de descumprimento de súmula vinculante ou seu uso inadequado, a competência para julgamento da reclamação constitucional será do Supremo Tribunal Federal, autor das súmulas vinculantes.

4.7. Pedidos

a) liminar para suspensão do ato ou decisão judicial (art. 989, II, do CPC);

b) notificação da autoridade reclamada para prestar as informações necessárias no prazo de 10 dias (art. 989, I, do CPC);

c) citação do beneficiário da decisão impugnada (989, III, do CPC);

d) intimação do Ministério Público (art. 991 do CPC);

e) pedido final para a anulação do ato administrativo ou cassação da decisão judicial. Neste caso, solicitar nova decisão (art. 992 do CPC e art. 7º, § 2º, da Lei n. 11.417/2006 e art. 103-A da CF).

4.8. Tese

4.8.1. *Súmula Vinculante 13 – vedação ao nepotismo*

A Súmula Vinculante 13 veda a prática de nomeação de pessoas com grau de parentesco com o agente público nomeante. Nesse caso, não poderia ser nomeado para cargo em comissão cônjuge, companheiro ou parente em linha reta, colateral ou por afinidade, até o terceiro grau.

No entanto, o enunciado da súmula não se aplica aos cargos em comissão de natureza política, como cargos de ministros e secretários.

4.8.2. *Súmula Vinculante 21 – vedação de exigência de caução para interposição de recurso administrativo*

A Lei n. 9.784/99, em seu art. 56, § 2º, induz a possibilidade de exigir caução para garantir a interposição de recurso administrativo. Na prática isso ocorreu por vários anos.

Após ampla demanda judicial, o Supremo Tribunal Federal entendeu que a exigência de caução afrontaria o princípio do contraditório e ampla defesa, razão pela qual editou a súmula.

4.8.3. *Súmula Vinculante 44 – teste psicotécnico*

Durante a realização de concurso público para provimento de cargos efetivos é normal a utilização de teste psicotécnico para verificação da capacidade mental do candidato. O teste se torna imprescindível para ingresso nos cargos de segurança, como polícia civil e militar.

De um lado temos a imperiosidade do teste, e do outro a necessidade de realizar um procedimento justo, com critérios compreensíveis e possibilidade de recurso.

Para harmonização, o Supremo Tribunal Federal elaborou a súmula vinculante em que afirma que o teste psicotécnico só é possível se previsto em lei, no edital do concurso, com critérios objetivos de avaliação e possibilidade de recurso.

4.9. Modelo

Folha 1/3

EXCELENTÍSSIMO SENHOR DOUTOR MINISTRO PRESIDENTE DO COLENDO SUPREMO TRIBUNAL FEDERAL

NOME DO AUTOR, nacionalidade ..., estado civil ..., profissão ..., inscrito no CPF sob o n. ..., residente e domiciliado na ..., endereço eletrônico ..., por meio de seu advogado que esta subscreve (instrumento de mandato incluso), com escritório na ..., endereço eletrônico ..., vem respeitosamente à presença de Vossa Excelência, com fundamento no art. 103-A, § 3º, da CF, arts. 988 e s. do CPC e Lei n. 11.417/2006, propor a presente

RECLAMAÇÃO CONSTITUCIONAL

em face de NOME DO RÉU, pessoa jurídica de direito ..., com endereço na ..., endereço eletrônico ..., pelos motivos de fato e de direito a seguir aduzidos:

I – DO CABIMENTO

1. Pertinência do objeto

Demonstrar que o objeto desrespeita a autoridade de Tribunal ou a correta aplicação de súmula vinculante.

2. Legitimidade

2.1. Demonstrar a legitimidade ativa

O autor é prejudicado pela atuação administrativa ou judicial.

2.2. Passiva

Demonstrar o vínculo da ré com o objeto da demanda.

Folha 2/3

II – DOS FATOS

Apresentar a síntese dos fatos apresentados no enunciado.

III – DO DIREITO

Apresentar as teses jurídicas aplicáveis ao caso.

O ideal é seguir a lógica argumentativa (premissa maior para premissa menor): primeiro – violação a princípios; segundo – fundamentos constitucionais; terceiro – fundamentos infraconstitucionais; quarto – fundamentos jurisprudenciais e doutrinários.

Em especial, o desrespeito à decisão do Tribunal ou enunciado de súmula vinculante.

IV – LIMINAR

Em caso de perigo iminente, o Código de Processo Civil, em seu art. 989, II, prevê a possibilidade de suspensão do ato ou processo impugnado com os seguintes requisitos:

A probabilidade do direito – apresentar síntese das teses abordadas no capítulo do direito.

O perigo de dano irreparável – apresentar o dano indicado no enunciado ou aquele previsível pelo problema.

V – DOS PEDIDOS

Ante o exposto, requer:

a) liminar para suspensão do ato ou decisão judicial (art. 989, II, do CPC);

b) notificação da autoridade reclamada para prestar as informações necessárias no prazo de 10 dias (art. 989, I, do CPC);

Folha 3/3

c) a citação do beneficiário da decisão impugnada (989, III, do CPC);

d) a intimação do Ministério Público (art. 991, do CPC);

e) pedido final para a anulação do ato administrativo ou cassação da decisão judicial. Neste, caso solicitar nova decisão (art. 992 do CPC; art. 7º, § 2º, da Lei n. 11.417/2006; art. 103-A da CF);

f) a juntada da prova documental pré-constituída, em especial cópia da decisão (judicial ou administrativa) objeto desta demanda.

VI – VALOR DA CAUSA

(Se o enunciado apresentar valores concretos para indenização, a somatória deles irá configurar o valor da causa.)

Dá-se à causa o valor de R$ ...

Termos em que

pede deferimento.

Local ..., data ...

Advogado ...

OAB ...

4.10. Exercício

A empresa de publicidade Divulgação Ltda. foi autuada pelo Município Y por prática de publicidade irregular, em virtude da utilização de placas de divulgação no passeio público. A multa aplicada foi no valor de R$ 150.000,00.

Inconformada, a empresa apresentou recurso administrativo, que foi indeferido pela ausência de depósito ou arrolamento de bens no valor equivalente a 30% da multa aplicada, como determina o código de processo administrativo municipal.

Não possuindo esse valor para depósito ou bens para arrolamento, a empresa propôs ação de conhecimento pelo procedimento comum com o intuito de anular a decisão administrativa que impediu a análise de seu recurso administrativo.

O juiz titular da primeira vara cível da Comarca do Município Y concluiu em sua sentença pela correta decisão administrativa, conforme previsão legal no processo administrativo municipal. Inconformada com a decisão judicial, a empresa Divulgação Ltda. o procura, na qualidade de advogado, para interpor a medida judicial cabível no STF. (Valor: 5,00)

> **Observação:** a peça deve abranger todos os fundamentos de Direito que possam ser utilizados para dar respaldo à pretensão. A simples menção ou transcrição do dispositivo legal não confere pontuação.

4.10.1. *Perguntas para identificação*

Quem é meu cliente? Divulgação Ltda.

O que ele deseja? Poder recorrer sem apresentação de caução.

Inicial, defesa ou recurso? Inicial.

É urgente? Não.

4.10.2. *Dica de identificação*

O enunciado apresenta situação-problema em fase de decisão judicial de primeira instância. Essa informação poderia induzir o candidato a elaborar embargos de declaração ou apelação.

No entanto, o final do enunciado indica o desejo da propositura da medida judicial cabível no Supremo Tribunal Federal.

Como de sentença não é possível interpor diretamente recurso extraordinário no Supremo Tribunal Federal, a única medida judicial cabível é a reclamação.

4.10.3. *Elaborando o esqueleto da peça processual*

4.10.3.1. Endereçamento

A competência se dá em razão do responsável pela criação da Súmula Vinculante desrespeitada, logo, o Supremo Tribunal Federal.

Endereçamento: Excelentíssimo Senhor Doutor Ministro Presidente do Colendo Supremo Tribunal Federal

4.10.3.2. Partes

a) Autor – Divulgação Ltda.
b) Réus – Juiz titular da primeira vara cível da Comarca do Município Y.

4.10.3.3. Cabimento

a) Pertinência do objeto:

   Demonstrar que o desrespeito à súmula vinculante admite a propositura de reclamação diretamente no Supremo Tribunal Federal.

b) Legitimidade:

   Demonstrar que o autor sofreu restrição de ampla defesa e violação ao enunciado da Súmula Vinculante 21.

   Demonstrar que o réu é responsável pela não aplicação correta do enunciado da súmula vinculante.

4.10.3.4. Fatos

Transcrever a síntese do problema narrado no enunciado.

4.10.3.5. Direito

Sugestão de fundamentação.

"A Lei n. 11.417/2006 tem por matriz a regulamentação do art. 103-A da CF. Em seu art. 7º, a lei regulamenta em especial o § 3º do art. 103-A da CF, no que tange à reclamação constitucional em razão de ato administrativo ou decisão judicial que contrariar súmula aplicável ou que indevidamente a aplicar:

> Art. 103-A. (...)
>
> § 3º Do ato administrativo ou decisão judicial que contrariar a súmula aplicável ou que indevidamente a aplicar, caberá reclamação ao Supremo Tribunal Federal que, julgando-a procedente, anulará o ato administrativo ou cassará a decisão judicial reclamada, e determinará que outra seja proferida com ou sem a aplicação da súmula, conforme o caso.

De acordo com os fatos narrados, podemos constatar que a decisão do juiz titular da vara cível da Comarca do Município Y contrariou o enunciado da Súmula Vinculante 21 do STF:

> Súmula Vinculante 21
>
> É inconstitucional a exigência de depósito ou arrolamento prévios de dinheiro ou bens para admissibilidade de recursos administrativos.

Apesar de a norma municipal de processo administrativo prever a necessidade de depósito ou arrolamento de bens, ela configura cerceamento do direito do exercício do contraditório e da ampla defesa, uma vez que obriga o recorrente a possuir patrimônio disponível no valor correspondente a 30% da multa arbitrada. Na ausência desse patrimônio, o particular estaria impedido de recorrer administrativamente.

Diante do exposto, não restam dúvidas que a Súmula Vinculante 21 foi contrariada pelo juiz titular, devendo a decisão judicial ser cassada e determinar que outra decisão seja proferida com a correta aplicação da súmula".

4.10.3.6. Pedidos

a) a notificação da autoridade reclamada para prestar as informações necessárias no prazo de 10 dias;
b) a citação do beneficiário da decisão (art. 989, III, do CPC);
c) a intimação do Ministério Público;
d) a procedência do pedido de cassação da decisão judicial, e que outra decisão seja proferida com a aplicação da Súmula Vinculante 21, a determinar a anulação da decisão administrativa, e que o recurso administrativo seja conhecido e apreciado;
e) a condenação nas custas processuais;
f) a juntada da prova documental pré-constituída, em especial cópia da decisão judicial objeto desta demanda.

4.10.3.7. Valor da causa

R$ ...

4.10.3.8. Fechamento

a) Local e data.
b) Advogado e OAB.

4.11. Para marcar

4.11.1. *Artigos*

a) Constituição Federal – art. 103-A, § 3º;
b) Código Civil – arts. 988 a 993;
c) Lei n. 11.417/2006 – art. 7º;
d) Lei n. 9.784/99 – arts. 56, § 3º, 64-A e 64-B.

4.11.2. *Principais súmulas vinculantes atinentes ao direito administrativo*

3. Nos processos perante o Tribunal de Contas da União asseguram-se o contraditório e a ampla defesa quando da decisão puder resultar anulação ou revogação de ato administrativo que beneficie o interessado, excetuada a apreciação da legalidade do ato de concessão inicial de aposentadoria, reforma e pensão.

4. Salvo nos casos previstos na Constituição, o salário mínimo não pode ser usado como indexador de base de cálculo de vantagem de servidor público ou de empregado, nem ser substituído por decisão judicial.

5. A falta de defesa técnica por advogado no processo administrativo disciplinar não ofende a Constituição.

12. A cobrança de taxa de matrícula nas universidades públicas viola o disposto no art. 206, IV, da Constituição Federal.

13. A nomeação de cônjuge, companheiro ou parente em linha reta, colateral ou por afinidade, até o terceiro grau, inclusive, da autoridade nomeante ou de servidor da mesma pessoa jurídica investido em cargo de direção, chefia ou assessoramento, para o exercício de cargo em comissão ou de confiança ou, ainda, de função gratificada na administração pública direta e indireta em qualquer dos Poderes da União, dos Estados, do Distrito Federal e dos Municípios, compreendido o ajuste mediante designações recíprocas, viola a Constituição Federal.

15. O cálculo de gratificações e outras vantagens do servidor púbico não incide sobre o abono utilizado para se atingir o salário mínimo.

16. Os arts. 7º, IV, e 39, § 3º (redação da EC n. 19/98), da Constituição referem-se ao total da remuneração percebida pelo servidor público.

20. A Gratificação de Desempenho de Atividade Técnico-Administrativa – GDATA, instituída pela Lei n. 10.404/2002, deve ser deferida aos inativos nos valores correspondentes a 37,5 (trinta e sete vírgula cinco) pontos no período de fevereiro a maio de 2002 e, nos termos do art. 5º, parágrafo único, da Lei n. 10.404/2002 no período de junho de 2002 até a conclusão dos efeitos do último ciclo de avaliação a que se refere o art. 1º da Medida Provisória n. 198/2004, a partir da qual passa a ser de 60 (sessenta) pontos.

21. É inconstitucional a exigência de depósito ou arrolamento prévios de dinheiro ou bens para admissibilidade de recursos administrativos.

27. Compete à Justiça estadual julgar causas entre consumidor e concessionária de serviço público de telefonia, quando a Anatel não seja litisconsorte passiva necessária, assistente, nem opoente.

33. Aplicam-se ao servidor público, no que couber, as regras do regime geral da previdência social sobre aposentadoria especial de que trata o art. 40, § 4º, III, da Constituição Federal, até a edição de lei complementar específica.

37. Não cabe ao poder judiciário, que não tem função legislativa, aumentar vencimentos de servidores públicos sob o fundamento de isonomia.

42. É inconstitucional a vinculação do reajuste de vencimentos de servidores estaduais ou municipais a índices federais de correção monetária.

43. É inconstitucional toda modalidade de provimento que propicie ao servidor investir-se, sem prévia aprovação em concurso público destinado ao seu provimento, em cargo que não integra a carreira na qual anteriormente investido.

44. Só por lei se pode sujeitar a exame psicotécnico a habilitação de candidato a cargo público.

49. Ofende o princípio da livre concorrência lei municipal que impede a instalação de estabelecimentos comerciais do mesmo ramo em determinada área.

55. O direito ao auxílio-alimentação não se estende aos servidores inativos.

5

Mandado de segurança

O mandado de segurança é uma ação constitucional de natureza civil de rito especial para proteção de direito subjetivo líquido e certo quando sofrer lesão ou ameaça de lesão por ato ilegal de autoridade ou a ela equiparada.

São duas as suas espécies: individual e coletivo.

O mandado de segurança individual visa proteger direito próprio do impetrante, enquanto o mandado de segurança coletivo tem por finalidade proteger direito dos substituídos pelo impetrante, o que se entende por legitimação extraordinária.

5.1. Previsão legal

- Constituição Federal:

> Art. 5º (...)
>
> LXIX – conceder-se-á mandado de segurança para proteger direito líquido e certo, não amparado por *habeas corpus* ou *habeas data*, quando o responsável pela ilegalidade ou abuso de poder for autoridade pública ou agente de pessoa jurídica no exercício de atribuições do Poder Público.
>
> LXX – o mandado de segurança coletivo pode ser impetrado por:
>
> a) partido político com representação no Congresso Nacional;
>
> b) organização sindical, entidade de classe ou associação legalmente constituída e em funcionamento há pelo menos um ano, em defesa dos interesses de seus membros ou associados;

- Lei n. 12.016/2009.

5.2. Finalidade

A finalidade do mandado de segurança é proteger direito subjetivo líquido e certo violado ou com ameaça de violação (art. 1º da Lei n. 12.016/2009).

A expressão "direito líquido e certo" não se refere a conteúdo já pacificado pelos tribunais superiores, mas sim ao fato. Na fundamentação da petição inicial podem ser alegadas diferentes teorias, mesmo aquelas com pouca repercussão nos tribunais, conforme a Súmula 625 do Supremo Tribunal Federal.

Fato líquido e certo é aquele que você pode demonstrar imediatamente por provas pré-constituídas, **sem necessidade de dilação probatória**, o que torna a ação, **em tese, mais célere**.

Já caiu

No XVI Exame de Ordem, o enunciado apresentava problema em que a cliente necessitava de medicamento não fornecido pelo SUS. Ao final do enunciado havia a seguinte frase: "eventualmente poderá ser necessária a elaboração de prova pericial para dirimir as controvérsias de natureza técnica da causa". Alguns candidatos interpretaram que o pedido de prova pericial seria uma faculdade, e, como não o fariam, o mandado de segurança poderia ser utilizado. Trata-se de um pensamento errôneo, pois o impetrado poderá requerer a perícia e, o magistrado entendendo que ela seria relevante, haveria a extinção do mandado de segurança. Por isso, ao indicar a possibilidade de perícia não seria possível a impetração de mandado de segurança.

Atenção: o mandado de segurança não admite a produção de provas em seu curso, como a realização de perícias ou oitivas de testemunha.

Apesar da ausência da dilação probatória, existe uma situação em que o documento que provê o alegado pode ser apresentado posteriormente: quando ele estiver de posse do Poder Público e que recusou seu fornecimento. Nesse caso, o juiz do feito ordenará ao Poder Público a sua apresentação (art. 6º, § 1º, da Lei n. 12.016/2009).

5.2.1. *Utilização subsidiária*

O mandado de segurança tem por finalidade a proteção de direito subjetivo líquido e certo de violação ou ameaça de violação, mas há uma restrição prática.

Caso a violação seja quanto à liberdade de locomoção ou ao acesso/retificação de informações personalíssimas (da pessoa do impetrante), as ações adequadas seriam o *habeas corpus* e o *habeas data*, respectivamente.

5.3. Cabimento

Como regra, o mandado de segurança é utilizado contra ato ilegal ou sua ameaça praticados por autoridade pública ou pessoa equiparada. No entanto, ele também pode ser utilizado contra omissão de ato legal.

Por exemplo, seu cliente foi aprovado em décimo lugar em concurso público para o Estado X. O Governador nomeia os nove primeiros e a seguir faz a nomeação do décimo primeiro, a preterir seu cliente. Trata-se de ato ilegal, que pode ser combatido com mandado de segurança.

Podemos falar em dois tipos de mandado de segurança quanto ao objeto:

- mandado de segurança repressivo – com o intuito de vedar ou reparar uma lesão;

- mandado de segurança preventivo – com o intuito de proteção contra uma ameaça de lesão.

A utilização desses termos no preâmbulo da petição inicial é uma faculdade.

5.3.1. *Não cabimento*

O mandado de segurança não é o instrumento adequado para combater:

a) ato de gestão comercial de empresa pública, sociedade de economia mista e concessionárias (art. 1º, § 2º, da Lei n. 12.016/2009). Um exemplo de ato de gestão comercial seria a concessão ou não de empréstimos pela Caixa Econômica Federal a correntistas. Já os atos administrativos, como os relativos às licitações ou aos concursos públicos, podem ser objeto de mandado de segurança;
b) lei em tese, aquela com características genéricas e que por si não produzem efeitos concretos. Contra lei em tese deve-se utilizar as ações de controle de constitucionalidade (Súmula 266 do Supremo Tribunal Federal);
c) decisão judicial transitada em julgado (art. 5º, III, da Lei n. 12.016/2009). Nesse caso, a ação rescisória seria a adequada.

5.3.2. *Restrições*

Algumas situações restringem momentaneamente a utilização do mandado de segurança (art. 5º da Lei n. 12.016/2009):

a) ato ilegal do qual caiba recurso administrativo com efeito suspensivo;
b) decisão judicial da qual caiba recurso com efeito suspensivo.

O impedimento se justifica pela ausência de dano iminente. A impetração direta de mandado de segurança nessas situações caracterizaria ausência de interesse de agir e levaria à extinção da ação sem julgamento do mérito.

5.4. Legitimidade

5.4.1. *Legitimidade ativa*

O mandado de segurança individual pode ser impetrado por pessoas físicas ou jurídicas, nacionais ou estrangeiras, domiciliadas ou não no Brasil, além de órgão público com capacidade processual (art. 1º da Lei n. 12.016/2009).

Já o mandado de segurança coletivo pode ser impetrado por (art. 21 da Lei n. 12.016/2009):

a) partido político com representação no Congresso Nacional – ao menos um parlamentar, em alguma das Casas (Câmara dos Deputados ou Senado Federal), na data da impetração do mandado de segurança;
b) organização sindical;
c) entidade de classe;
d) associação em funcionamento há pelo menos um ano.

Atenção: embora a jurisprudência e a doutrina afirmem que a demonstração de existência mínima de um ano se aplica apenas às associações, o XXIV Exame de Ordem Unificado exigiu a apresentação desse requisito também para sindicato.

A maior diferença entre o mandado de segurança individual e o mandado de segurança coletivo é que, no primeiro, o impetrante busca proteger direito próprio, e, no segundo, o objetivo é a proteção de direito dos seus assistidos. No mandado de segurança coletivo temos o fenômeno da substituição processual.

Essa substituição pode ser de apenas um de seus filiados/membros e até mesmo de todos.

Atenção: caso partido político, sindicato, entidade de classe ou associação busquem proteção de direito deles mesmos e não de seus assistidos, teremos mandado de segurança individual.

5.4.2. *Legitimidade passiva*

O mandado de segurança pode ser impetrado contra ato de autoridades públicas ou pessoas a elas equiparadas (art. 1º, § 1º, e art. 6º, § 3º, da Lei n. 12.016/2009):

a) autoridades públicas dos Poderes da União, dos Estados, do Distrito Federal e dos Municípios;

b) os representantes ou órgãos de partidos políticos;

c) os administradores de autarquias ou fundações públicas;

d) os dirigentes de pessoas jurídicas de direito privado ou as pessoas naturais no exercício de atribuições do Poder Público (integrantes ou não da administração pública formal).

Atenção: o mandado de segurança é impetrado contra o ato ilegal ou abusivo da autoridade coatora, e deve-se indicar a pessoa jurídica à qual ela esteja vinculada (art. 6º da Lei n. 12.016/2009).

Já caiu

No XXIV Exame de Ordem, o padrão de respostas exigia a indicação tanto da autoridade coatora quanto da pessoa jurídica vincula.

5.5. Liminar

A ação do mandado de segurança admite decisão liminar (art. 7º, III, da Lei n. 12.016/2009), desde que preenchidos dois requisitos expressos na lei:

a) fundamento relevante – na petição inicial deve-se fazer uma síntese dos fundamentos jurídicos apresentados;
b) risco de ineficácia do provimento, caso não deferida a liminar – como regra, o enunciado do exercício indicará o perigo; se ausente, construa como uma consequência lógica do problema, sempre tendo cuidado para não criar fato novo, que poderia ensejar a identificação do candidato em prova.

No mandado de segurança coletivo, a liminar só poderá ser concedida após audiência do representante judicial da pessoa jurídica de direito público, que deverá se pronunciar no prazo de 72 horas (art. 22, § 2º, da Lei n. 12.016/2009).

> **Atenção:** o pedido de liminar é uma decisão provisória, e por isso o pedido deverá ser pela suspensão do ato ilegal.

5.5.1. *Vedações*

Algumas situações podem ser objeto de mandado de segurança, mas não de liminar (art. 7º, § 2º, da Lei n. 12.016/2009):

a) compensação de créditos tributários;
b) entrega de mercadorias e bens provenientes do exterior;
c) reclassificação ou equiparação de servidores públicos;
d) concessão de aumento ou a extensão de vantagens;
e) pagamento de qualquer natureza.

5.5.2. *Recursos*

Da decisão judicial que concede ou nega a liminar dois recursos são possíveis:

a) agravo de instrumento (art. 7º, § 1º, da Lei n. 12.016/2009 e art. 1.015 do Código de Processo Civil) – se a decisão tiver ocorrido em juízo de primeira instância;
b) agravo interno (art. 16, parágrafo único, da Lei n. 12.016/2009 e art. 1.021 do Código de Processo Civil) – se a decisão tiver ocorrido em Tribunal.

> **Atenção:** no capítulo de recursos desta obra, há item específico quanto aos recursos na ação do mandado de segurança.

5.6. Prazo

A impetração do mandado de segurança poderá ocorrer em até 120 dias a partir da ciência do ato ilegal ou abusivo (art. 23 da Lei n. 12.016/2009). Caso se trate de situação de mandado de segurança preventivo, o prazo não terá iniciado.

Já caiu

O Exame XIX apresentou problema que a princípio poderia provocar a impetração do mandado de segurança. No entanto, a ciência do ato coator ocorreu em lapso temporal superior a 120 dias. E foi esse o motivo que impediu o uso do mandado de segurança.

5.7. Competência

A competência é definida pela autoridade coatora e será descoberta pela análise dos seguintes itens:

a) Categoria da autoridade coatora – competência originária de Tribunal (foro por prerrogativa de função).

b) Sede funcional – as demais autoridades que não possuem foro por prerrogativa de função para mandado de segurança serão julgadas em primeiro grau. Se a autoridade estiver vinculada a Estados, Municípios ou Distrito Federal, a competência será da justiça estadual ou do Distrito Federal e Territórios; se a autoridade for federal, a competência será da justiça federal.

Órgão competente	Autoridade coatora
Supremo Tribunal Federal (art. 102, I, *d* e *r*, da CF)	• Presidente da República; • Mesa da Câmara dos Deputados; • Mesa do Senado Federal; • Tribunal de Contas da União; • Procurador-Geral da República; • Supremo Tribunal Federal; • Conselho Nacional de Justiça; • Conselho Nacional do Ministério Público.
Superior Tribunal de Justiça (art. 105, I, *b*, da CF)	• Ministro de Estado; • Comandantes da Marinha, do Exército e da Aeronáutica; • Superior Tribunal de Justiça.
Tribunal de Justiça	• Governador.
Primeira instância da justiça estadual ou federal	• Demais autoridades públicas ou a elas equiparadas.

Atenção: como regra, as ações propostas em face de sociedade de economia mista federal são de competência da justiça estadual. No entanto, os mandados de segurança observam a pessoa física autora do ato. Nesse caso, o dirigente coator da sociedade de economia mista federal é equiparado a autoridade federal, e o mandado de segurança deverá ser impetrado perante a justiça federal.

5.8. Pedidos

a) Concessão de medida liminar para que se **suspenda** o ato que deu motivo ao pedido (art. 7º, III, da Lei n. 12.016/2009).

b) Notificação da autoridade coatora para que preste informações no prazo de 10 dias (art. 7º, I, da Lei n. 12.016/2009).

c) Ciência do feito ao órgão de representação judicial da pessoa jurídica interessada (art. 7º, II, da Lei n. 12.016/2009).

d) Intimação do Ministério Público para manifestação (art. 12 da Lei n. 12.016/2009).

e) Procedência do pedido com o fim de anular o ato e requerer pedido acessório, se for o caso. Pagamento de vencimento apenas a partir do ajuizamento da inicial (art. 14, § 4º, da Lei n. 12.016/2009).

f) Condenação ao pagamento das custas. O mandado de segurança não admite condenação em honorários advocatícios (art. 25 da Lei n. 12.016/2009 e Súmula 512 do Supremo Tribunal Federal).

> **Atenção:** no mandado de segurança coletivo a concessão da liminar ocorrerá após a audiência prévia ou o transcurso do prazo de 72 horas (art. 7º, III, e art. 22, § 2º, da Lei n. 12.016/2009).

5.9. Recursos contra denegação da segurança

O mandado de segurança poderá ser impetrado perante juízo de primeira instância ou Tribunal, e a decisão que denegar a segurança poderá ser combatida por recurso específico:

a) juízo de primeira instância (**sentença**) – apelação (art. 14 da Lei n. 12.016/2009);

b) acórdão de Tribunal com competência originária – recurso ordinário (art. 18 da Lei n. 12.016/2009).

> **Atenção:** no capítulo de recursos desta obra, há item específico quanto aos recursos na ação do mandado de segurança.

5.10. Principais teses em mandado de segurança individual

5.10.1. *Fornecimento de medicamento quando não necessária dilação probatória*

a) Indicar que a saúde é direito de todos e dever do Poder Público, nos termos do art. 6º e/ou do art. 196, *caput*, ambos da Constituição Federal.

b) Indicar que o serviço de saúde oferecido pelo ente público deve assegurar o "atendimento integral", o que inclui o fornecimento de medicamentos, conforme prevê o art. 198, II, da Constituição Federal.

c) Indicar que a ausência do medicamento pode colocar em risco a vida do impetrante, o que afronta a dignidade humana, conforme estabelecido no art. 1º, III, e/ou no art. 5º, *caput*, da Constituição Federal.

d) Indicar que deve ser assegurada a efetividade do direito social à saúde, conforme o art. 5º, § 1º, da Constituição Federal.

5.10.2. *Demissão irregular de servidor público acusado de abandono de cargo*

a) Violação ao princípio do devido processo legal e/ou dos princípios da ampla defesa e do contraditório, previstos, respectivamente, no art. 5º, LIV, e/ou no art. 5º, LV, da Constituição Federal;

b) A comissão do processo administrativo disciplinar de rito sumário (para casos de abandono) deveria ser composta por dois servidores estáveis, consoante o art. 133, I, da Lei n. 8.112/90.

c) Ausência de *animus abandonandi* (vontade de abandonar) e/ou do elemento subjetivo e/ou da intenção de Lúcia de abandonar o cargo, na forma do art. 140, II, da Lei n. 8.112/90.

5.10.3. *Restrição de acesso ao cargo público. Idade máxima*

a) Violação ao princípio da legalidade – a restrição de acesso ao cargo público deve ter previsão em lei, conforme o art. 37, *caput*, e/ou o art. 37, I, da Constituição Federal.

b) Violação ao princípio do amplo acesso ao cargo público/razoabilidade e proporcionalidade – restrição apenas se compatível com as atribuições do cargo.

5.10.4. *Licitação com edital irregular com fundamento na Lei n. 8.666/93*

a) A impossibilidade de licitar a obra sem a prévia existência de projeto básico, na forma do art. 7º, § 2º, I, da Lei n. 8.666/93.

b) A impossibilidade de elaboração de projeto básico e de execução da obra pela mesma pessoa (violação ao princípio da impessoalidade), na forma do art. 9º, I, da Lei n. 8.666/93.

c) A violação do limite de valor para a tomada de preços, conforme a previsão do art. 23, I, *b*, da Lei n. 8.666/93.

d) A exigência de experiência de contratação anterior com um ente público específico é inválida, conforme a previsão do art. 30, II e/ou § 5º, ambos da Lei n. 8.666/93.

e) A vedação à cláusula que estabelece preferência ou distinção em razão da sede da empresa, na forma do art. 3º, § 1º, I, e/ou do art. 20, parágrafo único, ambos da Lei n. 8.666/93.

5.11. Principais teses em mandado de segurança coletivo

5.11.1. *Direitos de manifestação e reunião de servidores cujos exercícios foram vedados arbitrariamente por autoridade pública*

a) Indicar que os servidores têm o direito fundamental à livre manifestação do pensamento, conforme o art. 5º, IV, da Constituição Federal.

b) Indicar que os servidores têm o direito fundamental à liberdade de expressão, conforme o art. 5º, IX, da Constituição Federal.

c) Indicar que os servidores têm o direito fundamental à reunião pacífica, conforme o art. 5º, XVI, da Constituição Federal.

d) Indicar que a comunicação à autoridade competente visava apenas evitar a frustração de reunião anteriormente convocada para o mesmo local, o que não era o caso. Como a reunião independe de autorização, o indeferimento violou os direitos de parte dos associados do sindicato e/ou o direito líquido e certo, sendo cabível a medida nos termos do art. 1º da Lei n. 12.016/2009.

5.11.2. *Direito de férias dos servidores públicos – vedação de gozo por autoridade pública incomodada com os protestos contra sua gestão*

a) Direito de férias é direito fundamental, conforme o art. 39, § 3º, combinado com art. 7º, XVII, da Constituição Federal.

b) Violação ao princípio da legalidade, conforme o art. 37 da Constituição Federal – direito de férias com previsão em lei.

c) Violação ao princípio da moralidade.

5.12. Modelo de petição inicial de mandado de segurança individual

Folha 1/3

01	EXCELENTÍSSIMO SENHOR DOUTOR JUIZ DE DIREITO DA ··· VARA
02	CÍVEL/FAZENDA PÚBLICA DA COMARCA DE ···, ESTADO ···
03	
04	
05	
06	
07	
08	NOME DO IMPETRANTE, nacionalidade ···, estado civil ···, profissão
09	···, inscrito no CPF sob o nº ···, residente e domiciliado na ···, endere-
10	ço eletrônico ···, por meio de seu advogado, que esta subscreve (instru-

mento de mandato incluso), com escritório na ..., endereço eletrônico ..., vem respeitosamente à presença de Vossa Excelência, com fundamento no art. 5º, LXIX, da Constituição Federal e na Lei n. 12.016/2009, impetrar o presente

MANDADO DE SEGURANÇA
COM PEDIDO DE LIMINAR (se for o caso)

contra ato de NOME DO IMPETRADO, vinculado à NOME DA PESSOA JURÍDICA, pessoa jurídica de direito ..., com endereço na ..., endereço eletrônico ..., pelos motivos de fato e de direito a seguir aduzidos:

I – DO CABIMENTO

1. Pertinência do objeto

Demonstrar que o objeto pode ser tratado em mandado de segurança.

2. Tempestividade

Demonstrar o cumprimento do prazo-limite de 120 dias (art. 23 da Lei n. 12.016/2009).

3. Legitimidade

Folha 2/3

Demonstrar a legitimidade ativa e passiva.

II – DOS FATOS (do ato coator) – a escolha do título é questão de estilo

Apresentar a síntese dos fatos apresentados no enunciado.

III – DO DIREITO

Apresentar as teses jurídicas aplicáveis ao caso.

O ideal é seguir a lógica argumentativa (premissa maior para premissa menor): primeiro – violação a princípios; segundo – fundamentos constitucionais; terceiro – fundamentos infraconstitucionais; quarto – fundamentos jurisprudenciais e doutrinários.

IV – DA LIMINAR

Nos termos do art. 7º, III, da Lei n. 12.016/2009, o juízo poderá conceder liminar desde que comprovados os seus requisitos ensejadores, quais sejam, o fundamento relevante e o risco de ineficácia do provimento, caso não deferida a liminar.

O fundamento relevante – apresentar síntese das teses abordadas no capítulo do direito.

O risco de ineficácia do provimento, caso não deferida a liminar – indicar o dano indicado no enunciado ou aquele previsível pelo problema.

V – DOS PEDIDOS

Ante o exposto, requer:

a) seja deferida a liminar, nos termos do art. 7º, III, da Lei n. 12.016/2009, determinando a suspensão do ATO, DECISÃO OU CONTRATO;

Folha 3/3

b) seja determinada a notificação da autoridade coatora, para que preste as informações necessárias no prazo legal;

c) a ciência do NOME DA PESSOA JURÍDICA, na pessoa de seu representante judicial;

d) a intimação do Ministério Público, para as manifestações de estilo, nos termos da lei;

e) ao final, seja confirmada a segurança em definitivo, com o fim de anular ATO, DECISÃO OU CONTRATO e PEDIDO ACESSÓRIO;

f) a condenação nas custas processuais;

g) a juntada das provas pré-constituídas.

VI – VALOR DA CAUSA

Dá-se à causa o valor de R$ ...

Por fim, informa que a petição inicial é apresentada em 2 vias, com os devidos documentos.

Termos em que

pede deferimento.

Local ..., data ...

Advogado ...

OAB ...

5.13. Modelo de petição inicial de mandado de segurança coletivo

Folha 1/4

EXCELENTÍSSIMO SENHOR DOUTOR JUIZ DE DIREITO DA ... VARA CÍVEL/FAZENDA PÚBLICA DA COMARCA DE ..., ESTADO ...

NOME DO IMPETRANTE, pessoa jurídica de direito ..., com endereço na ..., inscrito no CNPJ sob o n. ..., endereço eletrônico ..., por meio de seu advogado, que esta subscreve (instrumento de mandato incluso), com escritório na ..., endereço eletrônico ..., vem respeitosamente à presença de Vossa Excelência, com fundamento no art. 5º, LXX, da Constituição Federal e na Lei n. 12.016/2009, impetrar o presente

MANDADO DE SEGURANÇA COLETIVO
COM PEDIDO DE LIMINAR (se for o caso)

contra ato de NOME DO IMPETRADO vinculado à NOME DA PESSOA JURÍDICA, pessoa jurídica de direito ..., com endereço na ..., endereço eletrônico ..., pelos motivos de fato e de direito a seguir aduzidos:

I – DO CABIMENTO

1. Pertinência do objeto

Demonstrar que o objeto (violação a direito subjetivo coletivo ou individual homogêneo) pode ser tratado em mandado de segurança (art.

21 da Lei n. 12.016/2009).

2. Tempestividade

Demonstrar o cumprimento do prazo-limite de 120 dias (art. 23 da Lei n. 12.016/2009).

Folha 2/4

3. Legitimidade

3.1. Legitimidade ativa

Demonstrar a legitimidade da impetrante. Ela deverá ser alguma das quatro entidades previstas no art. 5º, LXX, da Constituição Federal e no art. 21 da Lei n. 12.016/2009:

a) partido político com representação no Congresso Nacional – ao menos um parlamentar, em alguma das Casas (Câmara dos Deputados ou Senado Federal), na data da impetração do mandado de segurança;

b) organização sindical;

c) entidade de classe;

d) associação em funcionamento há pelo menos um ano.

3.2. Legitimidade passiva

Demonstrar que o impetrado é o autor do ato coator.

II – DOS FATOS (do ato coator) – a escolha do título é questão de estilo

Apresentar a síntese dos fatos apresentados no enunciado.

III – DO DIREITO

Apresentar as teses jurídicas aplicáveis ao caso.

O ideal é seguir a lógica argumentativa (premissa maior para premissa menor): primeiro – violação a princípios; segundo – fundamentos constitucionais; terceiro – fundamentos infraconstitucionais; quarto – fundamentos jurisprudenciais e doutrinários.

IV – DA LIMINAR

Nos termos do art. 7º, III, da Lei n. 12.016/2009, o juízo poderá conceder liminar, desde que comprovados os seus requisitos ensejadores, quais

Folha 3/4

sejam o fundamento relevante e o risco de ineficácia do provimento, caso não deferida a liminar.

O fundamento relevante – apresentar síntese das teses abordadas no capítulo Do Direito.

O risco de ineficácia do provimento, caso não deferida a liminar – indicar o dano indicado no enunciado ou aquele previsível pelo problema.

V – DOS PEDIDOS

Ante o exposto, requer:

a) seja deferida a liminar, nos termos do art. 7º, III, da Lei n. 12.016/2009, determinando a suspensão do ATO, DECISÃO OU CONTRATO, após a audiência prévia ou o transcurso do prazo de 72 horas;

b) seja determinada a notificação da autoridade coatora, para que preste as informações necessárias no prazo legal;

c) a ciência do NOME DA PESSOA JURÍDICA, na pessoa de seu representante judicial;

d) a intimação do Ministério Público, para as manifestações de estilo, nos termos da lei;

e) ao final, seja confirmada a segurança em definitivo, com o fim de anular ATO, DECISÃO OU CONTRATO e PEDIDO ACESSÓRIO;

f) a condenação nas custas processuais;

g) a juntada das provas pré-constituídas.

VI – VALOR DA CAUSA

Dá-se à causa o valor de R$ ...

Por fim, informa que a petição inicial é apresentada em 2 vias, com os devidos documentos.

Folha 4/4

Termos em que

pede deferimento.

94	*Local ..., data ...*
95	
96	*Advogado ...*
97	*OAB ...*

5.14. Exercício de mandado de segurança individual

(XXVII Exame de Ordem Unificado)

Mateus, nascido no México, veio morar no Brasil juntamente com seus pais, também nascidos no México. Aos dezoito anos, foi aprovado no vestibular e matriculou-se no curso de engenharia civil. Faltando um semestre para concluir a faculdade, decidiu inscrever-se em um concurso público promovido por determinada Universidade Federal brasileira, que segue a forma de autarquia federal, para provimento do cargo efetivo de professor. Um mês depois da colação de grau, foi publicado o resultado do certame: Mateus tinha sido o primeiro colocado. Mateus soube que seria nomeado em novembro de 2018, previsão essa que se confirmou. Como já tinha uma viagem marcada para o México, outorgou procuração específica para seu pai, Roberto, para que este assinasse o termo de posse. No último dia previsto para a posse, Roberto comparece à repartição pública.

Ocorre que, orientado pela assessoria jurídica, o Reitor não permitiu a posse de Mateus, sob a justificativa de não ser possível a investidura de estrangeiro em cargo público. A autoridade também salientou que outros dois fatos impediriam a posse: a impossibilidade de o provimento ocorrer por meio de procuração e o não cumprimento, por parte de Mateus, de um dos requisitos do cargo (diploma de nível superior em engenharia) na data da inscrição no concurso público.

Ciente disso, Mateus, que não se naturalizara brasileiro, interrompe sua viagem e retorna imediatamente ao Brasil. Quinze dias depois da negativa de posse pelo Reitor, Mateus contrata você, como advogado(a), para adotar as providências cabíveis perante o Poder Judiciário. Há certa urgência na obtenção do provimento jurisdicional, ante o receio de que, com o agravamento da crise, não haja dotação orçamentária para a nomeação futura. Considere que todas as provas necessárias já estão pré-constituídas, não sendo necessária dilação probatória.

Considerando essas informações, redija a peça cabível que traga o procedimento mais célere para a defesa dos interesses de Mateus. A ação deve ser proposta imediatamente. Explicite as teses favoráveis ao seu cliente. (Valor: 5,00)

> **Observação:** a peça deve abranger todos os fundamentos de direito que possam ser utilizados para dar respaldo à pretensão. A simples menção ou transcrição do dispositivo legal não confere pontuação.

5.14.1. *Perguntas para identificação*

Quem é meu cliente? Mateus.

O que ele deseja? Tomar posse em cargo público.

Inicial, defesa ou recurso? Inicial.

É urgente? Sim. Receio de não haver dotação orçamentária futura para realizar nova nomeação.

5.14.2. *Dica de identificação*

Uma vez que o cliente é uma pessoa física e a própria interessada na anulação do ato que impediu sua posse, duas ações seriam possíveis: ação de rito comum (anulatória) e mandado de segurança.

Nesse momento você deve optar pela medida em que o provimento ocorra com maior rapidez, em tese. O mandado de segurança, por ser de rito especial, seria a mais adequada.

Para utilizar o mandado de segurança, dois pontos devem ser observados: se o ato coator foi praticado em até 120 dias; e se não há necessidade de dilação probatória.

Os dois pontos são respondidos no enunciado:

a) Mateus o procura 15 dias após a ciência do ato coator;
b) não há necessidade de dilação probatória.

5.14.3. *Elaborando o esqueleto da peça processual*

5.14.3.1. Endereçamento

A competência do mandado de segurança se estabelece em razão da autoridade coatora, no caso, Reitor da Universidade Federal.

O primeiro ponto para se descobrir o correto endereçamento é questionar se a autoridade possui foro por prerrogativa de função. Não possui.

Ausente o foro por prerrogativa de função, o endereçamento será para juízo de primeiro grau. Mas qual? Observe a sede funcional da autoridade, no caso, autarquia federal.

Endereçamento: Excelentíssimo Senhor Doutor Juiz Federal da Seção Judiciária ...

5.14.3.2. Partes

a) Impetrante – Mateus.
b) Impetrado – Reitor da Universidade Federal.

5.14.3.3. Cabimento

a) Pertinência do objeto:

   Demonstrar que a proibição de posse viola direito subjetivo e que, por não ser necessária dilação probatória, o mandado de segurança é adequado.

b) Tempestividade:

   Demonstrar o cumprimento do prazo-limite de 120 dias (art. 23 da Lei n. 12.016/2009).

c) Legitimidade:

Demonstrar que o impetrante sofreu lesão por ato ilegal e que o impetrado praticou esse ato.

5.14.3.4. Fatos

Transcrever a síntese do problema narrado no enunciado.

5.14.3.5. Direito

a) Indicar que o impetrante deve cumprir os requisitos do cargo no momento da posse e não no ato da inscrição no concurso público, em consonância com a Súmula 266 do STJ.
b) Indicar que a legislação permite a posse por procuração específica, nos termos do art. 13, § 3º, da Lei n. 8.112/90.
c) Indicar que as universidades podem prover seus cargos de professor com estrangeiros, nos termos do art. 5º, § 3º, da Lei n. 8.112/90 e/ou do art. 207, § 1º, da Constituição Federal.

5.14.3.6. Liminar

Indicar os dois requisitos:

a) fundamento relevante – síntese das 3 teses apresentadas;
b) risco de ineficácia do provimento, caso não deferida a liminar – Mateus pode não conseguir a posse no futuro.

5.14.3.7. Pedidos

a) deferida a liminar, nos termos do art. 7º, III, da Lei n. 12.016/2009, determinando a suspensão da decisão que proibiu a posse;
b) determinada a notificação da autoridade coatora, para que preste as informações necessárias no prazo legal;
c) ciência da autarquia, na pessoa de seu representante judicial;
d) intimação do Ministério Público, para as manifestações de estilo, nos termos da lei;
e) ao final, seja confirmada a segurança em definitivo com o fim de anular a decisão administrativa e a garantir a posse do impetrante;
f) condenação nas custas processuais;
g) juntada das provas pré-constituídas.

5.14.3.8. Valor da causa

R$ ...

5.14.3.9. Fechamento

a) Apresentação da petição inicial em duas vias.
b) Local e data.
c) Advogado e OAB.

5.15. Exercício de mandado de segurança coletivo

(XXIV Exame de Ordem Unificado – adaptado)

Após anos de defasagem remuneratória, milhares de servidores públicos do Estado Alfa reuniram-se na sede do Sindicato W, legalmente constituído e em funcionamento há vinte anos, que representava os interesses da categoria, em assembleia geral convocada especialmente para deliberar a respeito das medidas a serem adotadas pelos sindicalizados.

Ao fim de ampla discussão, decidiram que, em vez da greve, que causaria grande prejuízo à população e à economia do país, iriam se encontrar nas praças da capital do Estado Alfa, com o objetivo de debater publicamente os interesses da categoria de forma organizada e ordeira, e ainda, fariam passeatas semanais pelas principais ruas da capital. Em situações dessa natureza, a lei dispõe que seria necessária a prévia comunicação ao comandante da Polícia Militar.

No mesmo dia em que recebeu a comunicação dos encontros e das passeatas semanais, que teriam início em dez dias, o comandante da Polícia Militar, em decisão formalmente comunicada ao Sindicato W, decidiu indeferi-los, sob o argumento de que atrapalhariam o direito ao lazer nas praças e à tranquilidade das pessoas, os quais são protegidos pela ordem jurídica.

Inconformado com a decisão do comandante da Polícia Militar, o Sindicato W procurou um advogado e solicitou o manejo da ação judicial cabível, que dispensasse instrução probatória, considerando a farta prova documental existente, para que os trabalhadores pudessem cumprir o que foi deliberado na assembleia da categoria, no prazo inicialmente fixado, sob pena de esvaziamento da força do movimento. (Valor: 5,00)

> **Observação:** a peça deve abranger todos os fundamentos de Direito que possam ser utilizados para dar respaldo à pretensão. A simples menção ou transcrição do dispositivo legal não confere pontuação.

5.15.1. *Perguntas para identificação*

Quem é meu cliente? Sindicato W.

O que ele deseja? Anular a decisão que impede o exercício do direito de reunião e manifestação.

Inicial, defesa ou recurso? Inicial.

É urgente? Sim.

5.15.2. *Dica de identificação*

Uma vez que o cliente é um sindicato e defende direito alheio, duas ações seriam possíveis: ação civil pública e mandado de segurança coletivo.

Para saber por qual optar, você deve se questionar se o sindicato pretende defender direitos de seus filiados ou proteger a coletividade. Para o primeiro, mandado de segurança coletivo; para o segundo, ação civil pública.

Para utilizar o mandado de segurança coletivo, três pontos devem ser observados: se o sindicato está devidamente constituído; se o ato coator foi praticado em até 120 dias; e se não há necessidade de dilação probatória.

Os três pontos são respondidos no enunciado:

a) o sindicato está devidamente constituído há 20 anos;
b) o sindicato o procura antes da manifestação, prevista para daqui a 10 dias, portanto, dentro do prazo de 120 dias;
c) não há necessidade de dilação probatória.

5.15.3. *Elaborando o esqueleto da peça processual*

5.15.3.1. Endereçamento

A competência do mandado de segurança se estabelece em razão da autoridade coatora, no caso, Comandante da Polícia Militar do Estado Alfa.

O primeiro ponto para se descobrir o correto endereçamento é questionar se a autoridade possui foro por prerrogativa de função. Não possui.

Ausente o foro por prerrogativa de função, o endereçamento será para juízo de primeiro grau. Mas qual? Observe a sede funcional da autoridade, no caso, Estado Alfa – justiça estadual.

Endereçamento: Excelentíssimo Senhor Doutor Juiz de Direito da ... Vara Cível ou da Fazenda Pública da Comarca de ... Estado Alfa

5.15.3.2. Partes

a) Impetrante – Sindicato W.
b) Impetrado – Comandante da Polícia Militar vinculado ao Estado Alfa.

5.15.3.3. Cabimento

a) Pertinência do objeto:

   Demonstrar que a proibição de reunião viola direito subjetivo coletivo, e, por não ser necessária dilação probatória, o mandado de segurança coletivo é adequado.

b) Tempestividade:

   Demonstrar o cumprimento do prazo-limite de 120 dias (art. 23 da Lei n. 12.016/2009).

c) Legitimidade:

   Demonstrar que o impetrante pode atuar como substituto processual dos filiados que sofreram lesão por ato ilegal e que o impetrado praticou esse ato.

5.15.3.4. Fatos

Transcrever a síntese do problema narrado no enunciado.

5.15.3.5. Direito

a) Indicar que os servidores públicos têm o direito fundamental à livre manifestação do pensamento, conforme o art. 5º, IV, da Constituição Federal.

b) Indicar que os servidores públicos têm o direito fundamental à liberdade de expressão, conforme o art. 5º, IX, da Constituição Federal.

c) Indicar que os servidores públicos têm direito fundamental à reunião pacífica, conforme o art. 5º, XVI, da Constituição Federal.

d) Indicar que a comunicação ao comandante da Polícia Militar visava apenas evitar a frustração de reunião anteriormente convocada para o mesmo local, o que não era o caso. Como a reunião independe de autorização, o indeferimento violou os direitos de parte dos associados do Sindicato W e/ou o direito líquido e certo, sendo cabível a medida nos termos do art. 1º da Lei n. 12.016/2009.

5.15.3.6. Liminar

Indicar os dois requisitos:

a) fundamento relevante – síntese das 4 teses apresentadas;

b) risco de ineficácia do provimento, caso não deferida a liminar – aproximação da data do evento e o risco de dispersão.

5.15.3.7. Pedidos

a) deferida a liminar, nos termos do art. 7º, III, da Lei n. 12.016/2009, determinando a suspensão da decisão que vedou a reunião, após a audiência prévia ou o transcurso do prazo de 72 horas;

b) determinada a notificação da autoridade coatora, para que preste as informações necessárias no prazo legal;

c) ciência do Estado Alfa, na pessoa de seu representante judicial;

d) intimação do Ministério Público, para as manifestações de estilo, nos termos da lei;

e) ao final, seja confirmada a segurança em definitivo, com o fim de anular a decisão administrativa e garantir o direito de reunião;

f) condenação nas custas processuais;

g) juntada das provas pré-constituídas.

5.15.3.8. Valor da causa

R$ ...

5.15.3.9. Fechamento

a) Apresentação da petição inicial em duas vias.
b) Local e data.
c) Advogado e OAB.

5.16. Para marcar

5.16.1. *Artigos*

a) Constituição Federal – art. 5º, LXIX e LXX;
b) Lei n. 12.016/2009 – art. 1º, § 1º; art. 2º; art. 5º, art. 6º, *caput* e §§1º e 3º; art. 7º, I, II, III e § 2º; art. 12; art. 14, § 4º; art. 21; art. 22, § 2º; art. 23.

5.16.2. *Súmulas*

Súmula 105 do STJ: Na ação de mandado de segurança não se admite condenação em honorários advocatícios.

Súmula 333 do STJ: Cabe mandado de segurança contra ato praticado em licitação promovida por sociedade de economia mista ou empresa pública.

Súmula 266 do STF: Não cabe mandado de segurança contra lei em tese.

Súmula 268 do STF: Não cabe mandado de segurança contra decisão judicial com trânsito em julgado.

Súmula 429 do STF: A existência de recurso administrativo com efeito suspensivo não impede o uso do mandado de segurança contra omissão da autoridade.

Súmula 430 do STF: Pedido de reconsideração na via administrativa não interrompe o prazo para o mandado de segurança.

Súmula 510 STF: Praticado o ato por autoridade, no exercício de competência delegada, contra ela cabe o mandado de segurança ou a medida judicial.

Súmula 512 do STF: Não cabe condenação em honorários de advogado na ação de mandado de segurança.

Súmula 629 do STF: A impetração de mandado de segurança coletivo por entidade de classe em favor dos associados independe da autorização destes.

Súmula 630 do STF: A entidade de classe tem legitimação para o mandado de segurança ainda quando a pretensão veiculada interesse apenas a uma parte da respectiva categoria.

5.17. XXV Exame de Ordem Unificado

5.17.1. *Enunciado*

Lúcia, servidora pública federal estável, foi demitida do cargo que ocupava, após processo administrativo disciplinar pelo rito sumário, sob o fundamento de abandono de cargo, em razão de haver se ausentado do serviço por mais de trinta dias consecutivos, no período entre 15/02/2017 e 05/04/2017, sendo certo que a penalidade foi aplicada em 10/05/2017, pelo Ministro de Estado competente para tanto.

Inconformada, Lúcia buscou assessoria jurídica, na data de hoje, à qual informou que jamais teve a intenção de abandonar o cargo, tanto que, em 20/08/2016, formalizou pedido de licença por motivo de afastamento de seu cônjuge, Antônio, professor concursado de uma universidade pública federal, que, no interesse da Administração, foi deslocado para cursar pós-doutorado na Alemanha, a ser iniciado em 20/01/2017. Esclareceu que, apesar de insistentes tentativas de obter um pronunciamento por parte do órgão competente para a apreciação de seu pedido de licença, não obteve qualquer resposta.

A servidora narrou que, com o início do ano letivo na Alemanha, em 15/02/2017, viu-se compelida a se ausentar fisicamente do país, com vistas a proteger a unidade familiar, considerando que possui dois filhos pequenos com Antônio, que já estavam matriculados em uma escola na cidade em que o cônjuge cursaria o pós-doutorado. Lúcia acrescenta que comunicou formalmente aos seus superiores o novo endereço e telefones de contato, mas que foi surpreendida quando uma antiga colega de trabalho lhe informou a portaria contendo a sua demissão, sem que qualquer notificação acerca da existência de processo administrativo disciplinar lhe tivesse sido anteriormente remetida.

Ao buscar os respectivos autos, Lúcia verificou que o processo consistia apenas de portaria inaugural, constituindo a comissão processante, composta por dois servidores ocupantes de cargo efetivo, certo que um deles ainda estava em estágio probatório. A comissão atestou o não comparecimento da servidora no mencionado período e, ato contínuo, elaborou um relatório concluindo pela aplicação da pena de demissão, sem que tivesse sido promovida sua notificação ou a nomeação de qualquer pessoa que pudesse realizar sua defesa.

Considerando que Lúcia já retornou definitivamente com sua família ao Brasil e que não pretende obter indenização pelo período em que não trabalhou, bem como que você é o(a) advogado(a) por ela consultado, na data de hoje, redija a peça para a defesa dos interesses de sua cliente, com indicação de todos os fundamentos jurídicos pertinentes. (Valor: 5,00)

> **Atenção:** a banca examinadora admitiu como medidas adequadas as petições iniciais de mandado de segurança e de rito comum.

5.17.2. *Padrão de resposta*

Item	Pontuação
Endereçamento da inicial: Exmo. Sr. Dr. Juiz Federal da Vara da Seção Judiciária do Estado (0,10).	0,00/0,10
Qualificação das partes: Autora: Lúcia (0,10). Ré: União (0,10).	0,00/0,10/0,20
Fundamentação: Ilegalidade da demissão de Lúcia, pelas seguintes razões: (A) Violação ao princípio do devido processo legal **OU** dos princípios da ampla defesa e do contraditório (0,70), previstos, respectivamente, no art. 5º, LIV, **OU** no art. 5º, LV, da CF (0,10).	0,00/0,70/0,80

(B) Deveria ter sido realizada a devida indiciação de Lúcia, com sua citação para apresentação de defesa (0,70), na forma do art. 133, § 2º, da Lei n. 8.112/90 (0,10).	0,00/0,70/0,80
(C) A Comissão processante deveria ser composta por dois servidores estáveis (0,70), consoante o art. 133, I, da Lei n. 8.112/90 (0,10).	0,00/0,70/0,80
(D) Fundamentação legal: art. 140 da Lei n. 8.112/90 (0,10). *Obs.: A pontuação deste item depende da referência conjunta ao art. 133 da Lei n. 8.112/90.*	0,00/0,10
(E) Ausência de *animus abandonandi* **OU** do elemento subjetivo **OU** da intenção de Lúcia de abandonar o cargo (0,30), na forma do art. 140, II, da Lei n. 8.112/90 (0,10).	0,00/0,30/0,40
(F) Diante do pedido de licença por motivo de afastamento do cônjuge, que não foi apreciado pela Administração, a caracterizar, inclusive, abuso de direito, em decorrência da omissão administrativa (0,30).	0,00/0,30
Pedidos: I. Citação do réu (0,10).	0,00/0,10
II. Procedência do pedido formulado na inicial, para que seja anulada a demissão de Lúcia (0,40), com a sua reintegração no cargo do serviço público federal (0,30).	0,00/0,30/0,40/0,70
III. Produção de provas (0,10), especificamente da juntada dos documentos acostados à inicial (0,10).	0,00/0,10/0,20
IV. Opção pela realização ou não da audiência de conciliação (0,10).	0,00/0,10
IV. Condenação em custas (0,10).	0,00/0,10
V. Condenação em honorários sucumbenciais (0,10).	0,00/0,10
Valor da causa (0,10).	0,00/0,10
Fechamento: Local, data, assinatura e número de inscrição na OAB (0,10).	0,00/0,10

5.18. XVIII Exame de Ordem Unificado

5.18.1. *Enunciado*

O Ministério da Cultura publicou, na imprensa oficial, edital de licitação que veio assinado pelo próprio Ministro da Cultura, na modalidade de tomada de preços, para a elaboração do projeto básico, do projeto executivo e da execução de obras de reforma de uma biblioteca localizada em Brasília.

O custo da obra está estimado em R$ 2.950.000,00 (dois milhões novecentos e cinquenta mil reais). O prazo de execução é de 16 (dezesseis) meses, e, de acordo com o cronograma divulgado, a abertura dos envelopes se dará em 45 (quarenta e cinco) dias e a assinatura do contrato está prevista para 90 (noventa) dias.

Do edital constam duas cláusulas que, em tese, afastariam do certame a empresa ABCD Engenharia. A primeira diz respeito a um dos requisitos de habilitação, pois se exige dos licitantes, para demonstração de qualificação técnica, experiência anterior em contratos de obra pública com a União (requisito não atendido pela empresa, que já realizou obras públicas do mesmo porte que a apontada no edital para diversos entes da Federação, mas não para a União). A segunda diz respeito à exigência de os licitantes estarem sediados em Brasília, sede do Ministério da Cultura, local onde se dará a execução das obras (requisito não atendido pela empresa, sediada no Município de Bugalhadas).

Na mesma semana em que foi publicado o edital, a empresa o procura para que, na qualidade de advogado, ajuíze a medida cabível para evitar o prosseguimento da licitação, reconhecendo os vícios do edital e os retirando, tudo a permitir que possa concorrer sem ser considerada não habilitada, e sem que haja vício que comprometa o contrato. Pede, ainda, que se opte pela via, em tese, mais célere.

Elabore a peça adequada, considerando não ser necessária a dilação probatória, haja vista ser preciso apenas a juntada dos documentos próprios (edital, cópia dos contratos com outros entes federativos etc.) para se comprovar os vícios alegados. Observe o examinando que o interessado quer o procedimento que, em tese, seja o mais célere. (Valor: 5,00)

Observação: o examinando deve apresentar os argumentos jurídicos apropriados e a fundamentação legal pertinente ao caso.

5.18.2. *Padrão de resposta*

Endereçamento do mandado de segurança: Superior Tribunal de Justiça (0,10).

Qualificação das partes:

1. Impetrante: ABCD Engenharia (0,10).

2. Autoridade coatora: Ministro da Cultura (0,10) / pessoa jurídica União (0,10).

Fundamentação:

1. A impossibilidade de licitar a obra sem a prévia existência de projeto básico (0,40), na forma do art. 7º, § 2º, I, da Lei n. 8.666/93 (0,10).

2. A impossibilidade de elaboração de projeto básico e de execução da obra pela mesma pessoa (0,40), na forma do art. 9º, I, da Lei n. 8.666/93 (0,10).

3. A violação do limite de valor para a tomada de preços (0,40), conforme previsão do art. 23, I, *b*, da Lei n. 8.666/93 (0,10).

4. A exigência de experiência de contratação anterior com a União é inválida (0,50), conforme previsão do art. 30, II OU § 5º ambos Lei n. 8.666/93 (0,10).

5. A vedação à cláusula que estabelece preferência ou distinção em razão da sede da empresa (0,50), na forma do art. 3º, § 1º, I, OU do art. 20, parágrafo único (0,10), ambos da Lei n. 8.666/93.

Da medida liminar

1. Demonstração do fundamento relevante, qual seja, a violação às disposições constantes da Lei n. 8.666/93 (0,35).

2. Fundado receio de ineficácia da medida, caso concedida a segurança apenas ao final do processo, uma vez que o contrato poderá já ter sido assinado e iniciada a sua execução, nos termos do art. 7º, III, da Lei n. 12.016/2009. (0,35).

Pedidos:

1. notificação da autoridade coatora (Ministro da Cultura) (0,10);
2. ciência ao órgão de representação judicial da União (0,10);
3. concessão da liminar para suspender a licitação até decisão final (0,30);
4. requerimento de juntada da prova pré-constituída (edital) (0,20);
5. procedência do pedido para anular a licitação, pelos vícios constantes do edital (0,30).

Valor da causa (0,10)

Fechamento da peça:

Local ..., data ..., Advogado ... e OAB ... (0,10)

5.19. XVII Exame de Ordem Unificado

5.19.1. *Enunciado*

Após regular certame licitatório, vencido pelo consórcio "Mundo Melhor", o Estado X celebrou contrato de obra pública, tendo por objeto a construção de uma rodovia estadual com 75 km de extensão.

Dois anos depois, com mais de 70% da obra já executada, o relatório da comissão de fiscalização do contrato apontou suposto atraso no cronograma da obra. Diante disso, o Governador do Estado X enviou correspondência aos representantes do consórcio, concedendo prazo de cinco dias úteis para apresentar defesa quanto aos fatos imputados, sob pena de aplicação de penalidade, conforme previsão constante da Lei n. 8.666/93.

Antes da fluência do prazo, entretanto, o Governador enviou nova correspondência aos representantes do consórcio, informando que há lei estadual que autoriza a aplicação das penalidades de advertência e de multa previamente à notificação do contratado, e que, por essa razão, naquele momento, o Governador aplicava as duas penalidades. Além disso, o Governador determinou a suspensão de todos os pagamentos devidos ao consórcio (pelos serviços já realizados e pelos a realizar) até a regularização do cronograma.

Nos 60 (sessenta) dias seguintes, o consórcio tentou resolver a questão na via administrativa, mas não teve sucesso. Diante disso, os representantes procuram você para, na condição de advogado, ajuizar a medida cabível à proteção dos direitos do consórcio, informando:

- que nunca houve atraso, o que se demonstra pelo cronograma e pelo diário de obras, que registram a normal evolução do contrato;
- que o consórcio depende da regularização dos pagamentos, até o término das obras, pelos serviços que vierem a ser executados; e
- que não podem abrir mão do recebimento das parcelas pretéritas devidas pelo trabalho executado nos últimos 60 (sessenta) dias e nem dos pagamentos pelos serviços a realizar, pois essenciais à manutenção das empresas consorciadas.

Na qualidade de advogado(a), ajuíze a medida cabível à proteção integral dos interesses do consórcio. (Valor: 5,00)

> **Observação:** o examinando deve fundamentar suas respostas. A mera citação do dispositivo legal não confere pontuação.

> **Atenção:** a banca examinadora admitiu como medidas adequadas as petições iniciais de mandado de segurança e de rito comum.

5.19.2. *Padrão de resposta*

Item	Pontuação
Endereçamento da petição inicial (0,10): Juízo de Fazenda Pública de alguma das comarcas do Estado X	0,00/0,10
Qualificação das partes: Consórcio "Mundo Melhor" (0,10) / Estado X (0,10)	0,00/0,10/0,20
Fundamentação para a pretensão do consórcio: 1. Violação ao contraditório e à ampla defesa, essenciais à aplicação de penalidade (0,50) (art. 5º, LIV ou LV, da CF ou art. 87, § 2º, da Lei n. 8.666/93 (0,10)).	0,00/0,50/0,60
2. A regra prevista na lei estadual de regência é inválida, por violar norma geral prevista na Lei n. 8.666/93 (0,50) (art. 87, *caput*, da Lei n. 8.666/93) (0,10).	0,00/0,50/0,60
3. Nunca houve atraso na obra: inexistência dos motivos do ato (0,50).	0,00/0,50
4. O consórcio faz jus ao pagamento das parcelas em atraso, devidas pelo serviço já executado, sob pena de enriquecimento sem causa da Administração (0,50).	0,00/0,50
Fundamentos para a concessão da tutela antecipada: 1. Verossimilhança da alegação violação ao contraditório e à ampla defesa ou violação à regra geral prevista na Lei n. 8.666/93, ou inexistência dos motivos do ato. (0,40). 2. Fundado receio de dano irreparável: o consórcio não vem recebendo pelos serviços já executados (0,40).	0,00/0,40/0,80
Pedidos: 1. Citação do réu (0,20).	0,20
2. Concessão da tutela antecipada para suspender as penalidades aplicadas e garantir a regularidade dos pagamentos ao consórcio (0,30).	0,30
3. Procedência dos pedidos formulados na inicial para: 3.1. Anulação das sanções administrativas aplicadas (0,30) 3.2. Pagamento dos atrasados (0,30)	0,0/0,30/0,60

4. Produção de provas (0,20)	0,20
5. Condenação em honorários de sucumbência (0,10)	0,10
6. Condenação nas custas processuais (0,10)	0,10
Valor da causa	0,10
Fechamento da peça	0,10

5.20. V Exame de Ordem Unificado

5.20.1. *Enunciado*

A medida judicial adequada, diante dos parâmetros indicados no enunciado, é o mandado de segurança contra ato do Senhor Governador do Estado X, consubstanciado no Decreto n. 1.234, por meio do qual declarou a caducidade do contrato de concessão de serviço público de transporte aquaviário celebrado com a empresa Aquatrans.

No que diz respeito à fundamentação jurídica, o examinando deve, em primeiro lugar, abordar brevemente em que consiste a caducidade de uma concessão e, logo após, identificar que existe uma série de requisitos prévios à opção pela caducidade que, absolutamente, não foram observados no caso proposto. Isso porque, nos termos do art. 38, §§ 2º e 3º, da Lei n. 8.987/95, a declaração de caducidade deve precedida da verificação de inadimplência da concessionária em processo administrativo que lhe assegure ampla defesa, sendo certo que o processo administrativo não pode ser instaurado antes de cientificada a concessionária dos descumprimentos contratuais, com a fixação de prazo para que promova as correções necessárias. A inobservância do "devido processo legal" impõe, portanto, a anulação do decreto.

Com a demonstração da plausibilidade do direito alegado, a impetrante deve pleitear, liminarmente, provimento jurisdicional que determine ao impetrado que se abstenha de tomar qualquer medida para assumir o serviço com base no ato impugnado.

5.20.2. *Padrão de resposta*

Item	Pontuação
Endereçamento da petição inicial: Tribunal de Justiça do Estado X	0/0,25
Qualificação das partes (0,25 para cada item): Aquatrans (0,25)/contra ato (0,25) do Governador do Estado X (0,25)/e Estado X (0,25)	0/0,25/0,5/0,75/1,0
Identificação da ação: Mandado de Segurança	0/0,5
Narrativa dos fatos/exposição de forma coerente e lógica	0/0,25
Fundamentação (0,5 para cada item) – NÃO BASTA A MERA INDICAÇÃO DO ARTIGO: 1. Nulidade do Decreto n. 1.234 – inobservância do devido processo legal (0,25) (art. 5º, LIV, da CF) (0,25)	0/0,25/0,5

2. Ausência de cientificação das irregularidades e fixação de prazo para correção (0,25) (art. 38, § 3º, da Lei n. 8.987/95) (0,25)	0/0,25/0,5
3. Não foi instaurado processo de verificação de inadimplência (0,25) (art. 38, § 2º, da Lei n. 8.987/95) (0,25)	0/0,25/0,5
4. Fundamento do pedido de liminar – abstenção de medidas para assunção do serviço OU suspensão dos efeitos do decreto.	0/0,5
Pedidos/Conclusão (0,2 para cada item): 1. Deferimento da liminar; 2. Notificação da autoridade impetrada para prestar informações; 3. Ciência do feito ao órgão de representação judicial do Estado X; 4. Confirmação da liminar e anulação/declaração de nulidade do decreto impugnado.	0/0,2/0,4/0,6/0,8
Atribuição de valor à causa	0/0,2

6

Ação popular

A ação popular é o instrumento para proteção do patrimônio público, do meio ambiente e patrimônio cultural ou para promover a reparação.

6.1. Previsão legal

a) Constituição Federal – art. 5º, LXXIII:

> Art. 5º (...)
>
> LXXIII – qualquer cidadão é parte legítima para propor ação popular que vise a anular ato lesivo ao patrimônio público ou de entidade de que o Estado participe, à moralidade administrativa, ao meio ambiente e ao patrimônio histórico e cultural, ficando o autor, salvo comprovada má-fé, isento de custas judiciais e do ônus da sucumbência.

b) Lei n. 4.717/65.

6.2. Cabimento

A ação popular é utilizada para proteção e reparação (art. 1º, § 1º, da Lei n. 4.717/65 e art. 5º, LXXIII, da CF):

a) patrimônio público;
b) patrimônio de entidade de que o Estado participe;
c) meio ambiente;
d) patrimônio histórico cultural.

Atenção: patrimônio público é compreendido tanto no viés material quanto no imaterial, como no da moral pública. Atos públicos que privilegiam interesse particular em detrimento do interesse público sãos considerado imorais e violadores do patrimônio público.

Como regra, a lesão ao patrimônio público decorre de um ato ou um contrato administrativo ilegal, e a petição inicial deverá apresentar seus vícios.

A **Lei n. 4.717/65** estabelece os casos em que o ato lesivo é considerado **nulo** ou passível de **anulação**. Nesse sentido, são considerados **atos nulos**:

Atos lesivos considerados nulos (art. 2º da Lei n. 4.717/65)	
1. Incompetência	O ato praticado não se inclui nas atribuições legais do agente.
2. Vício de forma	Consiste na omissão ou na observância incompleta ou irregular de formalidades indispensáveis à existência ou seriedade do ato.
3. Ilegalidade do objeto	O resultado do ato importa em violação de lei, regulamento ou outro ato normativo.
4. Inexistência dos motivos	A matéria de fato ou de direito em que se fundamenta o ato é materialmente inexistente ou juridicamente inadequada ao resultado obtido.
5. Desvio de finalidade	Verifica-se quando o agente pratica o ato visando a fim diverso daquele previsto, explícita ou implicitamente, na regra de competência.

Por exemplo, o prefeito de um determinado município nomeia para cargo em comissão de assessoramento seu filho. Esse ato é ilegal, nulo. Viola a Súmula Vinculante 13 do Supremo Tribunal Federal. A ação popular poderá ser proposta para proteção do patrimônio público imaterial para suspensão e anulação do ato de nomeação.

Atenção: proposta ação popular em face de pessoa jurídica da administração pública, ela poderá contestar, abster-se ou migrar para o polo ativo da ação (art. 6º, § 3º, da Lei n. 4.717/65).

6.3. Legitimidade

6.3.1. *Legitimidade ativa*

A ação popular somente pode ser proposta por cidadão.

Atenção: cidadão é a pessoa física no pleno gozos de seus direitos políticos, e a essa condição pode ser demonstrada pela apresentação do título de eleitor, conforme o art. 1º, § 3º, da Lei n. 4.717/65.

Logo, a ação popular não pode ser proposta por pessoas jurídicas ou órgãos públicos.

6.3.2. *Legitimidade passiva*

A ação popular pode ser proposta contra qualquer pessoa (física ou jurídica) vinculadas ao ato ou contrato ilegais (art. 6º da Lei n. 4.717/65).

Atenção: há a ocorrência de litisconsórcio passivo necessário. Todos os envolvidos com o evento danoso deverão constar no polo passivo.

Assim, o polo passivo pode ser composto por:

a) todas as pessoas jurídicas, públicas ou privadas, em nome das quais foi praticado o ato ou contrato a ser anulado;
b) todas as pessoas físicas envolvidas no ato ou contrato lesivo;
c) entidades privadas de que o Estado participe.

6.4. Liminar

A ação civil popular admite decisão liminar (art. 5º, § 4º, da Lei n. 4.717/65), desde que preenchidos seus requisitos.

A lei não apresenta expressamente os termos dos requisitos, mas em seu art. 7º aponta que o Código de Processo Civil será utilizado de modo subsidiário. Em caso de perigo iminente, o CPC, em seu art. 300, prevê o uso da tutela provisória de urgência com os seguintes requisitos:

a) probabilidade do direito – na petição inicial deve-se fazer uma síntese dos fundamentos jurídicos apresentados;
b) perigo de dano ou risco ao resultado útil do processo – como regra, o enunciado do exercício indicará o perigo; se ausente, construa como uma consequência lógica do problema, sempre tendo cuidado para não criar fato novo, que poderia ensejar a identificação do candidato em prova.

> **Atenção:** embora tecnicamente o mais correto seja a utilização dos fundamentos da tutela de urgência, a FGV já admitiu o uso dos requisitos com os seguintes termos: *fumus boni iuris* e *periculum in mora*.

6.5. Competência

A competência é definida pelas regras comuns de processo civil. A ação será endereçada ao juízo de primeiro grau, sendo considerado o local de origem do ato/contrato, nos termos do art. 5º da Lei n. 4.717/65, mesmo que o ato ilegal tenha sido praticado pelo Presidente da República.

> **Atenção:** na ação popular não há foro por prerrogativa de função.

6.6. Prescrição

A ação popular pode ser proposta em até 5 cinco anos (art. 21 da Lei n. 4.717/65).

6.7. Pedidos

a) concessão da tutela de urgência (ou liminar) para ..., com amparo no art. 5º, § 4º, da Lei n. 4.717/85 e art. 300 do CPC;

b) intimação dos réus para audiência de conciliação ou mediação (quando se tratar de direito disponível);

c) citação do réu (ou dos réus);

d) a intimação do Ministério Público para acompanhar a presente ação (art. 7º, I, *a*, da Lei n. 4.717/65);

e) procedência do pedido, para os fins de anular o ... e reparar ... (art. 11 da Lei n. 4.717/65);

f) juntada da cópia do título de eleitor como comprovante de cidadania;

g) condenação do réu (ou dos réus) em honorários advocatícios.

6.8. Principais teses

6.8.1. *Ilegalidade de atos administrativos*

O ato administrativo possui 5 elementos (competência, finalidade, forma, motivo e objeto). O vício que o torna ilegal poderá estar em qualquer desses elementos, e a banca avaliadora utiliza como fundamentos para a anulação as previsões da Lei n. 4.717/65, em especial os seus arts. 2º a 4º.

6.8.2. *Serviço público de transporte coletivo municipal*

a) violação ao dever de adequação na prestação do serviço público;

b) violação à segurança na prestação do serviço;

c) violação à atualidade do serviço quanto à modernidade dos ônibus.

6.8.3. *Proteção aos bens tombados*

a) indicar o dever de proteção cultural dos bens tombados, conforme o art. 216, § 1º, da Constituição Federal;

b) violação aos deveres do tombamento, conforme o art. 17 do Decreto-lei n. 25/37.

6.8.4. *Terceiro setor – organização social*

a) qualificação ilegal da organização social – a entidade possuía finalidade lucrativa;

b) violação ao princípio da moralidade – relação de parentesco com o agente público;

c) violação ao princípio da legalidade – impossibilidade de o Poder Público contratar de modo direto organização social para prestar atividade diferente daquela prevista no contrato de gestão.

6.8.5. *Contrato administrativo – ilegalidade*

a) violação ao princípio da moralidade – contratação direta de empresa cujo sócio majoritário possui grau de parentesco com o agente público competente;

b) violação ao princípio da impessoalidade – ausência de competição para contratação de objeto comum;

c) ilegalidade do prazo contratual – aquisição de bens com prazo de contrato de serviço continuado.

6.9. Modelo

Folha 1/4

EXCELENTÍSSIMO SENHOR DOUTOR JUIZ DE DIREITO DA ... VARA CÍVEL/FAZENDA PÚBLICA DA COMARCA DE ..., ESTADO ...

NOME DO AUTOR, nacionalidade ..., estado civil ..., profissão ..., portador da Cédula de Identidade RG n. ..., devidamente inscrito no CPF/MF sob o n. ..., Título de Eleitor n. ..., com endereço na ..., bairro ..., cidade ..., Estado ..., com endereço eletrônico ..., por intermédio de seu advogado, que esta subscreve (instrumento de mandato incluso), com endereço eletrônico ..., escritório na ..., bairro ..., cidade ..., Estado ..., onde receberá as devidas intimações, nos termos do art. 77, V, do CPC, vem mui respeitosamente à presença de Vossa Excelência, com fundamento no art. 5º, LXXIII, da Constituição Federal e na Lei n. 4.717/65, ajuizar a presente

AÇÃO POPULAR

COM PEDIDO DE TUTELA DE URGÊNCIA/LIMINAR (se for o caso)

em face de NOME DO RÉU (indicar o ente público e/ou os beneficiários envolvidos na lesão), pessoa jurídica de direito ..., com endereço na ..., endereço eletrônico ..., pelos motivos de fato e de direito a seguir aduzidos:

I – DO CABIMENTO

1. Pertinência do objeto

Demonstrar que o objeto pode ser tratado em ação popular (art. 1º da Lei n. 4.717/65 e art. 5º, LXXIII, da Constituição Federal).

Folha 2/4

2. Legitimidade

2.1. Demonstrar a legitimidade ativa (art. 1º, "caput" e § 3º, da Lei n. 4.717/65 e art. 5º, LXXIII, da CF).

Fazer referência ao fato de que cópia do título de eleitor acompanha a petição inicial.

2.2. Passiva

Demonstrar o vínculo do réu/dos réus com o objeto da demanda.

II – DOS FATOS

Apresentar a síntese dos fatos apresentados no enunciado.

III – DO DIREITO

Apresentar as teses jurídicas aplicáveis ao caso.

O ideal é seguir a lógica argumentativa (premissa maior para premissa menor): primeiro – violação a princípios; segundo – fundamentos constitucionais; terceiro – fundamentos infraconstitucionais; quarto – fundamentos jurisprudenciais e doutrinários.

Utilizar os fundamentos dos arts. 2º a 4º da Lei n. 4.717/65.

IV – DA TUTELA DE URGÊNCIA/LIMINAR

Nos termos do art. 5º, § 4º, da Lei n. 4.717/65, o juízo poderá conceder liminar, desde que comprovados os seus requisitos ensejadores.

A ação popular utiliza de modo subsidiário o Código de Processo Civil. A tutela provisória de urgência, prevista no art. 300, apresenta dois requisitos: probabilidade do direito e perigo de dano ou risco ao resultado útil do processo.

A probabilidade do direito – apresentar síntese das teses abordadas

Folha 3/4

no capítulo do Direito.

O perigo de dano ou o risco ao resultado útil do processo – apresentar o dano indicado no enunciado ou aquele previsível pelo problema.

V – DOS PEDIDOS

Ante o exposto, requer:

a) a concessão da tutela de urgência (ou liminar) para ..., com amparo no art. 5º, § 4º, da Lei n. 4.717/85 e no art. 300 do CPC;

b) a intimação dos réus para audiência de conciliação ou mediação (quando se tratar de direito disponível);

c) a citação do réu (ou dos réus);

d) a intimação do Ministério Público para acompanhar a presente ação (art. 7º, I, "a", da Lei n. 4.717/65);

e) a procedência do pedido, para os fins de anular o ... e reparar ... (art. 11 da Lei n. 4.717/65);

f) a juntada da cópia do título de eleitor como comprovante de cidadania;

g) a condenação do réu (ou dos réus) em honorários advocatícios.

VI – DAS PROVAS

Protesta provar o alegado por todos os meios de prova em direito admitidos, notadamente pela prova documental já acostada e outras que se fizerem necessárias ao esclarecimento do Douto Juízo.

VII – VALOR DA CAUSA

Dá-se à causa o valor de R$ ...

Termos em que

Folha 4/4

pede deferimento.

Local ..., data ...

Advogado ...

OAB ...

6.10. Exercício I

(XV Exame de Ordem Unificado)

Fulano de Tal, Presidente da República, concedeu a qualificação de Organização Social ao "Centro Universitário NF", pessoa jurídica de direito privado que explora comercialmente atividades de ensino e pesquisa em graduação e pós-graduação em diversas áreas. Diante da referida qualificação, celebrou contrato de gestão para descentralização das atividades de ensino, autorizando, gratuitamente, o uso de um prédio para receber as novas instalações da universidade e destinando-lhe recursos orçamentários.

Além disso, celebrou contrato com a instituição, com dispensa de licitação, para a prestação de serviços de pesquisa de opinião.

Diversos veículos de comunicação demonstraram que Sicrano e Beltrano, filhos do Presidente, são sócios do Centro Universitário.

Indignado, Mévio, cidadão residente no Município X, procura você para, na qualidade de advogado, ajuizar medida adequada a impedir a consumação da transferência de recursos e o uso não remunerado do imóvel público pela instituição da qual os filhos do Presidente são sócios. (Valor: 5,00)

> **Observação:** a peça deve abranger todos os fundamentos de Direito que possam ser utilizados para dar respaldo à pretensão. A simples menção ou transcrição do dispositivo legal não confere pontuação.

6.10.1. *Perguntas para identificação*

Quem é meu cliente? Mévio.

O que ele deseja? A anulação do contrato, impedir a transferência de recursos e a não utilização gratuita do imóvel público.

Inicial, defesa ou recurso? Inicial.

É urgente? Sim – impedir a transferência de recursos e utilização gratuita do bem público.

6.10.2. *Dica de identificação*

Uma vez que o objeto é a anulação de contrato administrativo, a princípio, 4 ações seriam possíveis: ação de rito comum (anulatória), ação civil pública, mandado de segurança e ação popular.

a) ação de rito comum – não se trata de interesse próprio;
b) ação civil pública – pessoa física não possui legitimidade para propor a ação;
c) mandado de segurança – não se trata de interesse próprio;
d) ação popular – exige que o autor seja cidadão e o enunciado indica: "Mévio, cidadão". Em outras provas é costume aparecerem no enunciado outras dicas, como "no gozo dos direitos políticos", "portador do título de eleitor".

6.10.3. *Elaborando o esqueleto da peça processual*

6.10.3.1. Endereçamento

A competência da ação popular é definida pelas regras comuns de processo civil. A ação será endereçada ao juízo de primeiro grau, no caso na Seção Judiciária do X, uma vez que a União é ré na demanda.

Endereçamento: Excelentíssimo Senhor Doutor Juiz Federal da ... Vara da Seção Judiciária de X

6.10.3.2. Partes

a) Autor – Mévio.
b) Réus – Fulano de Tal (Presidente da República), União Federal e o Centro Universitário NF.

6.10.3.3. Cabimento

a) Pertinência do objeto:

   Demonstrar que a proteção do patrimônio público é objeto previsto para a ação popular (art. 1º da Lei n. 4.717/65 e art. 5º, LXXIII, da Constituição Federal).

b) Legitimidade:

   Demonstrar que o autor é cidadão (art. 1º da Lei n. 4.717/65 e art. 5º, LXXIII, da Constituição Federal).

   Demonstrar a relação dos réus com o contrato ilegal.

6.10.3.4. Fatos

Transcrever a síntese do problema narrado no enunciado.

6.10.3.5. Direito

a) Indicar a violação ao princípio da moralidade, nos termos no art. 37, *caput*, da Constituição Federal.
b) Indicar a violação ao princípio da impessoalidade, nos termos no art. 37, *caput*, da Constituição Federal.
c) Indicar a impossibilidade de concessão da qualificação de organização social a uma entidade com fim lucrativo, nos termos do art. 1º da Lei n. 9.637/98.
d) Indicar a impossibilidade de contratação direta para a prestação de serviços de pesquisa de opinião, haja vista que se trata de atividade não contemplada no contrato de gestão, nos termos do art. 24, XXIV, da Lei n. 8.666/93.

6.10.3.6. Tutela de urgência/liminar

Indicar os dois requisitos previstos no art. 300 do CPC:

a) fundamento relevante – síntese das 4 teses apresentadas;

b) perigo de dano ou risco ao resultado útil do processo – consumação da transferência de recursos e o uso não remunerado do imóvel público.

6.10.3.7. Pedidos

a) concessão da tutela de urgência (ou liminar) para suspender os atos de repasse de recursos e de utilização de bens públicos com amparo no art. 5º, § 4º, da Lei n. 4.717/85 e art. 300 do CPC;
b) intimação dos réus para audiência de conciliação ou mediação (quando se tratar de direito disponível);
c) citação do réu (ou dos réus);
d) a intimação do Ministério Público para acompanhar a presente ação (art. 7º, I, *a*, da Lei n. 4.717/65);
e) a procedência do pedido, para os fins de anular os contratos (art. 11 da Lei n. 4.717/65);
f) juntada da cópia do título de eleitor como comprovante de cidadania;
g) condenação do réu (ou dos réus) em honorários advocatícios.

6.10.3.8. Provas

Protesta provar o alegado por todos os meios de prova em direito admitidos, notadamente pela prova documental já acostada e outras que se fizerem necessárias ao esclarecimento do Douto Juízo.

6.10.3.9. Valor da causa

R$ ...

6.10.3.10. Fechamento

a) Local e data.
b) Advogado e OAB

6.11. Exercício 2

(XXV Exame de Ordem)

Em matéria jornalística amplamente divulgada pela mídia, o prefeito do município Alfa, situado no estado Beta, é acusado pela imprensa local de negligenciar a saúde pública, deixando de realizar os investimentos constitucionais obrigatórios nos estabelecimentos médico-hospitalares situados na região.

Com o objetivo de tirar proveito da situação para se autopromover, o prefeito elabora a seguinte estratégia: após obter expressa aprovação do Secretário Municipal do Meio Ambiente, em procedimento administrativo formalmente instaurado, às custas do erário e sob o subterfúgio de publicidade institucional, providencia a instalação de um grande painel de publicidade (*outdoor*) na encosta de um dos morros da cidade, o que era vedado pela legislação ambiental federal. Trata-se de área de proteção ambiental e notório ponto turístico, tendo ampla visibilidade. No *outdoor*, são elencadas todas as ações e investimentos da prefeitura relacionados à área da saúde durante a gestão do atual prefeito.

Logo após a conclusão das obras, ambientalistas filiados a uma Organização Não Governamental (ONG) de proteção ao meio ambiente comparecem ao local e detectam, dentre outras consequências prejudiciais, que a iluminação usada no *outdoor* durante o período noturno traria resultados nocivos à biodiversidade, ameaçando a sobrevivência de espécies animais notívagas da região. Essa nocividade se tornaria irreversível caso a iluminação viesse a ser utilizada por algumas semanas.

Carlos, maior de idade, brasileiro nato no pleno gozo de seus direitos políticos, morador do Município Alfa, fica estarrecido ao tomar ciência do fato e indignado com a inércia das autoridades locais competentes. Diante disso, comparece a um escritório de advocacia indagando se poderia, devidamente representado em juízo por advogado(a) legalmente habilitado(a), adotar pessoalmente alguma providência judicial diante das irregularidades apontadas.

Com base no caso concreto apresentado acima, utilizando o instrumento constitucional adequado, redija a petição inicial da medida judicial cabível. (Valor: 5,00)

6.11.1. *Perguntas para identificação*

Quem é meu cliente? Carlos.

O que ele deseja? A anulação do ato que permitiu a instalação de *outdoor*, proteção ao meio ambiente e reparação.

Inicial, defesa ou recurso? Inicial.

É urgente? Sim – suspender o ato, desligar as luzes do *outdoor* para proteção do meio ambiente.

6.11.2. *Dica de identificação*

Uma vez que o objeto é a anulação de ato administrativo e reparação, a princípio, 4 ações seriam possíveis: ação de rito comum (anulatória), ação civil pública, mandado de segurança e ação popular.

a) ação de rito comum – não se trata de interesse próprio;
b) ação civil pública – pessoa física não possui legitimidade para propor a ação;
c) mandado de segurança – não se trata de interesse próprio;
d) ação popular – exige que o autor seja cidadão, e o enunciado indica: “Carlos, no pleno gozo de seus direitos políticos”. Em outras provas é costume aparecerem no enunciado outras dicas, como “cidadão”, “portador do título de eleitor”.

6.11.3. *Elaborando o esqueleto da peça processual*

6.11.3.1. Endereçamento

A competência da ação popular é definida pelas regras comuns de processo civil.

A ação será endereçada ao juízo de primeiro grau, no caso na Justiça Estadual.

Endereçamento: Excelentíssimo Senhor Doutor Juiz de Direito da ... Vara da Comarca do Município Alfa, Estado Beta

6.11.3.2. Partes

a) Autor – Carlos.

b) Réus – Prefeito, Secretário do Meio Ambiente e o Município Alfa.

6.11.3.3. Cabimento

a) Pertinência do objeto:

Demonstrar que a proteção do meio ambiente e do patrimônio público é objeto previsto para a ação popular (art. 1º da Lei n. 4.717/65 e art. 5º, LXXIII, da CF).

b) Legitimidade:

Demonstrar que o autor é cidadão (art. 1º da Lei n. 4.717/65 e art. 5º, LXXIII, da CF).

Demonstrar a relação dos réus com o ato ilegal.

6.11.3.4. Fatos

Transcrever a síntese do problema narrado no enunciado.

6.11.3.5. Direito

a) indicar a violação ao princípio da moralidade, nos termos no art. 37, *caput*, da Constituição Federal;

b) indicar a violação ao princípio da impessoalidade, nos termos no art. 37, *caput*, da Constituição Federal;

c) indicar que o ato é nulo por ter sido praticado em desvio de finalidade, nos termos do art. 2º, *e*, da Lei n. 4.717/65;

d) trata-se de ato lesivo ao meio ambiente ecologicamente equilibrado, em ofensa ao art. 225 da Constituição Federal.

6.11.3.6. Tutela de urgência/liminar

Indicar os dois requisitos previstos no art. 300 do CPC:

a) fundamento relevante – síntese das 4 teses apresentadas;

b) perigo de dano ou risco ao resultado útil do processo – consumação de dano irreversível ao meio ambiente.

6.11.3.7. Pedidos

a) concessão da tutela de urgência (ou liminar) para suspender o uso do *outdoor*, com amparo no art. 5º, § 4º, da Lei n. 4.717/85 e no art. 300 do CPC;

b) intimação dos réus para audiência de conciliação ou mediação;
c) citação do réu (ou dos réus);
d) a intimação do Ministério Público para acompanhar a presente ação (art. 7º, I, *a*, da Lei n. 4.717/65);
e) a procedência do pedido, para os fins de anular o ato administrativo autorizador, a retirada do *outdoor* e a reconstituição do meio ambiente (art. 11 da Lei n. 4.717/65);
f) juntada da cópia do título de eleitor como comprovante de cidadania;
g) condenação do réu (ou dos réus) em honorários advocatícios.

6.11.3.8. Provas

Protesta provar o alegado por todos os meios de prova em direito admitidos, notadamente pela prova documental já acostada e outras que se fizerem necessárias ao esclarecimento do Douto Juízo.

6.11.3.9. Valor da causa

R$ ...

6.11.3.10. Fechamento

a) Local e data.
b) Advogado e OAB.

6.12. Para marcar

6.12.1. *Artigos*

a) Constituição Federal – art. 5º, LXXIII;
b) Lei n. 4.717/65 – art. 1º; art. 2º, art. 3º, art. 4º, art. 5º, *caput* e § 4º, art. 6º, *caput* e § 3º, art. 7º, IV, e art. 21.

6.12.2. *Súmulas*

Súmula 365 do STF: Pessoa jurídica não tem legitimidade para propor ação popular.

6.13. VII Exame de Ordem Unificado

6.13.1. *Enunciado*

O Município Y, representado pelo Prefeito João da Silva, celebrou contrato administrativo com a empresa W – cujo sócio majoritário vem a ser Antonio Precioso, filho da companheira do Prefeito –, tendo por objeto o fornecimento de material escolar para toda a rede pública municipal de ensino, pelo prazo de sessenta meses. O contrato foi celebrado sem a realização de prévio procedimento licitatório e apresentou valor de cinco milhões de reais anuais.

José Rico, cidadão consciente e eleitor no Município Y, inconformado com a contratação que favorece o filho da companheira do Prefeito, o procura para, na qualidade de advogado(a), identificar e minutar a medida judicial que, em nome dele, pode ser proposta para questionar o contrato administrativo.

A medida judicial deve conter a argumentação jurídica apropriada e o desenvolvimento dos fundamentos legais da matéria versada no problema, abordando, necessariamente:

i) competência do órgão julgador;

ii) a natureza da pretensão deduzida por José Rico; e

iii) os fundamentos jurídicos aplicáveis ao caso. (Valor: 5,00)

6.13.2. *Padrão de resposta*

Quesito avaliado	Faixa de valores
Item 1 – Endereçamento da petição inicial: Juízo Cível ou Fazendário da Comarca de Y	0,00/0,25
Item 2 – Qualificação das partes (0,25 para cada item): [José Rico – eleitor] – [em face do Município] [da empresa W] [do Prefeito João da Silva]	0,00/0,25/0,50/ 0,75/1,00
Item 3 – Cabimento da Ação Popular: Nos termos do art. 5º, LXXIII, da CF e/ou art. 1º da Lei n. 4.717/65, qualquer cidadão é parte legítima para propor ação popular que vise a anular ato lesivo ao patrimônio público e à moralidade administrativa.	0,00/0,50
Item 4 – Fundamentação (0,50 para cada item): **1.** Identificação fundamentada da ausência de processo licitatório para aquisição do material escolar, caracterizando ofensa ao art. 37, XXI, da CF e/ou ao art. 2º da Lei n. 8.666/93; **2.** Identificação fundamentada da violação ao princípio da impessoalidade, visto que a Administração não pode atuar com vistas a beneficiar pessoas determinadas, uma vez que é sempre o interesse público que tem que nortear o seu comportamento; **3.** Identificação fundamentada da violação ao princípio da moralidade ou probidade administrativa, visto que a contratação direta de empresa do enteado do prefeito implica violação aos padrões éticos que devem pautar a atuação do administrador; **4.** Identificação fundamentada da violação à norma do art. 57 da Lei n. 8.666/93 (prazo do contrato).	0,00/0,50/1,00/1,50/2,00
Item 5 – Pedidos/Conclusão (0,20 para cada item): **1.** Citação de todos os réus para apresentação de defesa; **2.** Procedência do pedido para anular o contrato administrativo; **3.** Procedência do pedido para condenar os réus a ressarcir os danos causados ao erário; **4.** Produção genérica de provas; **5.** Condenação em honorários sucumbenciais.	0,00/0,20/0,40/0,60/ 0,80/1,00
Item 6 – Atribuição de valor à causa	0,00/0,25

7

Ação indenizatória por desapropriação indireta

A ação indenizatória por desapropriação indireta é uma ação de rito comum com a finalidade de reparar eventual dano praticado pelo Poder Público no caso de apossamento administrativo/desapropriação indireta.

A desapropriação deve seguir procedimentos formais, a incluir duas fases: declaratória (publicação de decreto a declarar ser de utilidade pública determinado bem pertencente a outrem) e executória (administrativa, quando há acordo entre as partes; ou judicial, quando não há acordo quanto ao preço).

Apesar do rito formal, por vezes o Poder Público realiza o apossamento administrativo. Ocupação da propriedade alheia sem cumprimento da formalidade. Quando isso ocorre e o Poder Público instala no local certa atividade pública, aquele bem não poderá ter sua devolução requerida e sua solução será apenas em perdas e danos.

7.1. Previsão legal

a) Constituição Federal – art. 37, § 6º:

> Art. 37. (...)
>
> § 6º As pessoas jurídicas de direito público e as de direito privado prestadoras de serviços públicos responderão pelos danos que seus agentes, nessa qualidade, causarem a terceiros, assegurado o direito de regresso contra o responsável nos casos de dolo ou culpa.

b) Decreto-lei n. 3.365/41 – arts. 15-A e 35.

c) Código Civil – arts. 944 a 954 (cálculo da indenização), naquilo que for compatível com o art. 37, § 6º, da Constituição Federal.

7.2. Cabimento

A ação indenizatória por desapropriação indireta pelo rito comum é utilizada para reparação quanto à perda da propriedade pelo fato administrativo da desapropriação indireta.

Quando o Poder Público incorpora bem alheio ao seu patrimônio sem cumprimento do devido procedimento formal de desapropriação (independentemente do tempo).

> **Atenção:** como regra, o enunciado apresentará situação em que o proprietário se ausenta do país e por longo tempo e ao retornar descobre que sua propriedade foi ocupada pelo Poder Público.

7.3. Legitimidade

7.3.1. *Legitimidade ativa*

Pode propor a ação indenizatória pelo rito comum o anterior proprietário que perdeu sua propriedade para o Poder Público sem a observância do procedimento formal.

7.3.2. *Legitimidade passiva*

O réu será a pessoa jurídica vinculada ao Poder Público que realizou o apossamento administrativo/desapropriação indireta.

7.4. Indenização

A indenização abordará não apenas o valor do imóvel, como também a aplicação de juros compensatórios.

Esses juros se justificam pelo uso antecipado da propriedade antes da regular transmissão ao patrimônio público, como se fosse uma espécie de aluguel pelo uso (expressão apenas para fins didáticos).

O percentual desses juros é indicado no art. 15-A do Decreto-lei n. 3.365/41.

Caso o Poder Público não pague a indenização no prazo judicial fixado, incidirão juros moratórios (art. 15-B do Decreto-lei n. 3.365/41).

7.5. Competência

A competência é definida pelas regras de processo civil. A ação será endereçada ao juízo de primeiro grau.

7.6. Prescrição

A ação de desapropriação por desapropriação indireta pode ser proposta em até 10 anos. A Súmula 119 do Superior Tribunal de Justiça apresenta prazo de 20 anos, mas foi editada na vigência do antigo Código Civil.

Recentemente, o Superior Tribunal de Justiça revistou o tema em julgamento de caso concreto. O Tribunal utilizou da mesma razão de decidir que orientou a formulação da súmula, usucapião extraordinária, a adequar o prazo para 10 anos, conforme o art. 1.238, parágrafo único, do Código Civil.

7.7. Pedidos

a) intimação do réu (ou dos réus) para audiência de conciliação ou mediação;

b) citação do réu (ou dos réus), na pessoa de seu representante legal;

c) procedência do pedido, para os fins de condenar ao pagamento da indenização (indicar dano material e juros);

d) condenação do réu (ou dos réus) em custas e honorários advocatícios.

7.8. Tese

Os fundamentos jurídicos para justificar o dever de indenização por desapropriação indireta podem ser abordados da seguinte forma:

a) violação ao princípio da legalidade;

b) ausência de processo formal para desapropriação (Decreto-lei n. 3.365/41);

c) ausência de indenização prévia, justa e em dinheiro;

d) caracterização da desapropriação indireta;

e) uma vez incorporado ao patrimônio público, o bem não pode ser reivindicado;

f) solução em indenização por perdas e danos;

g) juros compensatórios.

7.9. Modelo

Folha 1/3

EXCELENTÍSSIMO SENHOR DOUTOR JUIZ DE DIREITO DA ... VARA CÍVEL/FAZENDA PÚBLICA DA COMARCA DE ..., ESTADO ...

NOME DO AUTOR, nacionalidade ..., estado civil ..., profissão ..., inscrito no CPF sob o n. ..., residente e domiciliado na ..., endereço eletrônico ..., por meio de seu advogado, que esta subscreve (instrumento de mandato incluso), com escritório na ..., endereço eletrônico ..., vem respeitosamente à presença de Vossa Excelência, com fundamento no art. 35 do Decreto-lei n. 3.365/41 e no Código e Processo Civil, propor a presente

AÇÃO INDENIZATÓRIA POR DESAPROPRIAÇÃO INDIRETA

PELO RITO COMUM

em face de NOME DO RÉU, pessoa jurídica de direito ..., com endereço na ..., endereço eletrônico ..., pelos motivos de fato e de direito a seguir aduzidos:

I - DO CABIMENTO

1. Pertinência do objeto

Demonstrar que o objeto de reparação pode ser tratado na ação de rito comum.

2. Legitimidade

2.1. Demonstrar a legitimidade ativa

O autor sofreu a perda da propriedade pela conduta da ré.

2.2. Passiva

Folha 2/3

Demonstrar o vínculo da ré com o objeto da demanda.

II - DOS FATOS

Apresentar a síntese dos fatos apresentados no enunciado.

III - DO DIREITO

Apresentar as teses jurídicas aplicáveis ao caso.

O ideal é seguir a lógica argumentativa (premissa maior para premissa menor): primeiro - violação a princípios; segundo - fundamentos constitucionais; terceiro - fundamentos infraconstitucionais; quarto - fundamentos jurisprudenciais e doutrinários.

Em especial:

a) violação ao princípio da legalidade;

b) ausência de processo formal para desapropriação (Decreto-lei n. 3.365/41);

c) ausência de indenização prévia, justa e em dinheiro;

d) caracterização da desapropriação indireta;

e) uma vez incorporado ao patrimônio público, o bem não pode ser reivindicado;

f) solução em indenização por perdas e danos;

g) juros compensatórios.

IV – DOS PEDIDOS

Ante o exposto, requer:

a) a intimação dos réus para audiência de conciliação ou mediação;

b) a citação do réu (ou dos réus), na pessoa de seu representante legal;

c) a procedência do pedido, para os fins de (indicar o valor para o

Folha 3/3

dano material e juros compensatórios) ...;

d) a condenação do réu (ou dos réus) em custas e honorários advocatícios.

V – DAS PROVAS

Protesta provar o alegado por todos os meios de prova em direito admitidos, em especial a prova pericial, e outras que se fizerem necessárias ao esclarecimento do Douto Juízo.

VI – VALOR DA CAUSA

(Se o enunciado apresentar valores concretos para indenização, a somatória deles irá configurar o valor da causa.)

Dá-se à causa o valor de R$ ...

Termos em que
pede deferimento.

Local ..., data ...

Advogado ...

OAB ...

7.10. Exercício

(VI Exame de Ordem Unificado)

Francisco de Tal é proprietário de uma área de 2.000 m^2 situada bem ao lado da sede da Prefeitura do Município de Bugalhadas. Ao se aposentar, no ano de 2003, cansado da agitada vida da cidade de São Paulo, onde reside, Francisco resolveu viajar pelo mundo por ininterruptos três anos.

Ao retornar, Francisco descobre que o Município de Bugalhadas iniciou em 2004, sem sua autorização, obra em seu terreno para a construção de um prédio que servirá de apoio às atividades da Prefeitura. A obra já se encontra em fase bem adiantada, com inauguração prevista para o início do próximo mês. Francisco procura-o, na qualidade de advogado(a), para identificar e minutar a medida judicial que pode ser adotada para tutelar seus direitos. A medida judicial deve conter argumentação jurídica apropriada e desenvolvimento dos fundamentos legais do instituto jurídico contido no problema, abordando necessariamente: (i) competência do órgão julgador; (ii) a natureza da pretensão a ser deduzida por Francisco; (iii) a observância do prazo prescricional; e (iv) incidência de juros. (Valor: 5,0)

7.10.1. *Perguntas para identificação*

Quem é meu cliente? Francisco de Tal.

O que ele deseja? Reparação.

Inicial, defesa ou recurso? Inicial.

É urgente? Não.

7.10.2. *Dica de identificação*

Uma vez que o cliente é uma pessoa jurídica interessada na reparação de direito próprio pela perda da propriedade por desapropriação indireta, a ação adequada é a indenizatória por desapropriação indireta pelo rito comum.

7.10.3. *Elaborando o esqueleto da peça processual*

7.10.3.1. Endereçamento

A competência é aferida pela regra geral de processo civil. A petição deverá ser endereçada par ao juízo de primeiro grau.

Endereçamento: Excelentíssimo Senhor Doutor Juiz de Direito da ... Vara Cível ou da Fazenda Pública da Comarca de Bugalhadas, Estado ...

7.10.3.2. Partes

a) Autor – Francisco de Tal.

b) Réu – Município de Bugalhadas.

7.10.3.3. Cabimento

a) Pertinência do objeto:

Demonstrar que reparação de dano pode ser objeto de ação de rito comum.

b) Legitimidade:

Demonstrar que o autor sofreu o dano e por isso possui legitimidade para propor ação indenizatória.

Demonstrar que o réu é responsável pelo dano.

c) Tempestividade:

Ação proposta no prazo de até 10 anos (Súmula 119 do STJ, combinada com o art. 1.238, parágrafo único, do Código Civil).

7.10.3.4. Fatos

Transcrever a síntese do problema narrado no enunciado.

7.10.3.5. Direito

1. Apossamento sem a observância do devido processo legal previsto no Decreto-lei n. 3.365/41.
2. Caracterização da desapropriação indireta, com base em seus conceitos fundamentais.
3. Violação ao princípio da prévia e justa indenização em dinheiro, nos termos do art. 5º, XXIV, da CF.
4. Direito a indenização pela perda da propriedade, em razão do disposto no art. 35 do Decreto-lei n. 3.365/41.
5. Incidência de juros compensatórios e moratórios, nos termos do art. 15-A, § 3º, do Decreto-lei n. 3.365/41.

7.10.3.6. Pedidos

a) intimação do réu para audiência de conciliação ou mediação;

b) citação do réu, no endereço já indicado, para, querendo, contestar a presente ação e acompanhá-la até o final, nos termos da lei;

c) a procedência do pedido, para os fins de condenar o réu no pagamento (indicar o dano material e os juros compensatórios);

d) condenação do réu ao pagamento de custas processuais e honorários advocatícios.

7.10.3.7. Provas

Protesta provar o alegado por todos os meios de prova em direito admitidos, em especial a prova pericial e outras que se fizerem necessárias ao esclarecimento do Douto Juízo.

7.10.3.8. Valor da causa

R$ ...

7.10.3.9. Fechamento

a) Local e data.
b) Advogado e OAB.

7.11. Para marcar

7.11.1. *Artigos*

a) Constituição Federal – art. 37, § 6º;
b) Decreto-lei n. 3.365/41 – arts. 15-A e 35;
c) Código Civil – arts. 944 a 954.

8

Ação de desapropriação

A desapropriação ordinária deve seguir procedimentos formais, a incluir duas fases: declaratória (publicação de decreto a declarar ser de utilidade pública determinado bem pertencente a outrem) e executória (administrativa, quando há acordo entre as partes; ou judicial, quando não há acordo quanto ao preço).

Quando não há acordo administrativo, o Poder Público ajuizará ação de desapropriação para tão somente se discutir o valor da indenização. Não há discussão de mérito na ação de desapropriação.

8.1. Previsão legal

a) Constituição Federal – arts. 5º, XXIV, 182, § 4º, III, 184 e 243;
b) Decreto-lei n. 3.365/41;
c) Lei n. 4.132/62;
d) Lei n. 8.629/93;
e) LC 76/93.

8.2. Cabimento

A desapropriação é o procedimento pelo qual o Poder Público transfere para si propriedade de outrem, por razões de utilidade pública (por exemplo, a construção de escola, art. 5º do Decreto-lei n. 3.365/41), de necessidade pública (emergência) ou de interesse social (descumprimento da função social).

Em regra, qualquer bem suscetível de valoração patrimonial. Exceções: moeda corrente e direitos personalíssimos (honra, liberdade e cidadania).

Já caiu

- Poderá ser desapropriada área contígua ao bem de interesse imediato em virtude da possível valorização ou ampliação de uso – desapropriação por zona (art. 4º do Decreto-lei n. 3.365/41).
- A pequena e média propriedade rural e a propriedade produtiva não podem ser desapropriadas para fins de reforma agrária (art. 185 da Constituição Federal).

O requisito para a desapropriação é declaração de utilidade pública do bem (por decreto). Competência declaratória do Chefe do Poder Executivo do ente público.

A desapropriação é dividida em duas fases:

a) Fase declaratória: ato normativo que declara a utilidade pública ou interesse social do objeto. O decreto deverá conter: a descrição do bem, a finalidade da desapropriação e o fundamento legal (art. 6º do Decreto-lei n. 3.365/41). O decreto terá validade de 5 anos (art. 10 do Decreto-lei n. 3.365/41).

> **Atenção:** a partir da sua publicação, representantes do ente público poderão adentrar o bem.

b) Fase executória: via administrativa ou judicial.

Caso resulte infrutífera a conclusão da desapropriação pelo meio administrativo, será proposta a ação de desapropriação do bem já declarado por decreto.

> **Atenção:** a pequena e a média propriedade rural (sem que seu proprietário possua outra) e a propriedade produtiva não podem ser desapropriadas.

8.3. Legitimidade

8.3.1. *Legitimidade ativa*

Os entes públicos podem executar a desapropriação: União, Estados, Municípios e Distrito Federal, assim como as entidades da administração indireta.

> **Já caiu**
>
> Bens públicos podem ser desapropriados pelo ente mais amplo – a União pode desapropriar de Estados, Municípios e Distrito Federal; Estados podem desapropriar de Municípios (art. 2º, § 2º, do Decreto-lei n. 3.365/41).

As concessionárias de serviço público também podem executar desapropriações, desde que haja prévia autorização em contrato administrativo (art. 3º do Decreto-lei n. 3.365/41).

> **Atenção:** as concessionárias não possuem competência para editar decreto de desapropriação.

8.3.2. *Legitimidade passiva*

O réu será a pessoa proprietária da coisa.

8.4. Indenização

Com regra, a indenização será prévia e em dinheiro (art. 32 do Decreto-lei n. 3.365/41).

> Art. 32. O pagamento do preço será prévio e em dinheiro.
>
> § 1º As dívidas fiscais serão deduzidas dos valores depositados, quando inscritas e ajuizadas.
>
> § 2º Incluem-se na disposição prevista no § 1º as multas decorrentes de inadimplemento e de obrigações fiscais.
>
> § 3º A discussão acerca dos valores inscritos ou executados será realizada em ação própria.

Exceções:

a) reforma agrária (não cumprimento da função social da propriedade rural): pagamento em títulos da dívida agrária resgatáveis no prazo de até 20 anos;

b) fins urbanísticos (não cumprimento da função social da propriedade urbana): pagamento em títulos da dívida pública resgatáveis no prazo de até 10 anos;

c) confiscatória (propriedade utilizada para o cultivo de plantas psicotrópicas): não há indenização (art. 243 da Constituição Federal).

8.5. Competência

A competência é definida pelas regras de processo civil. A ação será endereçada ao juízo de primeiro grau.

8.6. Imissão prévia na posse

Em caso de urgência de interesse público, o juiz poderá autorizar a emissão prévia na posse, independentemente da citação do réu. Como requisito, exige-se o depósito prévio da quantia arbitrada (art. 15 do Decreto-lei n. 3.365/41).

A imissão prévia pode ser requerida em até 120 dias do ajuizamento da ação, e o requerimento não poderá ser renovado (art. 15, § 2º, do Decreto-lei n. 3.365/41).

O intervalo entre a imissão prévia e a sentença judicial será objeto de juros compensatórios (art. 15-A do Decreto-lei n. 3.365/41).

8.7. Pedidos

a) a imissão prévia na posse, conforme o art. 15 do Decreto-lei n. 3.365/41, para o que requer o depósito do valor de ...;

b) a intimação do réu (ou dos réus) para audiência de conciliação ou mediação;

c) a citação do réu (ou dos réus), na pessoa de seu representante legal;

d) a procedência do pedido, para os fins de fixar o valor da indenização em ... e expedir a ordem para transcrição no registro de imóveis;

e) a condenação do réu (ou dos réus) em custas e honorários advocatícios.

8.8. Tese

Os fundamentos jurídicos para justificar a desapropriação podem ser abordados da seguinte forma:

a) previsão constitucional quanto à possibilidade de desapropriação;

b) demonstração da declaração de utilidade/necessidade pública do bem válida;

c) demonstração que houve tentativa infrutífera de resolução administrativa;

d) demonstração do interesse de imissão prévia na posse;

e) demonstração da composição do valor da indenização.

8.9. Modelo

Folha 1/3

EXCELENTÍSSIMO SENHOR DOUTOR JUIZ DE DIREITO DA ··· VARA CÍVEL/FAZENDA PÚBLICA DA COMARCA DE ···, ESTADO ···

NOME DO AUTOR, pessoa jurídica de direito ···, com endereço na ···, endereço eletrônico ···, por meio de seu advogado, que esta subscreve (instrumento de mandato anexo), com escritório na ···, endereço eletrônico ···, vem respeitosamente à presença de Vossa Excelência, com fundamento no art. 5º, XXIV, da Constituição Federal, do Decreto-lei n. 3.365/41 e no Código e Processo Civil, propor a presente

AÇÃO DE DESAPROPRIAÇÃO

COM PEDIDO DE IMISSÃO PRÉVIA NA POSSE

em face de NOME DO RÉU, pessoa ···, nacionalidade ···, inscrita no CPF/CNPJ sob n. ···, residente e domiciliado na ···, com endereço eletrônico ···, pelos motivos de fato e de direito a seguir aduzidos:

I – DO CABIMENTO

1. Pertinência do objeto

Demonstrar a existência de decreto declaratório vigente para subsidiar a desapropriação.

2. Legitimidade

2.1. Demonstrar a legitimidade ativa

O autor tem interesse no bem.

2.2. Passiva

Folha 2/3

Demonstrar o vínculo do réu com o objeto da demanda.

II – DOS FATOS

Apresentar a síntese dos fatos apresentados no enunciado.

III – DO DIREITO

Apresentar as teses jurídicas aplicáveis ao caso.

O ideal é seguir a lógica argumentativa (premissa maior para premissa menor): primeiro – violação a princípios; segundo – fundamentos constitucionais; terceiro – fundamentos infraconstitucionais; quarto – fundamentos jurisprudenciais e doutrinários.

Em especial:

a) previsão constitucional quanto à possibilidade de desapropriação;

b) demonstração da declaração de utilidade/necessidade pública do bem válida;

c) demonstração que houve tentativa infrutífera de resolução administrativa;

d) demonstração do interesse de imissão prévia na posse;

e) demonstração da composição do valor da indenização.

IV – DA IMISSÃO PRÉVIA

Indicar o interesse na imissão prévia imediata e o depósito do valor arbitrado (art. 15 do Decreto-lei n. 3.365/41).

V – DOS PEDIDOS

Ante o exposto, requer:

Folha 3/3

a) a imissão prévia na posse, conforme o art. 15 do Decreto-lei n. 3.365/41, para o que requer o depósito do valor de ...;

b) a intimação do réu (ou dos réus) para audiência de conciliação ou mediação;

c) a citação do réu (ou dos réus), na pessoa de seu representante legal;

d) a procedência do pedido, para os fins de fixar o valor da indenização em ... e expedir a ordem para transcrição no registro de imóveis;

e) a condenação do réu (ou dos réus) em custas e honorários advocatícios.

V – DAS PROVAS

Protesta provar o alegado por todos os meios de prova em direito admitidos, em especial a prova pericial, a indicar ... como assistente técnico, e outras que se fizerem necessárias ao esclarecimento do Douto Juízo.

VI – DO VALOR DA CAUSA

(Se o enunciado apresentar valores concretos para indenização, a somatória deles irá configurar o valor da causa.)

Dá-se à causa o valor de R$ ...

Termos em que

pede deferimento.

Local ..., data ...

Advogado ...

OAB ...

8.10. Exercício

O Estado de Goiás pretende desapropriar uma parcela de uma fazenda localizada às margens da Rodovia GO-060, no Município de Goiânia, para ampliação das faixas de rolagem.

O Governador do Estado publica o devido decreto que declara o imóvel de interesse público, por utilidade pública.

O bem pertence à Paula, solteira, maior, servidora pública estadual, conforme a transcrição n. Y, do 1º Cartório de Registro de Imóveis da Capital.

O Estado de Goiás delegou a fase executória da desapropriação à Concessionária Alfa que contratou perito para emitir o laudo de avaliação. O preço estipulado foi de R$ 1.300,000.00. A concessionária ofereceu de modo administrativo esse valor à proprietária que o recusou.

Sem outra saída e verificado o interesse público, a Concessionária Alfa o procura para que identifique e minute a medida judicial cabível para a transmissão da propriedade ao patrimônio público do Estado de Goiás. Salienta a Concessionária o interesse no uso imediato da propriedade. (Valor: 5,0)

8.10.1. *Perguntas para identificação*

Quem é meu cliente? Concessionária Alfa.

O que ele deseja? Desapropriação.

Inicial, defesa ou recurso? Inicial.

É urgente? Não.

8.10.2. *Dica de identificação*

Uma vez que o cliente deseja a desapropriação do imóvel declarado de utilidade pública pelo Estado de Goiás, a ação apropriada é a ação de desapropriação.

8.10.3. *Elaborando o esqueleto da peça processual*

8.10.3.1. Endereçamento

A competência é aferida pela regra geral de processo civil. A petição deverá ser endereçada par ao juízo de primeiro grau.

Endereçamento: Excelentíssimo Senhor Doutor Juiz de Direito da ... Vara Cível ou da Fazenda Pública da Comarca de Goiânia, Estado de Goiás.

8.10.3.2. Partes

a) Autor – Concessionária Alfa.

b) Réu – Paula.

8.10.3.3. Cabimento

a) Pertinência do objeto:

Demonstrar a existência de decreto que declara o bem de utilidade pública a tornar possível a presente ação.

b) Legitimidade:

Demonstrar que o autor possui competência para promover a fase executória da desapropriação.

Demonstrar que o réu é o dono da coisa.

c) Tempestividade:

Ação proposta no prazo de até 5 anos da edição do decreto (art. 10 do Decreto-lei n. 3.365/41).

8.10.3.4. Fatos

Transcrever a síntese do problema narrado no enunciado

8.10.3.5. Direito

a) previsão constitucional quanto à possibilidade de desapropriação;
b) demonstração da declaração de utilidade/necessidade pública do bem válida;
c) demonstração de que houve tentativa infrutífera de resolução administrativa;
d) demonstração do interesse de imissão prévia na posse;
e) demonstração da composição do valor da indenização.

8.10.3.6. Pedidos

a) a imissão prévia na posse, conforme o art. 15 do Decreto-lei n. 3.365/41, para o que requer o depósito do valor de ...;
b) a intimação do réu (ou dos réus) para audiência de conciliação ou mediação;
c) a citação do réu (ou dos réus), na pessoa de seu representante legal;
d) a procedência do pedido, para os fins de fixar o valor da indenização em ... e expedir a ordem para transcrição no registro de imóveis;
e) a condenação do réu (ou dos réus) em custas e honorários advocatícios.

8.10.3.7. Provas

Protesta provar o alegado por todos os meios de prova em direito admitidos, em especial a prova pericial, a indicar o assistente técnico pericial, e outras que se fizerem necessárias ao esclarecimento do Douto Juízo.

8.10.3.8. Valor da causa

R$ ...

8.10.3.9. Fechamento

a) Local e data.
b) Advogado e OAB.

8.11. Para marcar

8.11.1. *Artigos*

a) Constituição Federal – art. 37, § 6º;
b) Decreto-lei n. 3.365/41 – arts. 2º, 3º, 5º, 6º, 10, 11, 13 e 15.

8.11.2. *Súmulas – Supremo Tribunal Federal*

Súmula 23: Verificados os pressupostos legais para o licenciamento da obra, não o impede a declaração de utilidade pública para desapropriação do imóvel, mas o valor da obra não se incluirá na indenização, quando a desapropriação for efetivada.

Súmula 111: É legítima a incidência do imposto de transmissão *inter vivos* sobre a restituição, ao antigo proprietário, de imóvel que deixou de servir à finalidade da sua desapropriação.

Súmula 157: É necessária prévia autorização do Presidente da República para desapropriação, pelos Estados, de empresa de energia elétrica.

Súmula 164: No processo de desapropriação, são devidos juros compensatórios desde a antecipada imissão de posse, ordenada pelo juiz, por motivo de urgência.

Súmula 218: É competente o Juízo da Fazenda Nacional da capital do Estado, e não o da situação da coisa, para a desapropriação promovida por empresa de energia elétrica, se a União Federal intervém como assistente.

Súmula 378: Na indenização por desapropriação incluem-se honorários do advogado do expropriado.

Súmula 416: Pela demora no pagamento do preço da desapropriação não cabe indenização complementar além dos juros.

Súmula 476: Desapropriadas as ações de uma sociedade, o Poder desapropriante, imitido na posse, pode exercer, desde logo, todos os direitos inerentes aos respectivos títulos.

Súmula 561: Em desapropriação, é devida a correção monetária até a data do efetivo pagamento da indenização, devendo proceder-se à atualização do cálculo, ainda que por mais de uma vez.

Súmula 617: A base de cálculo dos honorários de advogado em desapropriação é a diferença entre a oferta e a indenização, corrigidas ambas monetariamente.

Súmula 618: Na desapropriação, direta ou indireta, a taxa dos juros compensatórios é de 12% (doze por cento) ao ano.

Súmula 652: Não contraria a Constituição o art. 15, § 1º, do Decreto-lei n. 3.365/41 (Lei da Desapropriação por utilidade pública).

8.11.3. *Súmulas – Superior Tribunal de Justiça*

Súmula 12: Em desapropriação, são cumuláveis juros compensatórios e moratórios.

Súmula 67: Na desapropriação, cabe a atualização monetária, ainda que por mais de uma vez, independente do decurso de prazo superior a um ano entre o cálculo e o efetivo pagamento da indenização.

Súmula 69: Na desapropriação direta, os juros compensatórios são devidos desde a antecipada imissão na posse e, na desapropriação indireta, a partir da efetiva ocupação do imóvel.

Súmula 70: Os juros moratórios, na desapropriação direta ou indireta, contam-se desde o trânsito em julgado da sentença.

Súmula 113: Os juros compensatórios, na desapropriação direta, incidem a partir da imissão na posse, calculados sobre o valor da indenização, corrigido monetariamente.

Súmula 114: Os juros compensatórios, na desapropriação indireta, incidem a partir da ocupação, calculados sobre o valor da indenização, corrigido monetariamente.

Súmula 119: A ação de desapropriação indireta prescreve em vinte anos.

Súmula 131: Nas ações de desapropriação incluem-se no cálculo da verba advocatícia as parcelas relativas aos juros compensatórios e moratórios, devidamente corrigidas.

Súmula 141: Os honorários de advogado em desapropriação direta são calculados sobre a diferença entre a indenização e a oferta, corrigidas monetariamente.

Súmula 408: Nas ações de desapropriação, os juros compensatórios incidentes após a Medida Provisória n. 1.577, de 11-6-1997, devem ser fixados em 6% ao ano até 13-9-2001 e, a partir de então, em 12% ao ano, na forma da Súmula 618 do Supremo Tribunal Federal.

9

Mandado de injunção

O mandado de injunção é uma ação constitucional de natureza civil de rito especial com a finalidade de requerer ao Poder Judiciário que dê ciência ao Poder Legislativo quanto à ausência de norma regulamentadora que torne viável o gozo de determinado direito e apresente solução provisória.

O mandado de injunção pode ser de duas espécies: individual ou coletivo. No primeiro, o impetrante busca garantir o exercício de direito próprio. No segundo, o impetrante busca garantir o exercício de direito de terceiro.

9.1. Previsão legal

a) Constituição Federal – art. 5º, LXXI:

> Art. 5º (...)
>
> LXXI – conceder-se-á mandado de injunção sempre que a falta de norma regulamentadora torne inviável o exercício dos direitos e liberdades constitucionais e das prerrogativas inerentes à nacionalidade, à soberania e à cidadania.

b) Lei n. 13.300/2016.

9.2. Cabimento

O mandado de injunção é utilizado diante da ausência total ou parcial de norma regulamentadora que torne possível o gozo de direitos, liberdades constitucionais e prerrogativas inerentes à nacionalidade, à soberania e à cidadania (art. 2º da Lei n. 13.300/2016).

Por exemplo, seu cliente é um estrangeiro com autorização para residência e trabalho no Brasil e deseja fazer concurso público. A Constituição Federal prevê a possibilidade no art. 37, I, mas indica a necessidade de lei para definir a forma de participação. No âmbito federal há lei que regulamenta esse direito apenas parcialmente, ingresso em universidades como professor/pesquisador. A ausência de norma que regulamente a participação de estrangeiro em outros concursos impede o gozo de direito previsto na Constituição. Trata-se de omissão legislativa que pode ser combatida com mandado de injunção.

Podemos falar em dois objetos para o mandado de injunção:

- ausência total de norma regulamentadora;
- ausência parcial de norma regulamentadora.

9.3. Legitimidade

9.3.1. *Legitimidade ativa*

Podem impetrar mandado de injunção individual as pessoas físicas ou jurídicas titulares dos direitos, liberdades e prerrogativas que necessitam de regulamentação (art. 3º da Lei n. 13.300/2016).

O mandado de injunção coletivo pode ser impetrado por (art. 12 da Lei n. 13.300/2016):

a) Ministério Público – quando a tutela requerida for especialmente relevante para a defesa da ordem jurídica, do regime democrático ou dos interesses sociais ou individuais indisponíveis.

b) Partido político com representação no Congresso Nacional (ao menos um representante em alguma das duas Casas no momento da impetração), para assegurar o exercício de direitos, liberdades e prerrogativas de seus integrantes ou relacionados com a finalidade partidária.

c) Organização sindical, entidade de classe ou associação legalmente constituída e em funcionamento há pelo menos um ano, para assegurar o exercício de direitos, liberdades e prerrogativas em favor da totalidade ou de parte de seus membros ou associados, **na forma de seus estatutos** e desde que **pertinentes a suas finalidades**, dispensada, para tanto, autorização especial.

d) Defensoria Pública, quando a tutela requerida for especialmente relevante para a promoção dos direitos humanos e a defesa dos direitos individuais e coletivos dos necessitados.

9.3.2. *Legitimidade passiva*

O mandado de injunção pode ser impetrado contra o Poder, o órgão ou a autoridade com atribuição para editar a norma regulamentadora (art. 3º da Lei n. 13.300/2016).

> **Atenção:** a petição inicial do mandado de injunção indicará, além do órgão/autoridade impetrado, a pessoa jurídica à qual ele esteja vinculado (art. 4º da Lei n. 13.300/2016).

9.4. Efeitos da decisão

Quando reconhecida a ausência da norma regulamentadora (mora legislativa), a decisão judicial será no sentido de (art. 8º da Lei n. 13.300/2016):

a) determinar prazo razoável para que o impetrado promova a edição da norma regulamentadora;

b) estabelecer as condições em que se dará o exercício dos direitos, das liberdades ou das prerrogativas reclamados, caso não seja suprida a mora legislativa.

Houve evolução da jurisprudência do Supremo Tribunal Federal. Em tempos anteriores, com fundamento no princípio da autocontenção do Poder Judiciário, o STF apenas cientificava o Congresso Nacional quanto à mora legislativa. Em virtude da permanência das coisas, o STF passou a adotar a teoria concretista, segundo a qual se aplica uma solução provisória até a edição da norma. A nova norma possuirá efeitos *ex nunc* para não gerar insegurança jurídica aos atos praticados durante a produção de efeitos da decisão judicial, salvo se a nova norma for mais benéfica (art. 11 da Lei n. 13.300/2016).

O exercício do direito de greve dos servidores públicos seguiu essa evolução jurisprudencial. Atualmente se mantém ausente norma que regulamente o art. 37, VII, da Constituição Federal. Até que surja a norma, os servidores públicos poderão exercer o direito de greve com fundamento na lei dos empregados privados. O mesmo ocorreu com a aposentadoria especial dos servidores públicos (Súmula Vinculante 33).

Como regra, **a decisão terá eficácia subjetiva limitada às partes** e produzirá efeitos até o advento da norma regulamentadora (art. 9º da Lei n. 13.300/2016).

Excepcionalmente, poderá ser conferida eficácia ***ultra partes*** ou ***erga omnes*** à decisão, quando isso for inerente ou indispensável ao exercício do direito, da liberdade ou da prerrogativa objeto da impetração (art. 9º, § 1º, da Lei n. 13.300/2016).

9.5. Competência

A competência é definida pelo legitimado passivo e será descoberta pela análise dos seguintes itens:

a) categoria da autoridade/órgão/Poder – competência originária de Tribunal (foro por prerrogativa de função);

b) sede funcional – as demais autoridades/órgãos que não possuem foro por prerrogativa de função para mandado de injunção serão julgadas em primeiro grau.

Órgão competente	Legitimado passivo
Supremo Tribunal Federal (art. 102, I, *q* e *r*, da Constituição Federal)	• Presidente da República; • Congresso Nacional; • Câmara dos Deputados; • Senado Federal; • Tribunal de Contas da União; • Tribunais Superiores; • Supremo Tribunal Federal; • Conselho Nacional de Justiça; • Conselho Nacional do Ministério Público.

Superior Tribunal de Justiça (art. 105, I, *h*, da Constituição Federal)	• órgão federal; • entidade federal; • autoridade federal. Obs.: excetuados os casos de competência do Supremo Tribunal Federal e dos órgãos da Justiça Militar, da Justiça Eleitoral, da Justiça do Trabalho e da Justiça Federal.
Tribunal de Justiça	• Governador; • Assembleia Legislativa.
Primeira instância da justiça estadual	• Demais legitimados passivos.

9.6. Pedidos

a) Notificação do impetrado para que preste informações no prazo de 10 dias (art. 5º, I, da Lei n. 13.300/2016).

b) Ciência do feito ao órgão de representação judicial da pessoa jurídica interessada (art. 5º, II, da Lei n. 13.300/2016).

c) Intimação do Ministério Público para manifestação (art. 7º da Lei n. 13.300/2016).

d) Pedido final (art. 8º da Lei n. 13.300/2016):

- determinar prazo razoável para que o impetrado promova a edição da norma regulamentadora;
- estabelecer as condições em que se dará o exercício dos direitos, das liberdades ou das prerrogativas reclamados.

e) Condenação nas custas processuais.

f) Juntada das provas pré-constituídas.

9.7. Principais teses

9.7.1. *Ausência de norma que regulamente adicional noturno de servidores estaduais*

Indicar que o direito ao benefício de adicional noturno é concedido aos servidores públicos que exercem atividade laboral noturna e é garantido em razão da previsão contida no art. 7º, IX, e/ou no art. 39, § 3º, da Constituição Federal.

9.7.2. *Ausência de norma que regulamente o acesso a cargos públicos por estrangeiros*

Indicar que o direito de acesso a cargo público por estrangeiros está previsto no art. 37, I, da Constituição Federal.

9.7.3. *Ausência de norma que regulamente adicional por atividade penosa de servidores públicos*

Indicar que o direito ao benefício de adicional por atividade penosa é garantido em razão da previsão contida no art. 7º, XXIII, e/ou no art. 39, § 3º, da Constituição Federal.

9.8. Modelo de petição inicial de mandado de injunção individual

Folha I/3

EXCELENTÍSSIMO SENHOR MINISTRO PRESIDENTE DO COLENDO SUPREMO TRIBUNAL FEDERAL (quando se tratar de competência do STF)

NOME DO IMPETRANTE, nacionalidade ..., estado civil ..., profissão ..., inscrito no CPF sob o n. ..., residente e domiciliado na ..., endereço eletrônico ..., por meio de seu advogado, que esta subscreve (instrumento de mandato incluso), com escritório na ..., endereço eletrônico ..., vem respeitosamente à presença de Vossa Excelência, com fundamento no art. 5º, LXXI, da Constituição Federal e na Lei n. 13.300/2016, impetrar o presente

MANDADO DE INJUNÇÃO

contra ato de NOME DO IMPETRADO vinculado à NOME DA PESSOA JURÍDICA, pessoa jurídica de direito ..., com endereço na ..., endereço eletrônico ..., pelos motivos de fato e de direito a seguir aduzidos:

I – DO CABIMENTO

1. Pertinência do objeto

Demonstrar que a ausência parcial ou total de norma regulamentadora é objeto de mandado de injunção.

2. Legitimidade

2.1. Demonstrar a legitimidade ativa

O impetrante tem o gozo de direito tolhido pela ausência de norma regulamentadora.

Folha 2/3

2.2. Demonstrar a legitimidade passiva

O impetrado possui a competência para edição da norma ou sua propositura.

II – DOS FATOS

Apresentar a síntese dos fatos apresentados no enunciado.

III – DO DIREITO

Apresentar as teses jurídicas aplicáveis ao caso.

Justificar qual direito imprescinde de regulamentação para que o impetrante possa gozá-lo.

IV – DOS PEDIDOS

Ante o exposto, requer:

a) A notificação do impetrado para que preste informações no prazo de 10 dias (art. 5º, I, da Lei n. 13.300/2016).

b) A ciência do feito ao órgão de representação judicial da pessoa jurídica interessada (art. 5º, II, da Lei n. 13.300/2016).

c) A intimação do Ministério Público para manifestação (art. 7º da Lei n. 13.300/2016).

d) O pedido final (art. 8º da Lei n. 13.300/2016):

• determinar prazo razoável para que o impetrado promova a edição da norma regulamentadora;

• estabelecer as condições em que se dará a concessão do adicional reclamado.

e) A condenação nas custas processuais.

f) A juntada das provas pré-constituídas.

Folha 3/3

IV - VALOR DA CAUSA

Dá-se à causa o valor de R$ ...

Termos em que
pede deferimento.

Local ..., data ...

Advogado ...
OAB ...

9.9. Modelo de petição inicial de mandado de injunção coletivo

Folha 1/3

EXCELENTÍSSIMO SENHOR MINISTRO PRESIDENTE DO COLENDO SUPREMO TRIBUNAL FEDERAL (quando se tratar de competência do STF)

NOME DO IMPETRANTE, pessoa jurídica de direito ..., com endereço na ..., inscrito no CNPJ sob o n. ..., endereço eletrônico ..., por meio de seu advogado, que esta subscreve (instrumento de mandato incluso), com escritório na ..., endereço eletrônico ..., vem respeitosamente à presença de Vossa Excelência, com fundamento no art. 5º, LXXI, da Constituição Federal e na Lei n. 13.300/2016, impetrar o presente

MANDADO DE INJUNÇÃO COLETIVO

contra ato de NOME DO IMPETRADO, vinculado à NOME DA PESSOA JURÍDICA, pessoa jurídica de direito ..., com endereço na ..., endereço eletrônico ..., pelos motivos de fato e de direito a seguir aduzidos:

I – DO CABIMENTO

1. Pertinência do objeto

Demonstrar que a ausência parcial ou total de norma regulamentadora é objeto de Mandado de Injunção Coletivo.

2. Legitimidade

2.1. Demonstrar a legitimidade ativa

Demonstrar que o impetrante está previsto no art. 12 da Lei n. 13.300/2016 e há a pertinência, conforme a seguir.

2.1.1. Ministério Público

Quando a tutela requerida for especialmente relevante para a defesa

Folha 2/3

da ordem jurídica, do regime democrático ou dos interesses sociais ou individuais indisponíveis.

2.1.2. Partido político

Para assegurar o exercício de direitos, liberdades e prerrogativas de seus integrantes ou relacionados com a finalidade partidária.

O partido político deve possuir representação no Congresso Nacional (ao menos um representante em alguma das duas Casas no momento da impetração).

2.1.3. Organização sindical, entidade de classe ou associação

Para assegurar o exercício de direitos, liberdades e prerrogativas em favor da totalidade ou de parte de seus membros ou associados, na forma de seus estatutos e desde que pertinentes a suas finalidades, dispensada, para tanto, autorização especial.

No caso da associação também deve demonstrar que está legalmente constituída e em funcionamento há pelo menos um ano.

2.1.4. Defensoria Pública

Quando a tutela requerida for especialmente relevante para a promoção dos direitos humanos e a defesa dos direitos individuais e coletivos dos necessitados.

2.2. Demonstrar a legitimidade passiva

O impetrado possui a competência para edição da norma ou sua propositura.

II – DOS FATOS

Apresentar a síntese dos fatos apresentados no enunciado.

III – DO DIREITO

Apresentar as teses jurídicas aplicáveis ao caso.

Justificar qual o direito imprescindível de regulamentação para que o

Folha 3/3

impetrante possa gozá-lo.

IV – DOS PEDIDOS

Ante o exposto, requer:

a) A notificação do impetrado para que preste informações no prazo de 10 dias (art. 5º, I, da Lei n. 13.300/2016).

b) A ciência do feito ao órgão de representação judicial da pessoa jurídica interessada (art. 5º, II, da Lei n. 13.300/2016).

c) A intimação do Ministério Público para manifestação (art. 7º da Lei n. 13.300/2016).

d) O pedido final (art. 8º da Lei n. 13.300/2016):

• determinar prazo razoável para que o impetrado promova a edição da norma regulamentadora;

• estabelecer as condições em que se dará a concessão do adicional reclamado.

e) A condenação nas custas processuais.

f) A juntada das provas pré-constituídas.

V – VALOR DA CAUSA

Dá-se à causa o valor de R$ ...

Termos em que
pede deferimento.

Local ..., data ...

Advogado ...
OAB ...

9.10. Exercício

Joana Augusta atua como auditora da Receita do quadro do Ministério da Economia em região de fronteira com outros países. Em razão da localização, suas atividades podem ser consideradas penosas.

Em conversa com um colega, Joana obteve a informação de que, em razão das atividades que ela desempenhava, poderia requerer adicional de penosidade previsto no art. 7º, XXIII, da Constituição Federal, combinado com o art. 61, IV, da Lei n. 8.112/90.

A auditora, então, requereu administrativamente o adicional, invocando como fundamento de seu direito os referidos dispositivos normativos.

Joana recebeu notificação de que seu pedido havia sido indeferido, tendo a administração pública justificado o indeferimento com base na ausência de norma que regulamente os requisitos para a concessão, conforme art. 70 da Lei n. 8.112/90.

Inconformada, Joana o procura para que, na qualidade de advogado(a), proponha a medida judicial cabível, objetivando ingressar com ação para obter adicional de penosidade. (Valor: 5,00)

> **Observação:** a peça deve abranger todos os fundamentos de Direito que possam ser utilizados para dar respaldo à pretensão. A simples menção ou transcrição do dispositivo legal não confere pontuação.

9.10.1. *Perguntas para identificação*

Quem é meu cliente? Joana Augusta.

O que ele deseja? Concessão do adicional de penosidade a partir da supressão da mora legislativa.

Inicial, defesa ou recurso? Inicial.

9.10.2. *Dica de identificação*

Uma vez que a cliente é uma pessoa física, interessada na concessão, mas que depende de regulamentação, a ação adequada é o mandado de injunção.

Não seria possível a utilização da ação direta de inconstitucionalidade por omissão, entre outros fatores, por ilegitimidade ativa.

9.10.3. *Elaborando o esqueleto da peça processual*

9.10.3.1. Endereçamento

A competência do mandado de injunção se estabelece em razão da autoridade com competência para iniciar o processo legislativo.

O primeiro ponto para se descobrir o correto endereçamento é questionar se a autoridade possui foro por prerrogativa de função. Nesse caso, o Presidente da República possui.

Endereçamento: Excelentíssimo Senhor Ministro Presidente do Colendo Supremo Tribunal Federal

9.10.3.2. Partes

a) Impetrante – Joana Augusta.

b) Impetrado – Presidente da República vinculado à União.

9.10.3.3. Cabimento

a) Pertinência do objeto:

Demonstrar que a ausência de norma regulamentadora impede o gozo do direito de concessão do adicional de penosidade.

b) Legitimidade:

Demonstrar que a impetrante não pode receber o adicional por ausência de norma regulamentadora e que o impetrado não deu início ao processo legislativo com a apresentação do projeto de lei de sua competência.

9.10.3.4. Fatos

Transcrever a síntese do problema narrado no enunciado.

9.10.3.5. Direito

Indicar que o direito ao benefício de adicional por atividade penosa é garantido em razão da previsão contida no art. 7º, XXIII, e/ou no art. 39, § 3º, da Constituição Federal.

9.10.3.6. Pedidos

a) A notificação do impetrado para que preste informações no prazo de 10 dias (art. 5º, I, da Lei n. 13.300/2016).

b) A ciência do feito ao órgão de representação judicial da União (art. 5º, II, da Lei n. 13.300/2016).

c) A intimação do Ministério Público para manifestação (art. 7º da Lei n. 13.300/2016).

d) O pedido final (art. 8º da Lei n. 13.300/2016):

- determinar prazo razoável para que o impetrado promova a edição da norma regulamentadora;
- estabelecer as condições em que se dará o exercício dos direitos, das liberdades ou das prerrogativas reclamados.

e) Condenação nas custas processuais.

f) Juntada das provas pré-constituídas.

9.10.3.7. Valor da causa

R$ ...

9.10.3.8. Fechamento

a) Local e data.
b) Advogado e OAB.

9.11. Para marcar

9.11.1. *Artigos*

a) Constituição Federal – art. 5º, LXXI;
b) Lei n. 13.300/2016 – art. 2º, art. 3º, art. 4º, art. 5º, art. 7º, art. 8º, art. 12.

9.11.2. *Súmulas*

Súmula Vinculante 33: Aplicam-se ao servidor público, no que couber, as regras do regime geral da previdência social sobre aposentadoria especial de que trata o art. 40, § 4º, III, da Constituição Federal, até a edição de lei complementar específica.

10

Habeas data

Habeas data é uma ação constitucional de rito especial para acesso, retificação ou anotação de dados pessoais constantes de registros em bancos de dados públicos.

10.1. Previsão legal

a) Constituição Federal – art. 5º, LXXII:

> Art. 5º (...)
>
> LXXII – Conceder-se-á *habeas data:*
>
> a) para assegurar o conhecimento de informações relativas à pessoa do impetrante, constantes de registros ou bancos de dados de entidades governamentais ou de caráter público;
>
> b) para a retificação de dados, quando não se prefira fazê-lo por processo sigiloso, judicial ou administrativo.

b) Lei n. 9.507/97.

10.2. Cabimento

O *habeas data* pode ser utilizado em 3 situações distintas:

a) para assegurar o conhecimento de informações relativas à pessoa do impetrante, constantes de registro ou banco de dados de entidades governamentais ou de caráter público;
b) para a retificação de dados, quando não se prefira fazê-lo por processo sigiloso, judicial ou administrativo;
c) para a anotação nos assentamentos do interessado, de contestação ou explicação sobre dado verdadeiro mas justificável e que esteja sob pendência judicial ou amigável.

Em síntese: para acesso, retificação ou anotação.

O banco de dados pode ser gerido pelo Poder Público ou por particulares como SERASA ou SPC (proteção ao crédito).

Atenção: o *habeas data* não admite a produção de provas em seu curso, como a realização de perícias ou oitivas de testemunha.

10.2.1. *Não cabimento*

O *habeas data* **não é o instrumento adequado** para:

a) obter certidões – pois certidão não é a informação em si, apenas certifica a existência de informação constante em algum banco de dados;

b) informações de terceiros – pois o *habeas data*, como regra, só pode ser utilizado para informações da pessoa do impetrante;

c) informações sigilosas por questão de segurança da sociedade e do Estado (art. 5º, XXXIII, da Constituição Federal e nos arts. 23 a 27 da Lei n. 12.527/2011).

10.2.2. *Requisitos fundamentais*

A petição inicial do *habeas data* deve preencher dois requisitos fundamentais:

a) caráter personalíssimo da informação – relativa à pessoa do impetrante;

b) prova da recusa (completa ou parcial, expressa ou tácita por decurso de prazo) do órgão ou da entidade depositária a pedido administrativo (art. 8º, parágrafo único, da Lei n. 9.507/97).

A recusa tácita se configurará:

- do decurso de mais de 10 dias sem decisão do pedido de acesso às informações;
- do decurso de mais de 15 dias sem decisão do pedido de retificação;
- do decurso de mais de 15 dias sem decisão do pedido de anotação.

Pela interpretação dos requisitos, chegamos à conclusão de que uma das características do HD é ser repressivo.

10.3. Legitimidade

10.3.1. *Legitimidade ativa*

Pode impetrar *habeas data* qualquer pessoa física ou jurídica, desde que o acesso ou a retificação se refiram a dados personalíssimos.

> **Atenção:** a jurisprudência admitiu a impetração de *habeas data* por sucessores quando o detentor da informação faleceu por atos da ditadura.

10.3.2. *Legitimidade passiva*

Por ser uma ação constitucional com natureza semelhante à do mandado de segurança, sugerimos a construção do polo passivo à maneira daquela ação, ou seja, indicar a autoridade coatora (que negou o acesso, retificação ou anotação) e a pessoa jurídica a que ela está vinculada (por exemplo, União, Estado, Município).

10.4. Liminar

A ação do *habeas data* possui procedimento e prazos céleres. Por essa razão, a Lei n. 9.507/97 não indica a possibilidade de liminar.

No entanto, a jurisprudência já admitiu e utilizou como fundamentos aqueles do mandado de segurança (art. 7º, III, da Lei n. 12.016/2009):

a) fundamento relevante – na petição inicial deve-se fazer uma síntese dos fundamentos jurídicos apresentados;
b) risco de ineficácia do provimento, caso não deferida a liminar – como regra, o enunciado do exercício indicará o perigo; se ausente, construa como uma consequência lógica do problema, sempre tendo cuidado para não criar fato novo, que poderia ensejar a identificação do candidato em prova.

10.5. Competência

A competência é definida pela autoridade coatora e será descoberta pela análise dos seguintes itens (art. 20 da Lei n. 9.507/97):

a) categoria da autoridade coatora – competência originária de Tribunal (foro por prerrogativa de função);
b) sede funcional – as demais autoridades que não possuem foro por prerrogativa de função para *habeas data* serão julgadas em primeiro grau. Se a autoridade estiver vinculada a Estados, Municípios ou ao Distrito Federal, a competência será da justiça estadual ou do Distrito Federal e Territórios; se a autoridade for federal, a competência será da justiça federal.

Órgão competente	Autoridade coatora
Supremo Tribunal Federal (art. 102, I, *d* e *r*, da CF)	• Presidente da República; • Mesa da Câmara dos Deputados; • Mesa do Senado Federal; • Tribunal de Contas da União; • Procurador-Geral da República; • Supremo Tribunal Federal; • Conselho Nacional de Justiça; • Conselho Nacional do Ministério Público.
Superior Tribunal de Justiça (art. 105, I, *b*, da CF)	• Ministro de Estado; • Comandantes da Marinha, do Exército e da Aeronáutica; • Superior Tribunal de Justiça.
Tribunal de Justiça	• Governador.
Primeira instância da justiça estadual ou federal	• Demais autoridades públicas ou a elas equiparadas.

10.6. Pedidos

a) a notificação do coator para apresentar informações no prazo de 10 dias (art. 9º da Lei n. 9.507/97);
b) a ciência do feito ao órgão de representação judicial da pessoa jurídica interessada;

c) a intimação do Ministério Público para manifestação (art. 12 da Lei n. 9.507/97);

d) a procedência do pedido a marcar data e horário para que o coator apresente ao impetrante as informações a seu respeito, constantes de registros ou bancos de dados; ou que apresente em juízo a prova da retificação ou da anotação feita nos assentamentos do impetrante (art. 13 da Lei n. 9.507/97);

e) a juntada das provas pré-constituídas (prova da recusa).

> **Atenção:** o *habeas data* é gratuito (art. 5º, LXXII, da CF) e não admite condenação em honorários sucumbenciais (analogia com o mandado de segurança – Súmula 512 do STF).

10.7. Recursos contra a decisão que veda o acesso, retificação ou anotação

O *habeas data* poderá ser impetrado perante juízo de primeira instância ou Tribunal, e a decisão que vedar o acesso, retificação ou anotação poderá ser combatida por recurso específico:

a) Juízo de primeira instância (**sentença**) – apelação (art. 20, II, da Lei n. 9.507/97).

b) **Acórdão** de Tribunal com competência originária – recurso ordinário (art. 20, II, da Lei n. 9.507/97).

10.8. Principais teses

10.8.1. *Direito de acesso a informação pessoal negado por suposto sigilo*

a) indicar violação ao princípio da publicidade, conforme o art. 37, *caput*, da Constituição Federal;

b) indicar violação ao princípio da legalidade, conforme o art. 37, *caput*, da Constituição Federal;

c) indicar o direito de acesso à informação, conforme o art. 5º, XXXIII, da Constituição Federal;

d) indicar que para o caso concreto não poderia haver sigilo, conforme os arts. 23 a 28 da Lei n. 12.527/2011.

10.9. Modelo

Folha 1/3

01	EXCELENTÍSSIMO SENHOR DOUTOR JUIZ DE DIREITO DA ··· VARA
02	CÍVEL/FAZENDA PÚBLICA DA COMARCA DE ···, ESTADO ···
03	
04	

NOME DO IMPETRANTE, nacionalidade ..., estado civil ..., profissão ..., inscrito no CPF sob o n. ..., residente e domiciliado na ..., endereço eletrônico ..., por meio de seu advogado, que esta subscreve (instrumento de mandato incluso), com escritório na ..., endereço eletrônico ..., vem respeitosamente à presença de Vossa Excelência, com fundamento no art. 5º, LXXII, da Constituição Federal e na Lei n. 9.507/97, impetrar o presente

"HABEAS DATA"

contra ato de NOME DO IMPETRADO vinculado à NOME DA PESSOA JURÍDICA, pessoa jurídica de direito ..., com endereço na ..., endereço eletrônico ..., pelos motivos de fato e de direito a seguir aduzidos:

I – DO CABIMENTO

1. Pertinência do objeto

Demonstrar que o objeto (violação ao acesso, à retificação ou à anotação) pode ser tratado em "habeas data", conforme o art. 5º, LXXII, da Constituição Federal e/ou o art. 7º da Lei n. 9.507/97.

2. Informação personalíssima

Demonstrar se tratar de informação da pessoa do impetrante (art. 7º da Lei n. 9.507/97).

Folha 2/3

3. Recusa administrativa

Demonstrar que houve pedido administrativo e que ele foi negado (art. 8º, parágrafo único, da Lei n. 9.507/97).

4. Legitimidade

4.1. Legitimidade ativa

Demonstrar a legitimidade da impetrante – a informação deve ser a seu respeito (art. 7º da Lei n. 9.507/97).

4.2. Legitimidade passiva

Demonstrar que o impetrado é o responsável pela negativa expressa ou tácita.

II – DOS FATOS

Apresentar a síntese dos fatos apresentados no enunciado.

III – DO DIREITO

Apresentar as teses jurídicas aplicáveis ao caso.

O ideal é seguir a lógica argumentativa (premissa maior para premissa menor): primeiro – violação a princípios; segundo – fundamentos constitucionais; terceiro – fundamentos infraconstitucionais (em especial a Lei n. 12.527/2011); quarto – fundamentos jurisprudenciais e doutrinários.

IV – DOS PEDIDOS

Ante o exposto, requer:

a) a notificação do coator para apresentar informações no prazo de 10 dias (art. 9º da Lei n. 9.507/97);

b) a ciência do feito ao órgão de representação judicial da pessoa jurídica interessada;

Folha 3/3

c) a intimação do Ministério Público para manifestação (art. 12 da Lei n. 9.507/97);

d) a procedência do pedido a marcar data e horário para que o coator apresente ao impetrante as informações a seu respeito, constantes de registros ou bancos de dados; ou apresente em juízo a prova da retificação ou da anotação feita nos assentamentos do impetrante (art. 13 da Lei n. 9.507/97);

e) a juntada das provas pré-constituídas (prova da recusa).

V – VALOR DA CAUSA

Dá-se à causa o valor de R$ ...

Por fim, informa que a petição inicial é apresentada em 2 vias, com os devidos documentos.

Termos em que

pede deferimento.

Local ..., data ...

Advogado ...

OAB ...

10.10. Exercício

Pedro Gonçalves é ex-servidor do Ministério da Justiça. Em julho de 2018 solicitou sua exoneração do cargo público em virtude de proposta irrecusável de um escritório de advocacia.

Para fins de registro em seu novo trabalho, Pedro requereu ao Ministério da Justiça que fossem prestadas as informações sobre sua movimentação, enquanto servidor.

Após 15 dias de interposto o requerimento, o Ministério da Justiça, por meio de despacho de servidor competente, nega acesso aos documentos por estes estarem classificados como informação reservada, embora não haja ato classificador.

Não resignado, Pedro interpôs recurso administrativo, dirigido ao Ministro da Justiça, que foi indeferido por este, reiterando os fundamentos da decisão anterior e a encerrar o trâmite administrativo.

Decorridos dois meses da decisão do Ministro, Pedro Gonçalves procura você, na qualidade de advogado(a), para identificar e minutar a medida judicial, em tese mais célere, que pode ser adotada para tutelar seus direitos.

Redija a peça judicial cabível, que deve conter argumentação jurídica apropriada e desenvolvimento dos fundamentos legais da matéria versada no problema. Não há necessidade de dilação probatória. (Valor: 5,00)

> **Observação:** a peça deve abranger todos os fundamentos de Direito que possam ser utilizados para dar respaldo à pretensão. A simples menção ou transcrição do dispositivo legal não confere pontuação.

10.10.1. *Perguntas para identificação*

Quem é meu cliente? Pedro Gonçalves.

O que ele deseja? Acessar informações relativas a sua pessoa.

Inicial, defesa ou recurso? Inicial.

É urgente? Não.

10.10.2. *Dica de identificação*

Uma vez que o cliente teve negado acesso à informação pessoal, há a configuração de violação a direito subjetivo líquido e certo.

Essa constatação nos leva a pensar em 3 ações possíveis: ação de rito comum, mandado de segurança e *habeas data*.

A primeira será dispensada, porque o mandado de segurança e o *habeas data* possuem rito, em tese, mais célere (na ausência de dilação probatória).

A segunda só poderia ser utilizada se não cabível *habeas corpus* e *habeas data* (utilização subsidiária). Como é possível o *habeas data*, não se pode utilizar o mandado de segurança.

A terceira é a mais adequada, pois se trata de acesso à informação relativa à pessoa do impetrante e houve recusa administrativa.

10.10.3. *Elaborando o esqueleto da peça processual*

10.10.3.1. Endereçamento

A competência do mandado de segurança se estabelece em razão da autoridade coatora, no caso, o Ministro da Justiça.

O primeiro ponto para se descobrir o correto endereçamento é questionar se a autoridade possui foro por prerrogativa de função. Possui, conforme o art. 20, I, *b*, da Lei n. 9.507/97 e o art. 105, I, *b*, da Constituição Federal.

Endereçamento: Excelentíssimo Senhor Ministro Presidente do Colendo Superior Tribunal de Justiça

10.10.3.2. Partes

a) Impetrante – Pedro Gonçalves.
b) Impetrado – Ministro da Justiça vinculado à União.

10.10.3.3. Cabimento

a) Pertinência do objeto:

   Demonstrar que a violação ao acesso à informação pessoal pode ser tratada em *habeas data*, conforme o art. 5º, LXXII, da Constituição Federal e/ou o art. 7º da Lei n. 9.507/97.

b) Informação personalíssima:

   Demonstrar se tratar de informação da pessoa do impetrante (art. 7º da Lei n. 9.507/97).

c) Recusa administrativa:

   Demonstrar que houve pedido administrativo e que ele foi negado (art. 8º, parágrafo único, da Lei n. 9.507/97).

d) Legitimidade:

d.1) Legitimidade ativa

Demonstrar a legitimidade da impetrante – a informação deve ser a seu respeito (art. 7º da Lei n. 9.507/97).

d.2) Legitimidade passiva

Demonstrar que o impetrado é o responsável pela negativa expressa ou tácita.

10.10.3.4. Fatos

Transcrever a síntese do problema narrado no enunciado.

10.10.3.5. Direito

a) indicar violação ao princípio da publicidade, conforme o art. 37, *caput*, da Constituição Federal;
b) indicar violação ao princípio da legalidade, conforme o art. 37, *caput*, da Constituição Federal;
c) indicar o direito de acesso à informação, conforme o art. 5º, XXXIII, da Constituição Federal;
d) indicar que para o caso concreto não poderia haver sigilo, conforme os arts. 23 a 28 da Lei n. 12.527/2011.

10.10.3.6. Pedidos

a) a notificação do coator para apresentar informações no prazo de 10 dias (art. 9º da Lei n. 9.507/97);
b) a ciência do feito ao órgão de representação judicial da pessoa jurídica interessada;
c) a intimação do Ministério Público para manifestação (art. 12 da Lei n. 9.507/97);
d) a procedência do pedido a marcar data e horário para que o coator apresente ao impetrante as informações a seu respeito, constantes de registros ou bancos de dados; ou apresente em juízo a prova da retificação ou da anotação feita nos assentamentos do impetrante (art. 13 da Lei n. 9.507/97);
e) a juntada das provas pré-constituídas (prova da recusa).

10.10.3.7. Valor da causa

R$ ...

10.10.3.8. Fechamento

a) Apresentação da petição inicial em duas vias.
b) Local e data.
c) Advogado e OAB.

10.11. Para marcar

10.11.1. *Artigos*

a) Constituição Federal – art. 5º, LXXII;

b) Lei n. 9.507/97 – art. 7º; art. 8º, *caput* e parágrafo único; art. 9º; art. 12; art. 13; art. 20; art. 21.

10.11.2. *Súmula*

Súmula 2 do STJ: Não cabe o *habeas data* (CF, art. 5º, LXXII, *a*) se não houve recusa de informações por parte da autoridade administrativa.

11

Habeas corpus

Habeas corpus é uma ação constitucional de rito especial para garantir o direito de liberdade de locomoção.

11.1. Previsão legal

a) Constituição Federal – art. 5º, LXVIII:

> Art. 5º (...)
>
> LXVIII – conceder-se-á *habeas corpus* sempre que alguém sofrer ou se achar ameaçado de sofrer violência ou coação em sua liberdade de locomoção, por ilegalidade ou abuso de poder.

b) Código de Processo Penal – arts. 647 a 667.

11.2. Cabimento

O *habeas corpus* poderá ser impetrado quando alguém sofrer restrição ilegal quanto a sua liberdade de locomoção ou a ameaça.

Dessa forma, para fins didáticos, podemos falar em dois tipos de *habeas corpus*: **repressivo** – quando já ocorreu a restrição ilegal; **preventivo** – quando há a ameaça de restrição ilegal.

> **Atenção:** rotineiramente associamos *habeas corpus* com imposição de penas privativas de liberdade oriundas do direito penal. No entanto, existem outras formas de restrição ilegal da liberdade de natureza meramente civil que veremos no tópico de teses.

11.3. Legitimidade

11.3.1. *Legitimidade ativa*

Podem impetrar *habeas corpus* qualquer pessoa que tenha ciência de uma violação ou ameaça à locomoção.

Atenção: não necessariamente o impetrante será o interessado direto na garantia da sua liberdade. Terceiro poderá impetrar para proteger a liberdade de locomoção de outrem. Assim, podemos ter o impetrante (autor) e o paciente (beneficiário da medida judicial).

Assim, o *habeas corpus* pode ser impetrado pela vítima ou por terceiro (seja pessoa física, jurídica ou o Ministério Público).

11.3.2. *Legitimidade passiva*

O impetrado é aquele responsável pela ilegalidade ou ameaça que viole o direito de locomoção de outrem. Como regra, será coator um agente público, mas também poderemos observar particulares, por exemplo, o diretor de um hospital particular que não permite a alta médica de um paciente.

11.4. Liminar

A ação do *habeas corpus* possui procedimento e prazos céleres.

No entanto, a jurisprudência já admitiu e utilizou como fundamentos aqueles das cautelares ou do mandado de segurança por analogia:

a) fundamento relevante (*fumus boni iuris*) – na petição inicial deve-se fazer uma síntese dos fundamentos jurídicos apresentados;

b) risco de ineficácia do provimento, caso não deferida a liminar (*periculum in mora*) – como regra, o enunciado do exercício indicará o perigo; se ausente, construa como uma consequência lógica do problema, sempre tendo cuidado para não criar fato novo, que poderia ensejar a identificação do candidato em prova.

11.5. Competência

A competência é definida pela autoridade coatora/paciente e será descoberta pela análise dos seguintes itens:

a) categoria da autoridade coatora – competência originária de Tribunal (foro por prerrogativa de função);

b) sede funcional – as demais autoridades públicas que não possuem foro por prerrogativa de função para *habeas corpus* serão julgadas em primeiro grau. Se a autoridade estiver vinculada a Estados, Municípios ou Distrito Federal, a competência será da justiça estadual ou do Distrito Federal e Territórios; se a autoridade for federal, a competência será da justiça federal;

c) categoria do paciente.

Órgão competente	Autoridade coatora
Supremo Tribunal Federal (art. 102, I, *i*, da CF)	• Tribunal Superior; • Presidente da República; • Mesa da Câmara dos Deputados; • Mesa do Senado Federal; • Tribunal de Contas da União; • Procurador-Geral da República; • Supremo Tribunal Federal; • Conselho Nacional de Justiça; • Conselho Nacional do Ministério Público.
Superior Tribunal de Justiça (art. 105, I, *c*, da CF)	• Governadores; • Desembargadores; • Membros dos Tribunais de Contas dos Estados e Municípios; • Membros do Ministério Público da União; • Ministro de Estado; • Comandantes da Marinha, do Exército e da Aeronáutica.
Tribunal de Justiça/Tribunal Regional Federal	• Juiz de direito (estadual)/juiz federal.
Primeira instância da justiça estadual ou federal	• Demais autoridades públicas ou a elas equiparadas.

Já quando analisamos a competência a partir do paciente, temos o seguinte quadro:

Paciente	Órgão competente
Presidente da República	Supremo Tribunal Federal
Vice-Presidente da República	
Membros do Congresso Nacional	
Ministros do Supremo Tribunal Federal	
Procurador-Geral da República	
Ministros de Estado	
Comandantes das Forças Armadas	
Membros do Tribunal de Contas da União	
Chefes de Missões Diplomáticas permanentes	

11.6. Pedidos

a) a notificação do coator para apresentar informações;

b a intimação do Ministério Público para manifestação;

c) a procedência do pedido para a liberdade do paciente;

d) a juntada da prova documental quanto à violação da liberdade de locomoção.

11.7. Tese

Internação de pessoa com transtorno mental (Lei n. 10.216/2001 – Estatuto da pessoa portadora de transtorno mental)

- Momento:

A internação, em qualquer de suas modalidades, só será indicada quando os recursos extra-hospitalares se mostrarem insuficientes.

Necessita de laudo médico circunstanciado que caracterize os seus motivos.

- Tipos de internação:

a) Internação voluntária: aquela que se dá com o consentimento do usuário (declaração).

Término – solicitação escrita do paciente ou determinação do médico assistente.

b) Internação involuntária: aquela que se dá sem o consentimento do usuário e a pedido de terceiro.

Término – solicitação de familiar (responsável legal) ou determinada pelo especialista responsável pelo tratamento.

c) Internação compulsória: aquela determinada pela Justiça.

Levará em conta as condições de segurança do estabelecimento, quanto à salvaguarda do paciente, dos demais internados e funcionários.

Término – decisão judicial.

- Violação à liberdade de locomoção:

Caso a internação se torne ilegal ou se utilize estabelecimento com condições asilares, poderá ser impetrado o *habeas corpus*.

11.8. Modelo

Folha 1/3

EXCELENTÍSSIMO SENHOR DOUTOR JUIZ DE DIREITO DA ··· VARA CÍVEL/FAZENDA PÚBLICA DA COMARCA DE ···, ESTADO ···

NOME DO IMPETRANTE, nacionalidade ···, estado civil ···, profissão ···, inscrito no CPF sob o nº ···, residente e domiciliado na ···, endereço eletrônico ···, por meio de seu advogado, que esta subscreve (instrumento de mandato incluso), com escritório na ···, endereço eletrônico ···, NOME DO PACIENTE, nacionalidade ···, estado civil ···, profissão ···, inscrito no CPF sob o n· ···, residente e domiciliado na ···, vem respeitosamente à presença de Vossa Excelência, com fundamento no art· 5º, LXVIII, da Constituição Federal, impetrar o presente

"HABEAS CORPUS"
COM PEDIDO DE LIMINAR

contra NOME DO IMPETRADO, nacionalidade ···, estado civil ···, profissão ···, inscrito no CPF sob o n· ···, residente e domiciliado na ···, pelos motivos de fato e de direito a seguir aduzidos:

I - DO CABIMENTO

1· Pertinência do objeto

Demonstrar que o objeto (violação à liberdade de locomoção) pode ser tratado em "habeas corpus", conforme o art· 5º, LXVIII, da Constituição Federal·

2· Legitimidade

Folha 2/3

2·1· Legitimidade ativa

Demonstrar a legitimidade da impetrante e paciente·

2·2· Legitimidade passiva

Demonstrar que o impetrado é o responsável pelo ato ou ameaça de violação à liberdade de locomoção·

II - DOS FATOS

Apresentar a síntese dos fatos apresentados no enunciado·

III - DO DIREITO

Apresentar as teses jurídicas aplicáveis ao caso·

O ideal é seguir a lógica argumentativa (premissa maior para premissa menor): primeiro - violação a princípios; segundo - fundamentos constitucionais; terceiro - fundamentos infraconstitucionais; quarto - fundamentos jurisprudenciais e doutrinários.

IV – DA LIMINAR

A ação do "habeas corpus" admite decisão liminar desde que preenchidos dois requisitos:

a) fundamento relevante (ou "fumus boni iuris") – na petição inicial deve-se fazer uma síntese dos fundamentos jurídicos apresentados;

b) risco de ineficácia do provimento, caso não deferida a liminar (ou "periculum in mora") – como regra, o enunciado do exercício indicará o perigo; se ausente, construa como uma consequência lógica do problema, sempre tendo cuidado para não criar fato novo, que poderia ensejar a identificação do candidato em prova.

Folha 3/3

V – DOS PEDIDOS

Ante o exposto, requer:

a) a notificação do coator para apresentar informações;

b) a intimação do Ministério Público para manifestação;

c) a procedência do pedido para a liberdade do paciente;

d) a juntada da prova documental quanto à violação da liberdade de locomoção.

Termos em que
pede deferimento.

Local ..., data ...

Advogado ...
OAB ...

11.9. Exercício

Fábio é portador de transtorno mental leve. Em determinada situação, Fábio foi internado, contra sua vontade, em asilo público do Município X. A ordem de internação foi expedida e mantida por Roberto, médico de hospital público municipal que atendeu Fábio após ele ter sido conduzido por ambulância que o encontrou desmaiado em praça pública.

O desejo inicial de Roberto era internação em instituição especializada no tratamento de transtornos mentais, mas pela falta de vaga em instituição pública, ordenou a internação em asilo.

Maria, irmã de Fábio, procura você, na qualidade de advogada(o) para impetrar a medida judicial cabível para sua liberação.

Redija a peça judicial cabível, que deve conter argumentação jurídica apropriada e desenvolvimento dos fundamentos legais da matéria versada no problema. Não há necessidade de dilação probatória. (Valor: 5,00)

> **Observação:** a peça deve abranger todos os fundamentos de Direito que possam ser utilizados para dar respaldo à pretensão. A simples menção ou transcrição do dispositivo legal não confere pontuação.

11.9.1. *Perguntas para identificação*

Quem é meu cliente? Maria.

O que ele deseja? A liberdade de Fábio.

Inicial, defesa ou recurso? Inicial.

É urgente? Não.

11.9.2. *Dica de identificação*

Uma vez que o cliente teve violado seu direito subjetivo de liberdade de locomoção, 3 ações são possíveis: ação de rito comum, mandado de segurança e *habeas data*.

A primeira será dispensada, porque o mandado de segurança e o *habeas data* possuem rito, em tese, mais célere (na ausência de dilação probatória).

A segunda só poderia ser utilizada se não cabível *habeas corpus* e *habeas data* (utilização subsidiária). Como é possível o *habeas data*, não se pode utilizar o mandado de segurança.

A terceira é a mais adequada, pois se trata de acesso à informação relativa à pessoa do impetrante e houve recusa administrativa.

11.9.3. *Elaborando o esqueleto da peça processual*

11.9.3.1. Endereçamento

A competência é definida pela autoridade coatora/paciente e será descoberta pela análise dos seguintes itens:

a) categoria da autoridade coatora – competência originária de Tribunal (foro por prerrogativa de função);
b) categoria do paciente;

c) sede funcional – as demais autoridades públicas que não possuem foro por prerrogativa de função para *habeas corpus* serão julgadas em primeiro grau. Se a autoridade estiver vinculada a Estados, Municípios ou Distrito Federal, a competência será da justiça estadual ou do Distrito Federal e Territórios; se a autoridade for federal, a competência será da justiça federal.

Como o autor do ato ilegal não possui foro por prerrogativa de função e o paciente também não, a petição deverá ser endereçada para a primeira instância a partir da análise da sede funcional da autoridade – nesse caso, médico público do município X.

Endereçamento: Excelentíssimo Senhor Doutor Juiz de Direito da ... Vara Cível da Comarca do Município X, Estado ...

11.9.3.2. Partes

a) Impetrante – Maria.
b) Paciente – Fábio.
c) Impetrado – Roberto.

11.9.3.3. Cabimento

a) Demonstrar que a violação ao direito de liberdade de locomoção pode ser tratada em *habeas corpus*, conforme o art. 5º, LXVIII, da Constituição Federal.
b) Legitimidade:
   b.1) Legitimidade ativa:
   Demonstrar a legitimidade da impetrante.
   b.2) Legitimidade passiva:
   Demonstrar que o impetrado é o responsável pela restrição ao direito de locomoção.

11.9.3.4. Fatos

Transcrever a síntese do problema narrado no enunciado.

11.9.3.5. Direito

a) indicar violação ao direito de locomoção, conforme o art. 5º da Constituição Federal;
b) indicar violação ao princípio da legalidade, conforme o art. 37, *caput*, da Constituição Federal;
c) indicar a vedação de internação de pessoa com transtorno mental em local com característica asilar.

11.9.3.6. Pedidos

a) a notificação do coator para apresentar informações;
b) a intimação do Ministério Público para manifestação;

c) a procedência do pedido para a liberdade do paciente;
d) a juntada da prova documental quanto à violação da liberdade de locomoção.

11.9.3.7. Valor da causa

R$ ...

11.9.3.8. Fechamento

a) Apresentação da petição inicial em duas vias.
b) Local e data.
c) Advogado e OAB.

11.10. Para marcar

11.10.1. *Artigos*

a) Constituição Federal – art. 5º, LXXII;
b) Lei n. 9.507/97 – art. 7º; art. 8º, *caput* e parágrafo único; art. 9º; art. 12; art. 13; art. 20; art. 21.

11.10.2. *Súmula*

Súmula Vinculante 25 do STF: É ilícita a prisão civil de depositário infiel, qualquer que seja a modalidade de depósito.

Súmula 693 do STF: Não cabe *habeas corpus* contra decisão condenatória a pena de multa, ou relativo a processo em curso por infração penal a que a pena pecuniária seja a única cominada.

Súmula 694 do STF: Não cabe *habeas corpus* contra a imposição da pena de exclusão de militar ou de perda de patente ou de função pública.

Súmula 695 do STF: Não cabe *habeas corpus* quando já extinta a pena privativa de liberdade.

Súmula 21 do STJ: Pronunciado o réu, fica superada a alegação de constrangimento ilegal da prisão por excesso de prazo na instrução.

Súmula 52 do STJ: Encerrada a instrução criminal, fica superada a alegação de constrangimento por excesso de prazo.

Súmula 64 do STJ: Não constitui constrangimento ilegal o excesso de prazo na instrução, provocado pela defesa.

12

Ação de improbidade administrativa

A ação de improbidade administrativa é uma espécie de ação civil pública com o fim específico de aplicação das sanções em razão da prática de improbidade administrativa.

12.1. Previsão legal

a) Constituição Federal – art. 37, § 4º:

> Art. 37. (...)
>
> § 4º Os atos de improbidade administrativa importarão a suspensão dos direitos políticos, a perda da função pública, a indisponibilidade dos bens e o ressarcimento ao erário, na forma e gradação previstas em lei, sem prejuízo da ação penal cabível.

b) Lei n. 8.429/92.

12.2. Cabimento

A ação de improbidade administrativa é utilizada para aplicação das sanções pela prática de atos de improbidade administrativa previstos na Lei n. 8.429/92.

São 4 os tipos de atos:

a) atos de improbidade administrativa que importem enriquecimento ilícito (art. 9º da Lei n. 8.429/92);
b) atos de improbidade administrativa que acarretem prejuízo ao erário (art. 10 da Lei n. 8.429/92);
c) atos de improbidade administrativa decorrentes de concessão ou aplicação indevida de benefício financeiro ou tributário (art. 10-A da Lei n. 8.429/92);
d) atos de improbidade administrativa que atentem contra os princípios da administração pública (art. 11 da Lei n. 8.429/92).

Cada ato acarretará sanções específicas, previstas no art. 12 da Lei n. 8.429/92. De modo geral, as sanções são as seguintes:

a) Perda dos bens ou valores obtidos ilicitamente (inclusive se estiverem com terceiro).
b) Ressarcimento integral do dano.
c) Perda da função pública.

d) Suspensão dos direitos políticos de:
   - d.1) 8 a 10 anos para ato de enriquecimento ilícito;
   - d.2) 5 a 8 anos para ato de prejuízo ao erário;
   - d.3) 5 a 8 anos para ato de concessão ou aplicação indevida de benefício financeiro ou tributário;
   - d.4) 3 a 5 anos para ato de violação a princípios.

e) Multa:
   - e.1) até 3 vezes o valor do acréscimo patrimonial ilegal para ato de enriquecimento ilícito;
   - e.2) até 2 vezes o valor do dano para ato de prejuízo ao erário;
   - e.3) até 3 vezes o valor do benefício para ato de concessão ou aplicação indevida de benefício financeiro ou tributário;
   - e.4) até 100 vezes o valor da remuneração para ato de violação a princípios.

f) Proibição de contratar com o Poder Público ou dele receber benefícios ou incentivos:
   - f.1) 10 anos para ato de enriquecimento ilícito;
   - f.2) 5 anos para ato de prejuízo ao erário;
   - f.3) 3 anos para ato de violação a princípios.

As sanções podem ser aplicadas isoladas ou cumulativamente. A dosimetria levará em atenção a extensão do dano causado e o proveito patrimonial obtido pelo agente.

A perda da função pública e a suspensão dos direitos políticos só ocorrerão após o trânsito em julgado da decisão judicial.

A aplicação das sanções independe da efetiva ocorrência do dano (salvo para ressarcimento) ou da aprovação ou rejeição das contas em controle interno, Tribunal ou conselho de contas.

Por exemplo, o pregoeiro recebe cem mil reais da empresa Alfa para realizar a compra de mobiliário para a Secretaria da Educação com valor acima do de mercado. O recebimento dessa vantagem patrimonial indevida caracteriza improbidade administrativa, e para a aplicação das devidas sanções se faz necessária a propositura de ação de improbidade administrativa ou ação civil pública (adaptada à Lei n. 8.429/92).

12.3. Legitimidade

12.3.1. *Legitimidade ativa*

A ação de improbidade administrativa pode ser proposta pela pessoa jurídica interessada, aquela que é lesada pela prática do ato ímprobo, e pelo Ministério Público (art. 17 da Lei n. 8.429/92).

As pessoas jurídicas da administração pública podem propor a ação:

a) União;

b) Estados;

c) Municípios;

d) Distrito Federal;

e) autarquias;

f) fundações públicas;

g) empresas públicas;

h) sociedades de economia mista.

> **Atenção:** uma vez que sociedade de economia mista possui legitimidade ativa, o enunciado do Exame de Ordem poderá exigir sua atuação como advogado da Petrobras para propositura da ação de improbidade.

12.3.2. *Legitimidade passiva*

A ação de improbidade administrativa pode ser proposta contra qualquer aquele que praticou o ato (agente público, art. 1º da Lei n. 8.429/92) e contra quem induziu, concorreu ou se beneficiou do ato (particular, art. 3º da Lei n. 8.429/92).

> **Atenção:** como o particular não pratica o ato ímprobo, ele não poderá constar isoladamente no polo passivo da ação de improbidade administrativa.

12.4. Tutela de urgência de natureza cautelar

A ação de improbidade administrativa prevê a possibilidade de medidas cautelares com fundamento no antigo Código de Processo Civil.

Ao contemporizar para o vigente Código de Processo Civil, o autor da ação poderá requerer tutela de urgência de natureza cautelar para sequestro, arrolamento, bloqueio de bens e valores, entre outros, dos réus para garantir a perda dos bens obtidos ilicitamente para a pessoa jurídica interessada, para o ressarcimento ao erário e para o pagamento da eventual multa (art. 16 da Lei n. 8.429/92, combinado com o art. 301 do Código de Processo Civil).

Os requisitos para concessão da tutela de urgência cautelar são:

a) probabilidade do direito – na petição inicial deve-se indicar os fundamentos que permitem a medida de natureza cautelar;

b) perigo de dano ou risco ao resultado útil do processo – dilapidação do patrimônio.

12.5. Competência

A competência é definida pelas regras comuns de processo civil. A ação será endereçada ao juízo de primeiro grau, mesmo que o ato ilegal tenha sido praticado pelo Governador.

> **Atenção:** na ação de improbidade administrativa não há foro por prerrogativa de função.

12.6. Vedação de acordo, conciliação e transação

O art. 17, § 1º, proíbe que na ação de improbidade administrativa se realize acordo, conciliação ou transação, a impedir o ajuste conhecido como delação premiada (concessões recíprocas).

12.7. Respostas do réu

A ação de improbidade administrativa prevê a possibilidade de apresentação de defesa prévia pelo réu em momento anterior à contestação (art. 17, §§ 7º e 9º, da Lei n. 8.429/92) e isso irá impactar nos pedidos da petição inicial.

12.8. Prescrição

A ação de improbidade administrativa pode ser proposta em (art. 23 da Lei n. 8.429/92):

a) até 5 anos após o término do exercício de mandato, de cargo em comissão ou de função de confiança;

b) dentro do prazo prescricional previsto em lei específica para faltas disciplinares puníveis com demissão a bem do serviço público, nos casos de exercício de cargo efetivo ou emprego;

c) até 5 anos da data da apresentação à administração pública da prestação de contas final pelas entidades que recebem benefícios públicos.

Atenção: a pena (dever) de ressarcimento é imprescritível nos casos dolosos (art. 37, § 5º, da Constituição Federal e jurisprudência do Supremo Tribunal Federal).

12.9. Pedidos

a) a notificação dos réus para que ofereçam manifestação por escrito, no prazo de 15 dias;

b) recebida a inicial, seja determinada a citação dos réus;

c) a intimação do Ministério Público;

d) a procedência do pedido para que sejam os réus condenados nas penas previstas no art. 12 da Lei n. 8.429/92 (detalhar de acordo com o caso concreto);

e) condenação nas custas processuais e honorários advocatícios.

12.10. Principais teses

12.10.1. *Enriquecimento ilícito*

Para demonstrar o enriquecimento ilícito do agente público, deve-se indicar:

a) violação ao princípio da moralidade;

b) recebimento de qualquer vantagem patrimonial ilícita – dinheiro, bem (apartamento, carro etc.), serviço (reforma da casa de praia);

c) a vantagem patrimonial ilícita deve estar vinculada à atividade do cargo/emprego/função;

d) demonstração do elemento subjetivo dolo.

12.10.2. *Prejuízo ao erário*

Para demonstrar o prejuízo ao erário, deve-se indicar:

a) perda patrimonial do Poder Público (compra pública com valor acima do de mercado; alienação de bem público com valor abaixo do de mercado; fraude em licitação etc.);

b) a perda patrimonial deve estar vinculada à atividade do cargo/emprego/função;

c) demonstração do elemento subjetivo dolo ou culpa.

12.10.3. *Violação a princípios*

Para demonstrar a violação a princípios, deve-se indicar:

a) violação a qualquer dos princípios do art. 37, *caput*, da Constituição Federal (negar publicidade aos atos públicos, deixar de fazer algo de seu ofício);

b) violação a algum dos deveres de honestidade e lealdade às instituições (revelar segredo);

c) demonstração do elemento subjetivo dolo.

12.11. Modelo

Folha 1/3

EXCELENTÍSSIMO SENHOR DOUTOR JUIZ DE DIREITO DA ... VARA CÍVEL/FAZENDA PÚBLICA DA COMARCA DE ..., ESTADO ...

NOME DO AUTOR, pessoa jurídica de direito público, com endereço na ..., endereço eletrônico ..., por intermédio de seu advogado, que esta subscreve (instrumento de mandato anexo), com endereço eletrônico ..., escritório na ..., bairro ..., cidade ..., Estado ..., onde receberá as devidas intimações, nos termos do art. 77, V, do CPC, vem mui respeitosamente à presença de Vossa Excelência, com fundamento no art. 37, § 4°, da CF e na Lei n° 8.429/92, ajuizar a presente

AÇÃO DE IMPROBIDADE ADMINISTRATIVA

Em face de NOME DO RÉU/RÉUS, nacionalidade ..., estado civil ..., servidora pública, portador da Cédula de Identidade RG n. ..., devidamente inscrito no CPF/MF sob o n. ..., com endereço na ..., pelos motivos de fato e de direito a seguir aduzidos:

I – DO CABIMENTO

1. Pertinência do objeto

Demonstrar que o objeto é a aplicação das sanções pela prática de ato de improbidade administrativa.

2. Legitimidade

2.1. Ativa

Demonstrar a legitimidade ativa (art. 17 da Lei n. 8.429/92).

2.2. Passiva

Folha 2/3

Demonstrar que o ato foi praticado foi praticado por agente público (réu). Indicar como réu o particular que induziu, concorreu ou se beneficiou do ato.

II – DOS FATOS

Apresentar a síntese dos fatos apresentados no enunciado.

III – DO DIREITO

Apresentar as teses jurídicas aplicáveis ao caso.

Individualizar as condutas por agente público réu e tipo de ato (enriquecimento ilícito, prejuízo ao erário, concessão ou aplicação indevida de benefício financeiro ou tributário).

IV – DA TUTELA DE URGÊNCIA (natureza cautelar)

Nos termos do art. 16 da Lei n. 8.429/92, combinado com o art. 301 do Código de Processo Civil, o autor poderá requerer tutela de urgência de natureza cautelar para sequestro, arrolamento, bloqueio de bens e valores, entre outros, dos réus para garantir a perda dos bens obtidos ilicitamente para a pessoa jurídica interessada, para o ressarcimento ao erário e para o pagamento da eventual multa.

Os requisitos para concessão da tutela de urgência cautelar são:

a) probabilidade do direito – na petição inicial deve-se indicar os fundamentos que permitem a medida de natureza cautelar;

b) perigo de dano ou risco ao resultado útil do processo – dilapidação do patrimônio.

V – DOS PEDIDOS

Folha 3/3

Ante o exposto, requer:

a) a notificação dos réus para que ofereçam manifestação por escrito, no prazo de 15 dias;

b) recebida a inicial, seja determinada a citação dos réus;

c) a intimação do Ministério Público;

d) a procedência do pedido para que sejam os réus condenados nas penas previstas no art. 12 da Lei n. 8.429/92 (detalhar de acordo com o caso concreto);

e) a condenação nas custas processuais e honorários advocatícios.

VI – DAS PROVAS

Protesta provar o alegado por todos os meios de prova em direito admitidos, notadamente pela prova documental já acostada e outras que se fizerem necessárias ao esclarecimento do Douto Juízo.

VII – VALOR DA CAUSA

Dá-se à causa o valor de R$ ...

Termos em que
pede deferimento.

Local ..., data ...

Advogado ...
OAB ...

12.12. Exercício

Maria Aparecida é auditora do Município X encarregada da análise da metragem dos imóveis comerciais para fins de base de cálculo do IPTU. No entanto, foi apresentada denúncia contra a servidora e o empresário João Pedro, proprietário de vários imóveis na cidade. A denúncia descrevia que a servidora atestava área inferior dos imóveis de João Pedro e, como compensação, recebia mensalmente um valor de R$ 10.000,00 (dez mil reais).

O órgão municipal competente conduziu processo administrativo disciplinar que resultou na demissão da servidora sendo os autos processuais encaminhados ao órgão de representação judicial do Município para as devidas providências para aplicação das demais penalidades por conduta ímproba.

Na qualidade de advogado municipal, elabora a medida judicial adequada. (Valor: 5,00)

> **Observação:** a peça deve abranger todos os fundamentos de Direito que possam ser utilizados para dar respaldo à pretensão. A simples menção ou transcrição do dispositivo legal não confere pontuação.

12.12.1. *Perguntas para identificação*

Quem é meu cliente? Município X.

O que ele deseja? Aplicação das sanções pela prática de ato de improbidade administrativa.

Inicial, defesa ou recurso? Inicial.

É urgente? Não.

12.12.2. *Dica de identificação*

Uma vez que o objeto é a aplicação das sanções pela prática de ato de improbidade administrativa, 2 ações seriam possíveis: ação civil pública e ação de improbidade administrativa.

a) ação civil pública – o município pode propor, e o cuidado estaria em adaptar as previsões da Lei da Ação Civil Pública às disposições da Lei n. 8.429/92;

b) ação de improbidade administrativa – trata-se de uma espécie de ação civil pública especializada para aplicação das sanções por ato de improbidade administrativa.

> **Atenção:** as duas ações são adequadas para a aplicação das sanções previstas no art. 12 da Lei n. 8.429/92. No presente exercício utilizaremos a ação de improbidade administrativa.

12.12.3. *Elaborando o esqueleto da peça processual*

12.12.3.1. Endereçamento

A competência da ação de improbidade administrativa é definida pelas regras comuns de processo civil. A ação será endereçada ao juízo de primeiro grau, no caso na Comarca do Município X.

Endereçamento: Excelentíssimo Senhor Doutor Juiz de Direito da ... Vara da Fazenda Pública da Comarca de Município X, Estado ...

12.12.3.2. Partes

a) Autor – Município X.

b) Réus – Maria Aparecida e João Pedro.

12.12.3.3. Cabimento

a) Pertinência do objeto:

Demonstrar que o objetivo da demanda é aplicar as sanções pela prática de ato de improbidade administrativa.

b) Legitimidade:

Demonstrar que o Município X pode propor a ação de improbidade administrativa (art. 17 da Lei n. 8.429/92), por ser a pessoa jurídica interessada.

Demonstrar que Maria Aparecida é agente pública e praticante do ato de improbidade (art. 1º da Lei n. 8.429/92). Demonstrar que João Pedro é o particular que induziu a prática do ato e dele se beneficiou (art. 3º da Lei n. 8.429/92).

12.12.3.4. Fatos

Transcrever a síntese do problema narrado no enunciado.

12.12.3.5. Direito

a) Indicar o ato de improbidade administrativa que importa enriquecimento ilícito (art. 9º), em especial o inciso I, por receber dinheiro em virtude de atribuições do cargo dolosamente.

b) Indicar o ato de improbidade administrativa que cause prejuízo ao erário (art. 10), por reduzir dolosamente a base de cálculo do IPTU, acarretando um menor valor do tributo recolhido e, consequentemente, prejuízo ao erário.

c) Indicar o ato de improbidade administrativa de violação a princípios (art. 11) – a conduta violou, dolosamente, o princípio da moralidade, previsto no art. 37, *caput*, da Constituição Federal, e violou os deveres de honestidade e lealdade à instituição, uma vez que a conduta egoística, visando a fim proibido, causou prejuízo a toda a coletividade.

12.12.3.6. Pedidos

a) A notificação dos réus para que ofereçam manifestação por escrito, no prazo de 15 dias.

b) Recebida a inicial, seja determinada a citação dos réus.

c) A intimação do Ministério Público.

d) A procedência do pedido para que sejam os réus condenados nas penas previstas no art. 12 da Lei n. 8.429/92:
   - pela prática do ato de enriquecimento ilícito – perda dos bens ou valores acrescidos ilicitamente ao patrimônio, ressarcimento integral do dano, perda da função pública, suspensão dos direitos políticos de 8 a 10 anos, pagamento de multa civil de até três vezes o valor do acréscimo patrimonial e proibição de contratar com o Poder Público ou receber benefícios ou incentivos fiscais ou creditícios pelo prazo de 10 anos;
   - pela prática do ato de prejuízo ao erário – ressarcimento integral do dano, perda dos bens ou valores acrescidos ilicitamente ao patrimônio, perda da função pública, suspensão dos direitos políticos de 5 a 8 anos, pagamento de multa civil de até duas vezes o valor do dano e proibição de contratar com o Poder Público ou receber benefícios ou incentivos fiscais ou creditícios pelo prazo de 5 anos;
   - pela prática do ato de violação a princípios – ressarcimento integral do dano, perda da função pública, suspensão dos direitos políticos de 3 a 5 anos, pagamento de multa civil de até 100 vezes o valor da remuneração percebida pelo agente e proibição de contratar com o Poder Público ou receber benefícios ou incentivos fiscais ou creditícios pelo prazo de três anos.

e) Condenação nas custas processuais e honorários advocatícios.

12.12.3.7. Provas

Protesta provar o alegado por todos os meios de prova em direito admitidos, notadamente pela prova documental já acostada e outras que se fizerem necessárias ao esclarecimento do Douto Juízo.

12.12.3.8. Valor da causa

R$ ...

12.12.3.9. Fechamento

a) Local e data.

b) Advogado e OAB.

12.13. Para marcar

12.13.1. *Artigos*

a) Constituição Federal – art. 37, § 4º;

b) Lei n. 8.429/92 – art. 1º; art. 3º; art. 17, *caput* e §§ 1º, 4º, 7º e 9º; art. 20; art. 21; art. 23.

13
Ação civil pública

A ação civil pública é o instrumento para evitar, entre outros, danos ao meio ambiente, ao consumidor, aos bens e direitos de valor artístico, estético, histórico, turístico ou paisagístico, ao patrimônio público ou para promover a reparação por lesão aos bens.

13.1. Previsão legal

a) Constituição Federal – art. 129, III, § 1º:

> Art. 129. (...)
>
> III – promover o inquérito civil e a ação civil pública, para a proteção do patrimônio público e social, do meio ambiente e de outros interesses difusos e coletivos;
>
> § 1º A legitimação do Ministério Público para as ações civis previstas neste artigo não impede a de terceiros, nas mesmas hipóteses, segundo o disposto nesta Constituição e na lei.

b) Lei n. 7.347/85.

13.2. Cabimento

A ação civil pública é utilizada para proteção e reparação (art. 1º da Lei n. 7.347/85):

a) do meio ambiente;
b) do consumidor;
c) de bens e direitos de valor artístico, estético, histórico, turístico e paisagístico;
d) de qualquer outro direito difuso ou coletivo;
e) quanto à infração da ordem econômica;
f) da ordem urbanística;
g) do patrimônio público ou social;
h) da honra e à dignidade de grupos raciais, étnicos ou religiosos.

Por exemplo, um imóvel tombado está sendo destruído e o seu cliente, uma associação, o procura para propor a medida judicial cabível para suspender as agressões e exigir a devida reparação.

13.2.1. *Não cabimento*

A ação civil pública **não é o instrumento adequado** para discutir (art. 1º, parágrafo único, da Lei n. 7.347/85):

a) tributos;

b) contribuições previdenciárias;

c) FGTS.

13.3. Legitimidade

13.3.1. *Legitimidade ativa*

Podem propor a ação civil pública aqueles relacionados no art. 5º da Lei n. 7.347/85:

a) Ministério Público;

b) Defensoria Pública;

c) União, Estados, Municípios e Distrito Federal;

d) autarquia, fundação, empresa pública, sociedade de economia mista;

e) associação – constituída há pelo menos 1 ano; entre as finalidades estatutárias, a proteção ao meio ambiente, ao consumidor, à ordem econômica, à livre concorrência ou ao patrimônio artístico, estético, histórico, turístico e paisagístico.

> **Atenção:** o prazo mínimo de constituição para associação pode ser dispensado pelo juiz competente (art. 5º, § 4º, da Lei n. 7.347/85).

13.3.2. *Legitimidade passiva*

A ação civil pública pode ser proposta contra qualquer pessoa (física ou jurídica) que tenha ocasionado a lesão ou ameaça de lesão aos bens tutelados (art. 1º da Lei n. 7.347/85).

> **Atenção:** há a ocorrência de litisconsórcio passivo necessário. Todos os envolvidos com o evento danoso deverão constar no polo passivo.

13.4. Liminar

A ação civil pública admite decisão liminar (art. 12 da Lei n. 7.347/85), desde que preenchidos seus requisitos.

A lei não apresenta expressamente os termos dos requisitos, mas em seu art. 19 aponta que o Código de Processo Civil será utilizado de modo subsidiário. Em caso de perigo iminente, o CPC, em seu art. 300, prevê o uso da tutela provisória de urgência com os seguintes requisitos:

a) probabilidade do direito – na petição inicial deve-se fazer uma síntese dos fundamentos jurídicos apresentados;
b) perigo de dano ou risco ao resultado útil do processo – como regra, o enunciado do exercício indicará o perigo; se ausente, construa como uma consequência lógica do problema, sempre tendo cuidado para não criar fato novo, que poderia ensejar a identificação do candidato em prova.

Atenção: embora tecnicamente o mais correto seja a utilização dos fundamentos da tutela de urgência, a FGV admite o uso dos requisitos com os seguintes termos: *fumus boni iuris* e *periculum in mora*.

13.5. Competência

A competência é definida pelas regras de processo civil, a observar o local onde ocorreu o dano ou onde deva ocorrer (art. 2º da Lei n. 7.347/85). A ação será endereçada ao juízo de primeiro grau.

13.6. Pedidos

a) a concessão da tutela de urgência (ou liminar) para ..., com amparo no art. 12 da Lei n. 7.347/85 e no art. 300 do CPC;
b) a intimação dos réus para audiência de conciliação ou mediação (quando se tratar de direito disponível);
c) a citação do réu (ou dos réus), na pessoa de seu representante legal;
d) a intimação do Ministério Público para acompanhar a presente ação.
e) a procedência do pedido, para os fins de ...;
f) condenação do réu (ou dos réus) em custas e honorários advocatícios.

13.7. Compromisso de ajustamento de conduta

A administração púbica e os órgãos públicos que possuem legitimidade para propor a ação civil pública podem celebrar compromisso de ajustamento de conduta com terceiros para suspensão de conduta e correção de eventual dano. O termo preverá cominações em caso de descumprimento e terá eficácia de título executivo extrajudicial (art. 5º, § 6º, da Lei n. 7.347/85).

13.8. Principais teses

13.8.1. *Direito à saúde, em especial para idosos*

a) indicar a proteção da dignidade humana, consagrada no art. 1º, III, da Constituição Federal;

b) indicar a efetivação do direito fundamental à saúde, prevista no art. 6º e/ou nos arts. 196 e s. da Constituição Federal;

c) indicar a proteção do direito fundamental à vida, prevista no art. 5º, *caput*, da Constituição Federal;

d) indicar a competência do Município para a prestação do serviço público de saúde, prevista no art. 23, II, e/ou no art. 30, VII, da Constituição Federal;

e) indicar a proteção constitucional e/ou legal ao idoso, prevista no art. 230 da Constituição Federal e/ou no Estatuto do Idoso (Lei n. 10.741/2003).

13.8.2. *Serviço público de transporte coletivo municipal (art. 6º da Lei n. 8.987/95)*

a) violação ao dever de adequação na prestação do serviço público;

b) violação à segurança na prestação do serviço;

c) violação à atualidade do serviço quanto à modernidade dos ônibus.

13.8.3. *Proteção aos bens tombados*

a) indicar o dever de proteção cultural dos bens tombados, conforme o art. 216, § 1º, da Constituição Federal;

b) violação aos deveres do tombamento, conforme o art. 17 do Decreto-lei n. 25/37.

13.9. Modelo

Folha 1/3

EXCELENTÍSSIMO SENHOR DOUTOR JUIZ DE DIREITO DA ··· VARA CÍVEL/FAZENDA PÚBLICA DA COMARCA DE ···, ESTADO ···

NOME DO AUTOR, inscrito no CNPJ sob o n. ···, situado na ···, endereço eletrônico ···, por meio de seu advogado, que esta subscreve (instrumento de mandato incluso), com escritório na ···, endereço eletrônico ···, vem respeitosamente à presença de Vossa Excelência, com fundamento no art. 129, III, c/c o § 1º, da CF e na Lei n. 7.347/85, propor a presente

AÇÃO CIVIL PÚBLICA COM PEDIDO DE TUTELA DE URGÊNCIA/ LIMINAR (se for o caso)

em face de NOME DO RÉU, pessoa jurídica de direito ···, com endereço na ···, endereço eletrônico ···, pelos motivos de fato e de direito a seguir aduzidos:

I – DO CABIMENTO

1· Pertinência do objeto

Demonstrar que o objeto pode ser tratado em ação civil pública (art· 1º da Lei n· 7·347/85)·

2· Legitimidade

2·1· Demonstrar a legitimidade ativa (art· 5º da Lei n· 7·347/85)

Caso a autora seja uma associação, deverão ser apresentados os requisitos quanto à pertinência temática (finalidade estatutária e objeto da demanda) e o prazo mínimo de constituição de 1 ano (em caso de

Folha 2/3

interesse público, poderá ser solicitada a dispensa desse prazo), conforme o art· 5º, V, "a" e "b", § 4º, da Lei n· 7·347/85·

2·2· Passiva

Demonstrar o vínculo do réu com o objeto da demanda·

II – DOS FATOS

Apresentar a síntese dos fatos apresentados no enunciado·

III – DO DIREITO

Apresentar as teses jurídicas aplicáveis ao caso·

O ideal é seguir a lógica argumentativa (premissa maior para premissa menor): primeiro – violação a princípios; segundo – fundamentos constitucionais; terceiro – fundamentos infraconstitucionais; quarto – fundamentos jurisprudenciais e doutrinários·

IV – DA TUTELA DE URGÊNCIA/LIMINAR

Nos termos do art. 12 Lei n. 7.347/85, o juízo poderá conceder liminar, desde que comprovados os seus requisitos ensejadores.

A ação civil pública utiliza de modo subsidiário o Código de Processo Civil. A tutela provisória de urgência, prevista no art. 300, apresenta dois requisitos: probabilidade do direito e perigo de dano ou risco ao resultado útil do processo.

A probabilidade do direito – apresentar síntese das teses abordadas no capítulo do direito.

O perigo de dano ou o risco ao resultado útil do processo – apresentar o dano indicado no enunciado ou aquele previsível pelo problema.

Folha 3/3

V – DOS PEDIDOS

Ante o exposto, requer:

a) a concessão da tutela de urgência (ou liminar) para ..., com amparo no art. 12 da Lei n. 7.347/85 e no art. 300 do CPC;

b) a intimação dos réus para audiência de conciliação ou mediação (quando se tratar de direito disponível);

c) a citação do réu (ou dos réus), na pessoa de seu representante legal;

d) a intimação do Ministério Público para acompanhar a presente ação;

e) a procedência do pedido, para os fins de ...;

f) a condenação do réu (ou dos réus) em custas e honorários advocatícios.

VI – DAS PROVAS

Protesta provar o alegado por todos os meios de prova em direito admitidos, notadamente pela prova documental já acostada e outras que se fizerem necessárias ao esclarecimento do Douto Juízo.

VII – VALOR DA CAUSA

82	*Dá-se à causa o valor de R$ ...*
83	*Termos em que*
84	*pede deferimento.*
85	
86	*Local ..., data ...*
87	
88	*Advogado ...*
89	*OAB ...*

13.10. Exercício

(XXI Exame de Ordem Unificado)

A Associação Alfa, constituída há 3 (três) anos, cujo objetivo é a defesa do patrimônio social e, particularmente, do direito à saúde de todos, mostrou-se inconformada com a negativa do Posto de Saúde Gama, gerido pelo Município Beta, de oferecer atendimento laboratorial adequado aos idosos que procuram esse serviço. O argumento das autoridades era o de que não havia profissionais capacitados e medicamentos disponíveis em quantitativo suficiente. Em razão desse estado de coisas e do elevado número de idosos correndo risco de morte, a Associação resolveu peticionar ao Secretário municipal de Saúde, requerendo providências imediatas para a regularização do serviço público de Saúde.

O Secretário respondeu que a situação da Saúde é realmente precária e que a comunidade precisa ter paciência e esperar a disponibilização de repasse dos recursos públicos federais, já que a receita prevista no orçamento municipal não fora integralmente realizada. Reiterou, ao final e pelas razões já aventadas, a negativa de atendimento laboratorial aos idosos. Apesar disso, as obras públicas da área de lazer do bairro em que estava situado o Posto de Saúde Gama, nos quais eram utilizados exclusivamente recursos públicos municipais, continuaram a ser realizadas.

Considerando os dados acima, na condição de advogado(a) contratado(a) pela Associação Alfa, elabore a medida judicial cabível para o enfrentamento do problema, inclusive com providências imediatas, de modo que seja oferecido atendimento adequado a todos os idosos que venham a utilizar os serviços do Posto de Saúde. A demanda exigirá dilação probatória. (Valor: 5,00)

> **Observação:** a peça deve abranger todos os fundamentos de direito que possam ser utilizados para dar respaldo à pretensão. A simples menção ou transcrição do dispositivo legal não confere pontuação.

13.10.1. *Perguntas para identificação*

Quem é meu cliente? Associação Alfa.

O que ele deseja? Manutenção e prestação do serviço de saúde aos idosos.

Inicial, defesa ou recurso? Inicial.

É urgente? Sim – solicita providências imediatas.

13.10.2. *Dica de identificação*

Uma vez que o cliente é uma associação, a princípio 5 ações serão possíveis: ação de rito comum de obrigação de fazer, ação popular, mandado de segurança, mandado de segurança coletivo e ação civil pública.

a) ação de rito comum – não se trata de interesse próprio;
b) ação popular – embora o objeto seja compatível, a ação popular somente pode ser proposta por cidadão;
c) mandado de segurança – não se trata de interesse próprio;
d) mandado de segurança coletivo – não se trata de interesse dos seus associados;
e) ação civil pública – é a adequada, pois a associação, nesse caso, visa proteger direito da coletividade e não interesse próprio e nem de seus filiados.

13.10.3. *Elaborando o esqueleto da peça processual*

13.10.3.1. Endereçamento

A competência da ação civil pública se estabelece em razão do local do dano ou de onde se espera que ocorra, no caso o Município Beta.

Endereçamento: Excelentíssimo Senhor Doutor Juiz de Direito da ... Vara Cível ou da Fazenda Pública da Comarca de Beta Estado ...

13.10.3.2. Partes

a) Autor – Associação Alfa.
b) Réus – Município Beta e Secretário de Saúde.

13.10.3.3. Cabimento

a) Pertinência do objeto:

   Demonstrar que a manutenção e prestação do serviço de saúde para idosos, direito difuso, é objeto previsto para a ação civil pública (art. 1º da Lei n. 7.347/87).

b) Legitimidade:

   Demonstrar que o autor pode pleitear a proteção ao direito à saúde dos idosos por meio da pertinência temática (previsão estatutária) e prazo mínimo de constituição de 1 ano (no caso possui 3 anos), conforme o art. 5º, V, da Lei n. 7.347/85.

   Demonstrar que os réus são responsáveis pela prestação do serviço público de saúde.

13.10.3.4. Fatos

Transcrever a síntese do problema narrado no enunciado:

13.10.3.5. Direito

a) Indicar a proteção da dignidade humana, consagrada no art. 1º, III, da Constituição Federal.
b) Indicar a efetivação do direito fundamental à saúde, prevista no art. 6º e/ou nos arts. 196 e s. da Constituição Federal.
c) Indicar a proteção do direito fundamental à vida, prevista no art. 5º, *caput*, da Constituição Federal.
d) Indicar a competência do Município para a prestação do serviço público de saúde, prevista no art. 23, II, e/ou no art. 30, VII, da Constituição Federal.
e) Indicar a proteção constitucional e/ou legal ao idoso, prevista no art. 230 da Constituição Federal e/ou no Estatuto do Idoso (Lei n. 10.741/2003).

13.10.3.6. Tutela de urgência/liminar

Indicar os dois requisitos previstos no art. 300 do CPC:

a) fundamento relevante – síntese das 5 teses apresentadas;
b) perigo de dano ou risco ao resultado útil do processo – risco à saúde dos idosos.

13.10.3.7. Pedidos

a) a concessão da tutela de urgência (ou liminar) para manutenção do serviço de saúde para os idosos, com amparo no art. 12 da Lei n. 7.347/85 e no art. 300 do CPC;
b) a intimação dos réus para audiência de conciliação ou mediação;
c) a citação do réu (ou dos réus);
d) a intimação do Ministério Público para acompanhar a presente ação;
e) a procedência do pedido, para os fins de manter a adequada prestação do serviço de saúde aos idosos;
f) a condenação do réu (ou dos réus) em custas e honorários advocatícios.

13.10.3.8. Provas

Protesta provar o alegado por todos os meios de prova em direito admitidos, notadamente pela prova documental já acostada e outras que se fizerem necessárias ao esclarecimento do Douto Juízo.

13.10.3.9. Valor da causa

R$ ...

13.10.3.10. Fechamento

a) Local e data.

b) Advogado e OAB.

13.11. Para marcar

13.11.1. *Artigos*

a) Constituição Federal – art. 129, III, § 1º;

b) Lei n. 7.347/85 – art. 1º; art. 2º, art. 3º, art. 5º, *caput* e §§ 4º e 6º, art. 12 e art. 18.

13.11.2. *Súmulas*

Súmula 329 do STJ: O Ministério Público tem legitimidade para propor ação civil pública em defesa do patrimônio público.

14

Contestação

Distribuída a petição inicial, caberá ao juiz realizar o juízo de admissibilidade, isto é, a análise da presença dos requisitos de admissibilidade constante no art. 319 do Código de Processo Civil, bem como, se for o caso, o julgamento de improcedência liminar do pedido, nos termos do art. 332 do Código de Processo Civil.

Existindo vícios processuais na petição inicial, o juiz determinará que o autor realize a emenda da petição inicial no prazo de 15 dias, sob pena de indeferimento. Assim, se emendada, o processo seguirá seu trâmite normal. Se não emendada, a petição inicial será indeferida e o processo será extinto sem resolução do mérito.

Nos casos de julgamento de improcedência liminar do pedido, antes mesmo de o juiz determinar a citação do réu, julgará o pedido improcedente, extinguindo o processo com resolução do mérito.

Assim, presentes todos os requisitos de admissibilidade e não sendo o caso de improcedência liminar do pedido, o juiz designará audiência ou, não sendo o caso, determinará a citação do réu para oferecer contestação.

Em resumo, a admissibilidade da petição inicial e a abertura do prazo para oferecer contestação ocorrem da seguinte maneira:

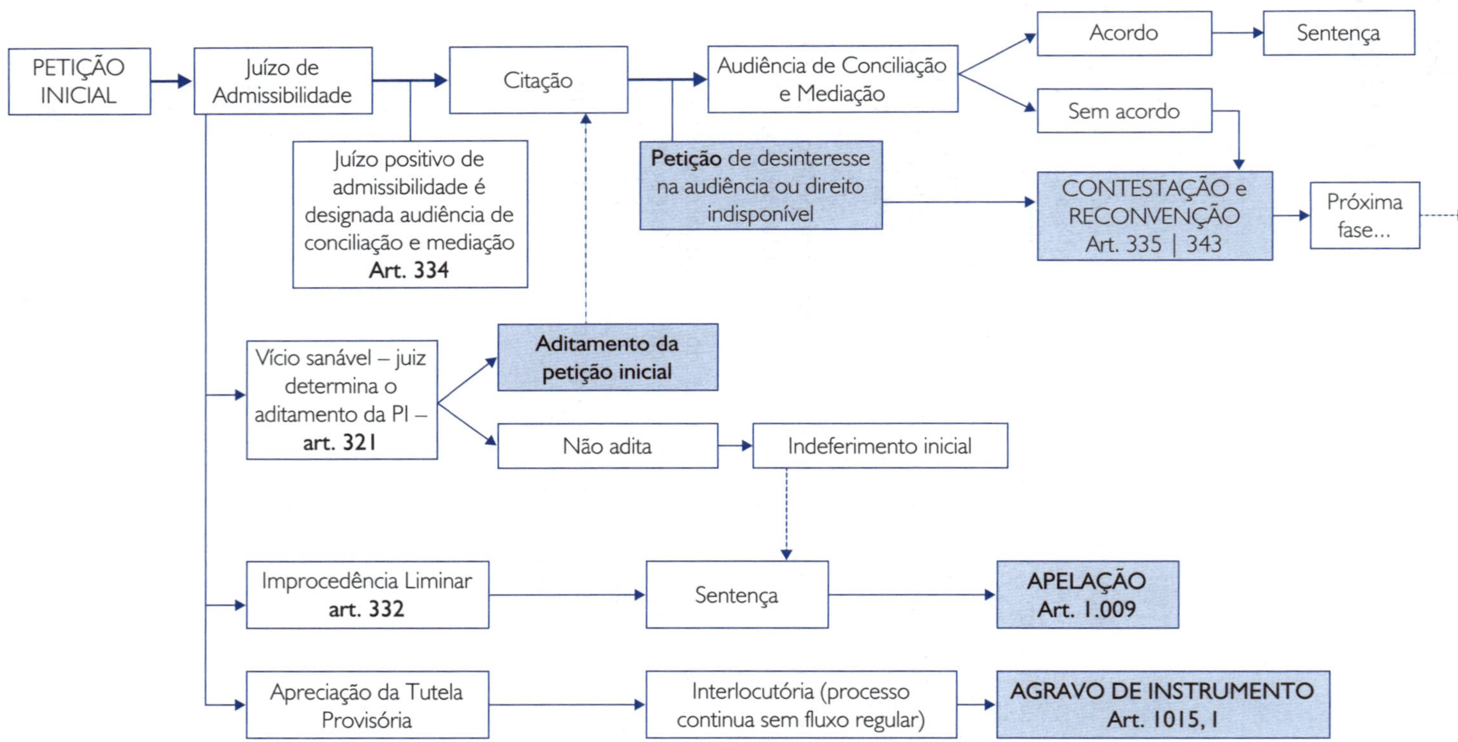
PETIÇÃO INICIAL
Juízo de Admissibilidade
Citação
Audiência de Conciliação e Mediação
Acordo
Sentença
Sem acordo
Juízo positivo de admissibilidade é designada audiência de conciliação e mediação Art. 334
Petição de desinteresse na audiência ou direito indisponível
CONTESTAÇÃO e RECONVENÇÃO Art. 335 | 343
Próxima fase...
Vício sanável – juiz determina o aditamento da PI – art. 321
Aditamento da petição inicial
Não adita
Indeferimento inicial
Improcedência Liminar art. 332
Sentença
APELAÇÃO Art. 1.009
Apreciação da Tutela Provisória
Interlocutória (processo continua sem fluxo regular)
AGRAVO DE INSTRUMENTO Art. 1015, I

14.1. Como identificar que a peça é uma contestação

Na prova prática do Exame de Ordem, a elaboração de uma contestação será viável quando a parte contrária, que não é o seu cliente, já tiver acionado o Judiciário. O enunciado da questão prático-profissional deixará em evidência que já existe processo em curso e o réu foi citado a se manifestar, ou houve a audiência de conciliação ou mediação sem resultar em acordo, ou houve pedido de cancelamento da audiência inicial.

Portanto, diante de enunciado que narre situação em que o réu deverá apresentar manifestação após o início do processo, cabe ao examinando elaborar uma contestação.

Interpretando o problema: quando será uma petição inicial?	
1. Quem é meu cliente?	O examinando deverá identificar a pessoa que é a parte ré do problema. Identificada a parte ré, o enunciado lhe remeterá a apresentar a manifestação adequada **"como advogado de ... (parte ré, que foi acionada judicialmente)"**, portanto, este é o seu cliente, e a manifestação adequada a ser oferecida é a contestação, caso o enunciado deixar claro que o réu apenas apresentará resistência; por sua vez, se a parte ré quiser mover pretensão contra o autor, será oferecida contestação com reconvenção.
2. Qual a fase processual?	Fase processual iniciada com poucos atos processuais ocorridos.
3. O que ele deseja?	A contestação visa apresentar resistência aos pedidos do autor (defesa), todavia poderá o réu requerer pretensão contra o autor e fazer pedido contra o autor que tenha relação com a ação judicial já em curso, ocasião em que será possível realizar também pedido de reconvenção.

14.2. Prazo para oferecer contestação

A contestação, no procedimento comum, será oferecida no prazo de 15 dias. Contudo, seu termo inicial sofre variação, devendo ser analisadas as várias hipóteses previstas no art. 335 do Código de Processo Civil.

Início do prazo de contestação	
Audiência infrutífera	**Prazo de 15 dias a contar** DA DATA DA AUDIÊNCIA (art. 335, I, do CPC). Caso seja realizada mais de uma audiência de conciliação, o prazo iniciará a partir da última audiência. **Obs.: o prazo na ação popular é de 20 dias, prorrogável por igual período (art. 7º, IV, da Lei n. 4.717/65).**
Pedido de cancelamento da audiência	Se o autor tiver na petição inicial manifestado desinteresse na audiência e o réu protocolado petição também com desinteresse e requerimento de cancelamento da audiência, **o prazo de 15 dias para contestação começará da data do** PROTOCOLO DA PETIÇÃO (art. 335, II, do CPC). Em caso de litisconsórcio passivo, o termo inicial para apresentação da contestação fluirá para cada um da data de sua respectiva petição (art. 335, § 1º, do CPC).
Nos demais casos	Da data da juntada do comprovante citatório etc.

Os demais casos para início do prazo de contestação são os seguintes:

Forma de citação	Início do prazo
Citação pelo correio	Data da juntada do aviso de recebimento (AR).
Por oficial de justiça, inclusive por hora certa	Data da juntada aos autos do mandado cumprido.
Por ato do escrivão ou chefe da secretaria	Quando o réu compareceu ao cartório ou secretaria, isto é, da ocorrência do comparecimento.
Por meio eletrônico	Dia útil seguinte à consulta ao teor da citação ou ao término do prazo para que a consulta se dê.
Por carta (de ordem, precatória ou rogatória)	Da data da juntada da comunicação (eletrônica) do juízo que a cumpriu, aos autos do processo em que a carta foi expedida ou, não havendo comunicação eletrônica, da data da juntada aos autos de origem, da carta cumprida.
Por edital	Dia útil seguinte ao fim do prazo de sua duração.

Nas formas de citação previstas no art. 231 do Código de Processo Civil, havendo mais de um réu, o prazo para contestar inicia-se a partir da realização do último evento citatório de todos os demais, isto é, em caso de litisconsórcio passivo com citação pelos correios, o prazo de 15 dias iniciará com a juntada do último aviso de recebimento (art. 231, § 1º, do Código de Processo Civil).

Nos **procedimentos especiais**, poderá haver prazos específicos para apresentação de defesa.

14.3. Contestação

A contestação é a peça processual pela qual o réu se defende contra a pretensão do autor (pedido e causa de pedir). A estrutura da defesa do réu está baseada em três pilares:

- preliminares (questões processuais);
- mérito (defesa direta ou indireta do pedido do autor); e
- questões incidentais (intervenção de terceiros e reconvenção).

14.3.1. *Preliminares*

As preliminares poderão ser dilatórias (buscam apenas sanar o vício processual e, se não sanado, a extinção do processo) e peremptórias. O objetivo destas últimas é a extinção do processo sem conceder oportunidade para qualquer correção de vício.

Preliminares		Consequência
Dilatórias	Art. 337, incisos: I – inexistência ou nulidade da citação; II – incompetência absoluta e relativa; III – incorreção do valor da causa; VIII – conexão;	Correção do vício processual e intimação da parte para sanar o vício processual e, caso não seja sanado, a extinção do processo sem resolução do mérito.

	IX – incapacidade da parte, defeito de representação ou falta de autorização; XII – falta de caução ou de outra prestação que a lei exige como preliminar; XIII – indevida concessão do benefício de gratuidade de justiça.	
Peremptórias	Art. 337, incisos: IV – inépcia da petição inicial; V – perempção; VI – litispendência; VII – coisa julgada; VIII – conexão; X – convenção de arbitragem; XI – ausência de legitimidade ou de interesse processual;	Extinção do processo sem resolução do mérito.

Realizada a divisão inicial das preliminares em dilatórias e peremptórias, passamos a analisar cada preliminar de forma detalhada:

Preliminar	Explicação
Inexistência ou nulidade da citação	Neste caso, o réu, por meio de seu advogado, vem a juízo para alegar a falta ou nulidade de citação, uma vez que tal ato constitui um pressuposto de existência e desenvolvimento válido do processo. Se acolhida, a contestação será tempestiva; se rejeitada, o réu será considerado revel.
Incompetência absoluta e relativa	Verifica-se quando há inobservância das regras de competência. Serão caso de incompetência absoluta os critérios de competência funcional e objetiva (em razão da matéria, da pessoa ou da hierarquia) e relativos à competência territorial.
Incorreção do valor da causa	Será incorreto o valor da causa quando não representar o valor econômico dos pedidos formulados pelo autor ou o valor atribuído à causa não tiver observado as regras do art. 292 do CPC.
Inépcia da petição inicial	Ocorre quando faltar pedido ou causa de pedir, quando o pedido for indeterminado, quando da narração dos fatos não decorrer logicamente o pedido ou quando os pedidos cumulados forem incompatíveis entre si (art. 330, § 1º, do CPC).
Perempção	Ocorre quando a parte tiver dado causa, por três vezes anteriores, à extinção do processo sem julgamento do mérito, em razão de sua inércia (art. 486, §§ 2º e 3º, do CPC). Proposta pela quarta vez, o réu poderá alegar que ocorreu a perempção; consequentemente, a ação deverá ser extinta sem o julgamento do mérito.
Litispendência	Verifica-se quando a parte repete ação idêntica à outra que se encontra em curso. A ação será considerada idêntica à outra quando tiver as mesmas partes, a mesma causa de pedir e pedido, conforme estabelece o art. 337, § 2º, do CPC.
Coisa julgada	Poderá ser alegada se o autor repetir ação idêntica a outra já decidida por sentença definitiva de mérito, transitada em julgado.

Conexão	Quando, por identidade de causa de pedir ou objeto do processo, deva haver a reunião do processo com outro já em curso, para o fim de que sejam julgados simultaneamente.
Incapacidade da parte, defeito de representação ou falta de autorização	Quando a parte, por exemplo, não juntou procuração do advogado, contrato social para os casos de empresa etc.
Convenção de arbitragem	O réu poderá alegar a existência de cláusula compromissória e/ou compromisso arbitral que impeça a discussão judicial do litígio (a arbitragem é disciplinada pela Lei n. 13.129/2015).
Ausência de legitimidade ou de interesse processual	Quando o réu alegar não ser parte legítima para figurar no polo passivo (ilegitimidade passiva), incumbe indicar o sujeito passivo da relação jurídica discutida sempre que tiver conhecimento (art. 339, *caput*, do CPC).
Falta de caução ou de outra prestação que a lei exige como preliminar	Hipótese, por exemplo, da ação rescisória que determina o depósito de 5% do valor da causa como requisito de admissibilidade.
Indevida concessão do benefício de gratuidade de justiça	Caso tenha provas de que a parte não cumpre os requisitos para concessão da gratuidade da justiça.

Realizada a explicação das preliminares, importa agora analisar como elas devem ser redigidas na peça prático-profissional. Conforme veremos, a estrutura será a seguinte:

Localizar a preliminar no art. 337 do CPC

+

Demonstrar a aplicação da preliminar no caso concreto (fundamentação jurídica)

+

Consequência (extinção para as peremptórias e regularização para as dilatórias)

Importante esclarecer que as preliminares possuem tópico próprio na petição inicial, e somente existirá o tópico das preliminares na contestação se existir alguma aplicável ao caso. Na inexistência, não deverá ser aberto o tópico das preliminares.

Assim, a título de exemplo, veja como arguir uma preliminar da modalidade peremptória:

"Preliminarmente, cumpre ressaltar que o réu é parte ilegítima nos presentes autos, conforme o art. 337, XI, do Código de Processo Civil, isso porque não foi o réu que causou o acidente e os danos no carro do autor, conforme boletim de ocorrência anexo, em que constou expressamente que o culpado pelo acidente foi José Maria Alves.

Assim, em atenção ao art. 339 do Código de Processo Civil, o réu indica como parte legítima a figurar como réu na ação: José Maria, estado civil ..., profissão ..., inscrito no CPF n. ..., endereço eletrônico ..., com endereço na Rua ...

Desse modo, requer seja acolhida a preliminar de ilegitimidade passiva, requerendo sua exclusão do polo passivo com a consequente extinção do processo sem resolução do mérito em relação a ele, condenando-se o autor ao pagamento de custas e honorários advocatícios".

Agora, uma preliminar dilatória:

"Preliminarmente, cumpre destacar que este Juízo é absolutamente incompetente para processar e julgar o objeto dos autos, nos termos do art. 337, II, do Código de Processo Civil, isso porque, conforme se depreende dos autos, o caso em análise versa sobre direito de família e este juízo possui competência exclusiva cível.

Assim, diante da incompetência absoluta, requer que seja acolhida a preliminar de incompetência com a consequente remessa dos autos ao juízo cível competente, nos termos do art. 64, § 3º, do Código de Processo Civil".

Ainda sobre as preliminares, alguns pontos importantes merecem destaque:

Já caiu

- O juiz poderá conhecer as preliminares de ofício, exceto a convenção de arbitragem e a incompetência relativa.
- Ausência de alegação da existência de convenção de arbitragem implica aceitação da jurisdição estatal e renúncia ao juízo arbitral.
- Quando alegar sua ilegitimidade, incumbe ao réu indicar o sujeito passivo da relação jurídica discutida sempre que tiver conhecimento, sob pena de arcar com as despesas processuais e de indenizar o autor pelos prejuízos decorrentes da falta de indicação.

14.3.2. *Mérito*

Além das preliminares, o réu deverá apresentar defesa de mérito, isto é, a resistência ao pedido do autor. A contestação deve observar dois preceitos básicos:

- Princípio do ônus da impugnação específica (art. 341 do Código de Processo Civil): é ônus do réu impugnar os fatos narrados pelo autor, sob pena de, ao deixar de se manifestar sobre algum deles, ocorrer a presunção de veracidade, salvo se o fato depender da prova por instrumento público e se o autor deixou de exibir tal documento na petição inicial.

Atenção: o ônus da impugnação específica não se aplica aos membros do Ministério Público e aos advogados dativos e curadores especiais (art. 72 do Código do Processo Civil), que podem elaborar contestação por negativa geral, conforme previsão contida no art. 341, parágrafo único, do Código de Processo Civil.

- Eventualidade (art. 336 do Código de Processo Civil): toda a matéria de defesa deverá ser arguida no momento da defesa.

O mérito é a fundamentação jurídica do réu para afastar a pretensão do autor. Poderá o réu negar as alegações do autor (defesa direta), bem como apresentar fatos modificativos, extintivos e impeditivos do autor (defesa indireta). Por meio do mérito o réu objetivará a improcedência do pedido do autor.

Atenção: na ação de desapropriação, a contestação somente poderá abordar o valor da indenização, vícios processuais ou direito de extensão (art. 20 do Decreto-lei n. 3.365/41).

14.3.3. *Questões incidentais*

Após o mérito e antes do pedido, poderá o réu abordar ainda, em capítulos específicos, questões incidentais, isto é, eventual intervenção de terceiros (chamamento ao processo e denunciação da lide) ou reconvenção.

14.3.3.1. Intervenção de terceiros

Duas são as modalidades de intervenção de terceiros que o réu poderá arguir na sua contestação, quais sejam: denunciação da lide e chamamento ao processo.

- **Denunciação da lide:** é marcada pela figura do garantidor. Prevista no art. 125 do Código de Processo Civil, a denunciação da lide permite que o réu traga terceiro ao processo em decorrência de lei, contrato ou evicção para que, na hipótese de o réu ser condenado, o juiz já analise a responsabilidade do denunciado (terceiro) de responder de reforma regressiva (reparar os prejuízos do réu decorrente da condenação).

Confira abaixo modelo de denunciação da lide:

"A empresa Ré celebrou com a Cia. de Seguros apólice para cobertura de eventos lesivos aos seus consumidores, conforme corrobora o documento acostado (doc. 2).

Com efeito, caso a Ré seja condenada a pagar qualquer quantia ao Autor, o que se admite apenas para argumentar, terá o direito de ser restituída integralmente, nos temos do referido contrato, de todos os valores que houver de pagar. A apólice juntada demonstra que a Seguradora é garantidora da Ré nas indenizações devidas aos consumidores da loja.

Portanto, nos termos do art. 125, II, do Código de Processo Civil, a Ré denuncia à lide a Cia. de Seguros, para que, caso seja condenada a pagar indenização ao Autor, na mesma sentença, fique consignada a obrigação da denunciada ao pagamento regressivo à Ré".

- **Chamamento ao processo:** é marcada pela obrigação solidária. Prevista no art. 130 do Código de Processo Civil, permite que o réu traga ao processo os demais coobrigados, fiadores ou o devedor principal para responderem em igualdade de condições.

A seguir modelo de chamamento ao processo:

"Com fundamento no art. 130, III, do Código de Processo Civil, o autor requer que o coobrigado JOÃO, estado civil ..., profissão ..., inscrito no CPF n. ..., endereço eletrônico ..., com endereço na Rua ..., seja chamado aos autos.

Com efeito, conforme se verifica do contrato anexo, JOÃO também é responsável pela obrigação, eis que constou no referido contrato como devedor solidário em caso de inadimplência.

Portanto, o réu requer a citação do coobrigado JOÃO no endereço ... para que, querendo, responda à presente ação judicial".

14.3.3.2. Reconvenção

A reconvenção é a medida processual que possibilita ao réu manifestar pretensão própria, conexa com a ação principal ou com o fundamento da defesa (art. 343 do Código de Processo Civil).

A reconvenção é a ação do réu em face do autor que será realizada dentro da própria contestação, podendo o réu propor a reconvenção independentemente de oferecer contestação (art. 343, § 6º, do Código de Processo Civil).

A reconvenção deve ser apresentada na própria contestação (na mesma peça). Todavia, caso o réu não apresente contestação, poderá apenas reconvir mediante peça autônoma, portanto a propositura de reconvenção não depende de contestação.

Assim, para os modelos:

Reconvenção	
Contestação + reconvenção	Peça única (o réu apresenta sua pretensão dentro da defesa, poderá abrir um capítulo na peça e, ao final, atribuirá valor da causa à reconvenção).
Reconvenção	Modelo de petição inicial. Distribuição por dependência.

Presente pedido reconvencional, o autor será intimado, na pessoa do seu advogado, para apresentar resposta no prazo de 15 dias, conforme o art. 343, § 1º, do Código de Processo Civil.

Atenção: em algumas situações não cabe reconvenção e sim pedido contraposto, a saber: ações possessórias (art. 554 e s. do CPC); ação de exigir contas (art. 550 e s. do CPC) e ações do Juizado Especial Cível (Lei n. 9.099/95). O pedido contraposto será um tópico na contestação após o mérito.

Estrutura básica da contestação:

Endereçamento	
Competência	Juízo da ação principal
Preâmbulo	
Partes	Réu e autor Desnecessidade de qualificação completa, pois a parte já foi qualificada na inicial. Indicar que a parte está devidamente representada por advogado com endereço na Rua ..., onde recebe intimações (procuração anexa).
Nome da ação	**Oferecer CONTESTAÇÃO e propor RECONVENÇÃO**
Fundamento legal	Arts. 336 e s. e 343 do CPC

<table>
<tr><th colspan="2">I – Breve síntese dos fatos</th></tr>
<tr><td colspan="2">Resumir os fatos alegados pelo autor.
Apontar brevemente a versão do réu.
Concluir pela improcedência do pedido do autor</td></tr>
<tr><th colspan="2">II – Das preliminares</th></tr>
<tr><td>Fundamento legal (art. 337, I a XIII, do CPC)</td><td>Localizar a preliminar no art. 337 do CPC.
+
Demonstrar a aplicação da preliminar no caso concreto (fundamentação jurídica).
+
Consequência (extinção do processo sem resolução do mérito ou regularização).</td></tr>
<tr><th colspan="2">III – Do mérito</th></tr>
<tr><td>Fundamento legal</td><td>Artigos de lei de direito material e processual.
Súmulas.
Transcrever artigos mais importantes.</td></tr>
<tr><th colspan="2">IV – Intervenção de terceiros</th></tr>
<tr><td>Fundamento legal</td><td>Denunciação da lide (art. 125 e s. do CPC).
Chamamento ao processo (art. 130 do CPC).</td></tr>
<tr><th colspan="2">V – Reconvenção</th></tr>
<tr><td>Fundamento legal</td><td>Art. 343 do CPC.
Abordar que o pedido reconvencional é conexo ao pedido da ação principal ou com o fundamento da defesa.</td></tr>
<tr><th colspan="2">VI – Dos pedidos e requerimentos</th></tr>
<tr><td>Pedidos</td><td>a) O acolhimento da preliminar de..., nos termos do art. 337, inciso ..., do CPC, para o fim de extinguir o processo sem resolução do mérito ou determinar a regularização.
b) No mérito, que seja julgado improcedente o pedido formulado pelo autor, em razão de ..., condenando-se o autor ao pagamento de custas e honorários advocatícios.
c) A procedência do pedido da reconvenção para condenar/declarar/constituir ..., condenando-se o autor reconvindo ao pagamento de honorários e custas judiciais, quanto ao pedido da reconvenção (se for o caso).</td></tr>
<tr><td>Requerimentos</td><td>d) A citação do terceiro para apresentar contestação (caso tenha situação de intervenção de terceiros).
e) A intimação do autor, na pessoa de seu advogado, para apresentar resposta À reconvenção, no prazo de 15 dias, nos termos do art. 343, § 1º, do CPC (se for o caso).
f) A produção de todos os meios de prova em direito admitidos, especialmente testemunhal e pericial.
g) A juntada da guia de custas devidamente recolhidas quanto ao pedido reconvencional (se for o caso).
Por fim, atribui a reconvenção o valor da causa de R$ ... (art. 292 do CPC) (se for o caso).</td></tr>
</table>

14.3.3.2.1. *Modelo de peça prática de contestação com reconvenção*

Folha 1/3

EXCELENTÍSSIMO SENHOR DOUTOR JUIZ DE DIREITO DA ··· VARA CÍVEL/FAZENDA PÚBLICA DA COMARCA DE ···

Processo n· ···

NOME DO RÉU, já qualificado nos autos, vem, por meio do seu advogado, com endereço profissional na Rua ···, onde recebe intimações (procuração anexa), com fundamento nos arts· 336 e s· e 343 do Código de Processo Civil, oferecer CONTESTAÇÃO e propor RECONVENÇÃO em face de NOME DO AUTOR, também já qualificado nos autos, conforme motivos abaixo expostos·

I - BREVE SÍNTESE DO PROCESSO

Apresentar a síntese dos fatos apresentados no enunciado·

II - PRELIMINARMENTE: INCOMPETÊNCIA RELATIVA

Hipóteses previstas no art· 337 do CPC·

III - DO MÉRITO

Rebater as teses apresentadas no enunciado, apontar novas teses,

Folha 2/3

incluindo a prescrição·

O ideal é seguir a lógica argumentativa (premissa maior para premissa menor): primeiro - violação a princípios; segundo - fundamentos cons-

titucionais; terceiro – fundamentos infraconstitucionais; quarto – fundamentos jurisprudenciais e doutrinários.

IV – DA RECONVENÇÃO

O art. 343 do Código de Processo Civil dispõe que é lícito ao réu propor reconvenção para manifestar pretensão própria, conexa com a ação principal ou com o fundamento da defesa.

Descrever o caso concreto.

V – DOS PEDIDOS E REQUERIMENTOS

Em face do exposto, é a presente para requerer:

a) o acolhimento da preliminar para correção ou extinção do feito sem julgamento do mérito;

b) no mérito, que seja julgado improcedente o pedido formulado pelo autor, condenando-se o autor ao pagamento de custas e honorários advocatícios;

c) a procedência do pedido da reconvenção para condenar o autor ..., condenando-se o autor reconvindo ao pagamento de honorários e custas judiciais, quanto ao pedido da reconvenção;

d) a intimação do autor reconvindo, na pessoa de seu advogado, para apresentar resposta à reconvenção, no prazo de 15 dias, nos termos do art. 343, § 1º, do Código de Processo Civil;

e) a produção de todos os meios de prova em direito admitidos, especialmente testemunhal e pericial;

f) a juntada da guia de custas devidamente recolhidas quanto ao pedido reconvencional.

Folha 3/3

Por fim, atribui à reconvenção o valor da causa de R$ ...

Termos em que

pede deferimento.

Local e data ...

ADVOGADO ...

OAB ...

15

Defesa prévia

Na ação de improbidade administrativa há 2 fases de defesa: defesa prévia e contestação.

O magistrado, ao confirmar a existência dos requisitos mínimos da petição inicial, determina a notificação dos réus para apresentação de defesa prévia.

A defesa poderá versar sobre qualquer fundamento, em especial aqueles que justificariam a extinção de pronto da ação, por exemplo, ilegitimidade de partes e prescrição.

15.1. Previsão legal

Lei n. 8.429/92 – art. 17, §§ 7º e 8º.

15.2. Prazo

15 dias, a contar da notificação.

15.3. Competência

Será a do juízo apresentado no enunciado, o responsável pela ordem de notificação.

15.4. Pedidos

a) improcedência da demanda a rejeitar os termos da inicial;

b) condenação na sucumbência.

15.5. Exercício

O Ministério Público Federal ajuizou ação civil pública em face da União e da empresa Esmeraldas Ltda. por exploração de minérios em área de reserva indígena.

Alega o Ministério Público que não havia autorização do Congresso Nacional e a comunidade indígena não teria participado das discussões para exploração nem recebia parte dos resultados.

Após o recebimento da petição inicial, o juiz federal da 2ª Vara da Seção Judiciária do Estado X determina a citação da União e de Esmeraldas Ltda.

Inconformada com as acusações da inicial, a empresa procura você, na qualidade de advogada(o), para minutar a medida judicial cabível para sua defesa e informa que:

- houve prévia deliberação com a comunidade indígena sobre a exploração, conforme atas apresentadas;
- o Congresso Nacional expediu a devida autorização, com publicação no Diário Oficial da União em 15 de setembro de 2014;
- 5% do valor arrecado com a comercialização das esmeraldas é distribuído para a comunidade indígena, conforme comprovantes bancários;
- há três meses houve decisão judicial transitada em julgado sobre o mesmo caso, a concluir pela regularidade da exploração.

15.5.1. *Perguntas para identificação*

Quem é meu cliente? Esmeraldas Ltda.

O que ele deseja? Defesa em face da petição inicial.

Inicial, defesa ou recurso? Defesa.

15.5.2. *Dica de identificação*

Diante da citação válida, a medida judicial cabível é a contestação.

15.5.3. *Elaborando o esqueleto da peça processual*

15.5.3.1. Endereçamento

O endereçamento da contestação será para o juízo do feito.

Endereçamento: Excelentíssimo Senhor Doutor Juiz Federal da 2ª Vara da Seção Judiciária de X

15.5.3.2. Partes

a) Réu – Esmeraldas Ltda.
b) Autor – Ministério Público.

15.5.3.3. Síntese processual

Transcrever a síntese do problema narrado no enunciado.

15.5.3.4. Preliminar

Preliminar.

15.5.3.5. Direito

a) indicar que ocorreu deliberação com a comunidade indígena, conforme o art. 231, § 3º, da Constituição Federal;
b) indicar que existe autorização do Congresso Nacional, conforme o art. 231, § 3º, da Constituição Federal;
c) indicar que há distribuição da arrecadação, conforme o art. 231, § 3º, da Constituição Federal.

15.5.3.6. Pedidos

a) acolhimento da preliminar para extinção do feito sem julgamento do mérito;
b) extinção do feito em virtude da regularidade da exploração dos minérios;
c) condenação da sucumbência.

15.5.3.7. Provas

Protesta provar o alegado por todos os meios de prova em direito admitidos, notadamente pela prova documental já acostada e outras que se fizerem necessárias ao esclarecimento do Douto Juízo.

15.5.3.8. Fechamento

a) Local e data.
b) Advogado e OAB.

15.6. Para marcar

15.6.1. *Artigos*

a) Código de Processo Civil – arts. 335 a 343;
b) Lei n. 4.717/65 – art. 6º, § 3º, e art. 7º, IV;
c) Lei n. 8.429/92 – art. 17, §§ 7º e 9º.

15.7. X Exame de Ordem Unificado

15.7.1. *Enunciado*

Francisco, servidor público que exerce o cargo de motorista do Ministério Público Federal da 3ª Região, localizada em São Paulo, há tempo vinha alertando o setor competente de que alguns carros oficiais estavam apresentando constantes problemas na pane elétrica e no sistema de frenagens, razão pela qual deveriam ser retirados temporariamente da frota oficial até que tais problemas fossem solucionados.

Contudo, nesse ínterim, durante uma diligência oficial, em razão de tais problemas, Francisco perdeu o controle do veículo que dirigia e acabou destruindo completamente a moto de Mateus, estudante do 3º período de Direito, que estava estacionada da calçada.

Mateus, por essa razão, assim que obteve sua inscrição como advogado nos quadros da Ordem dos Advogados, ingressou, em causa própria, perante o Juízo da Vara Federal da Seção Judiciária de São Paulo, com ação de responsabilidade civil, com fulcro no art. 37, § 6º, da CF/88 em face de Francisco e da União Federal, com o intuito de ser ressarcido pelos danos causados à sua moto.

Na referida ação, Mateus alega que (i) não há que se falar em prescrição da pretensão ressarcitória, tendo em vista não terem decorridos mais de cinco anos do evento danoso, nos termos do Dec. 20.910/32; (ii) que, nos termos do art. 37, § 6º, da CF/88, as pessoas jurídicas de direito público responderão pelos danos que seus agentes, nessa qualidade, causarem a terceiros, com fulcro na teoria do risco administrativo; (ii) que estão presentes todos os elementos necessários para configuração da responsabilidade civil.

Considerando as informações acima mencionadas e que, de fato, decorreram apenas quatro anos do evento danoso, apresente a peça pertinente para a defesa dos interesses de Francisco, sem criar dados ou fatos não informados.

15.7.2. *Padrão de resposta*

Quesito avaliado	Valores
Endereçamento da peça: Juízo da Vara Federal da Seção Judiciária de São Paulo	0,00/0,15
Qualificação das partes: Francisco, nos autos da ação em epígrafe movida por Mateus.	0,00/0,15
Fundamentos: Arguição de ilegitimidade passiva de Francisco tendo em vista que o art. 37, § 6º, CF/88 só permite o direcionamento da ação em face das pessoas jurídicas nele mencionadas (0,60). O dispositivo encerra dupla garantia: uma, em favor do particular, possibilitando-lhe ação indenizatória contra a pessoa jurídica de direito público, ou de direito privado que preste serviço público. Outra garantia, no entanto, em prol do servidor estatal, que somente responde administrativa e civilmente perante a pessoa jurídica a que se vincula (0,40).	0,00/0,40/0,60/1,00
Prescrição: inaplicabilidade a Francisco do prazo quinquenal previsto no Dec. n. 20.910/32 (0,40). Arguição de prescrição da pretensão ressarcitória, tendo em vista decorridos mais de 3 anos do evento danoso, nos termos do art. 206, § 3º, V, do CC (0,60). Obs.: caso o examinando argua apenas a prescrição trienal, receberá a pontuação integral.	0,00/0,40/1,00
A responsabilidade do Estado (no caso, a União) é objetiva, que se caracteriza pela necessidade de serem comprovados, apenas, a ação do agente, o dano e o nexo causal entre ambos. No entanto, Francisco não responde de forma objetiva pelos danos causados, tendo em vista que a teoria do risco administrativo somente é aplicada às pessoas jurídicas de direito público e às de direito privado prestadoras de serviços públicos (0,40). Desse modo, a responsabilidade de Francisco é subjetiva, que é aquela segundo a qual deve ser comprovada, além da ação, dano e nexo causal, a culpa em sentido amplo, devendo ser comprovado que este agiu com negligência, imprudência, imperícia (culpa em sentido estrito) ou com intenção de causar o dano (dolo) (0,60). Obs.: caso o examinando afirme, de forma fundamentada, que a responsabilidade de Francisco é subjetiva, explicitando os seus requisitos, receberá a pontuação integral.	0,00/0,40/1,00
Inexistência do elemento subjetivo no caso concreto, tendo em visa que, no caso concreto, Francisco causou o acidente em razão dos problemas mecânicos, que, inclusive, já tinham sido alertados ao setor competente.	0,00/0,50

15.8. Exame de Ordem Unificado 2010.3

15.8.1. *Enunciado*

Em janeiro de 2006, o Ministério Público abre inquérito civil para checar atos de improbidade administrativa realizados pelo prefeito de Mar Azul, município situado no interior do Estado X. Esses atos de improbidade consistiriam na auferição de vantagens patrimoniais indevidas em razão do exercício do cargo e envolveriam atuações do próprio prefeito e do chefe do gabinete civil. No curso das investigações procedidas, ficou confirmado que o chefe do gabinete civil recebeu vantagem econômica, em dinheiro, de vários empreiteiros que contratavam com o poder público. Ficou apurado, também, que algumas pessoas chegaram a informar ao prefeito essa conduta de seu chefe do gabinete civil. Entretanto, o prefeito não tomou providências, sempre dizendo às pessoas que realizavam as denúncias que confiava na atuação de seu secretário. Ainda na parte da apuração, para efeitos da justa causa voltada ao ajuizamento da ação civil pública de improbidade, ficou comprovado o aumento patrimonial do chefe do gabinete civil, desproporcional aos seus ganhos, mas não o do prefeito.

Com isso, já agora em janeiro de 2011, o Ministério Público ajuíza ação de improbidade em face do prefeito e de seu chefe de gabinete, fazendo menção a todos os atos de improbidade – o último teria se dado em dezembro de 2004, ano em que expirava o mandato do Prefeito –, representativos da afronta ao art. 9º, inciso I, da Lei n. 8.429/92.

Em sua peça, bem instruída com o inquérito civil, o Ministério Público menciona conduta comissiva do chefe de gabinete do prefeito e omissiva deste último, caracterizadora de desídia, a se enquadrar na ideia de negligência com o interesse público. Recebendo a peça inicial, o juiz da vara fazendária de Mar Azul determina a citação dos réus no dia 2-2-2011. Os mandados são efetivados no dia 4-2-2011 e juntos no dia 8-2-2011.

Transtornado com a ação proposta e ciente do pedido de suspensão dos direitos políticos por 10 anos e pagamento de multa civil de até 100 vezes de seus subsídios, o prefeito – cujo nome é Caio da Silva Nunes – procura você para apresentar a sua defesa.

Tendo sido aceito o mandado, componha a peça adequada, trazendo todos os fundamentos possíveis para a defesa e datando com o último dia do prazo.

15.8.2. *Padrão de resposta*

Item	Pontuação
1) Endereçamento da petição inicial	0/0,45
2) Qualificação das partes	0/0,25
3) Preliminares (0,25 cada um): Nulidade das citações Citar norma (art. 17, § 7º, da Lei n. 8.429/92) Anular recebimento da ação Determinar a notificação nos termos do art. 17, § 7º, da Lei n. 8.429/92	0/0,25/0,5/0,75/1,0

4) Prescrição (0,25) com fundamentação (art. 23, I, da Lei n. 8.429/92) (0,25)	0/0,25/0,5
5) Dolo • ausência de benefício (0,6) • ausência de vinculação entre as condutas do Prefeito e do Secretário (0,5) • redução da multa (0,5)	0/0,5/0,6/1,0/1,1/1,6
6) Pedidos (0,2 cada um) • protestar pela nulidade da citação • reconhecimento da prescrição • improcedência do pedido de ausência de dolo – na eventualidade, reduzir multa • protestar por provas	0/0,2/0,4/0,6/0,8/1,0
7) Data da contestação	0/0,2

16
Recursos

16.1. Aspectos práticos gerais

16.1.1. *Como identificar que a peça é um recurso, na prática administrativa*

Os recursos no processo civil representam instrumentos para a reforma, anulação ou integração de um ato judicial.

Assim, na prova prática do Exame de Ordem, mesmo na prática em Direito Administrativo, a utilização de um recurso apenas será viável quando a parte tiver sido prejudicada por um ato de juiz (ato de pronunciamento), estiver logo após a ciência de tal ato, bem como se o objetivo do problema for a atuação profissional para atacar o referido ato do magistrado ou Tribunal.

Interpretando o problema: quando será um recurso?	
1. Quem é meu cliente?	O recurso pode ser interposto por qualquer uma das partes, pelo MP ou por terceiro prejudicado (art. 996 do CPC).
2. Qual a fase processual?	O processo está em momento processual logo após a ciência do ato judicial. **Atenção:** se o problema disser que foi proferido um ato judicial, foi interposto o recurso e a parte foi cientificada do recurso interposto pela outra, será caso de "contrarrazões".
3. O que ele deseja?	O recurso visa à reforma, anulação ou integração do ato judicial, portanto o problema conduzirá: "na qualidade de advogado de 'x', atue contra o ato judicial".

Muito bem, depois de identificar que a peça processual será um recurso, surgirá a pergunta: qual recurso interpor?

A localização do recurso cabível – na prática e no Exame de Ordem – sempre exige a prévia identificação da natureza do ato judicial.

Fundamental – diante do ato judicial, questione: **Que ato judicial é esse?** A identificação do recurso correto apenas poderá se dar quando o intérprete localiza de forma correta a natureza do ato judicial.

No processo civil, a adequação recursal passa pelo cruzamento NATUREZA DO ATO JUDICIAL X RECURSOS. Primeiro identifique a natureza do ato do magistrado ou Tribunal e, na sequência, não terá como errar o recurso.

Atenção: histórico de recursos na prática administrativa OAB:

a) apelação (XIII, XX, XI);

b) agravo de instrumento (VIII, XXIII);

c) recurso ordinário constitucional (XII, XXIV).

16.1.2. *Pronunciamentos judiciais*

Os arts. 203 e 204 do Código de Processo Civil estabelecem quais são os atos de pronunciamentos judiciais:

a) **Despachos** – são atos de mero impulso do processo e sem carga decisória. Ao prolatar um despacho, o magistrado não faz nenhum julgamento, mas apenas impulsiona o processo para a frente.

Por exemplo, ao abrir vistas a uma parte acerca de um documento juntado pela outra, não há nenhuma atividade cognitiva ou de julgamento.

Contra os despachos não cabem recursos – art. 1.001 do CPC.

Atenção: se o ato judicial contiver conteúdo cognitivo e causar prejuízo à parte, não será um mero despacho, mas sim uma decisão interlocutória.

Vamos imaginar que, por exemplo, o problema diga: "o juiz despachou negando a tutela provisória". Neste caso, o termo "despacho" foi empregado no sentido *lato* e estaremos diante de típica interlocutória.

b) **Decisões interlocutórias**

As interlocutórias são pronunciamentos incidentais no processo, na primeira instância ou nos tribunais, sem o poder de gerar a extinção da relação.

A definição dada pelo CPC, no § 2º do art. 203, limitou-se a dizer que interlocutória será o ato que não for sentença. De fato, o dispositivo poderia ter deixado mais claro que as interlocutórias representam decisões sobre questões incidentais ou de mérito do processo, sem que gere sua extinção (o que é sentença).

Por exemplo, a negativa de uma liminar em mandado de segurança.

c) **Sentenças**

O ato judicial terá natureza de sentença em razão do seu conteúdo e efeito ao processo.

- conteúdo – alguma das hipóteses dos arts. 485 ou 487;
- efeito – extinção do processo.

Cuidado: caso o julgamento aplique alguma hipótese dos arts. 485 ou 487 sem a extinção do processo, não estaremos diante de uma sentença e sim de uma interlocutória, fazendo que o recurso seja outro (agravo e não apelação).

Vejamos. Vamos imaginar que, em um processo, havendo dois réus, um deles compareça na contestação e alegue sua ilegitimidade passiva.

O magistrado acolhe e, com base no art. 485, VI, exclui o litisconsorte do feito.

Nesse caso, temos conteúdo de sentença (art. 485), mas sem o efeito de extinção do processo. Portanto, mesmo com conteúdo de sentença, terá natureza – para efeitos recursais – de decisão interlocutória (e comportará agravo de instrumento).

Importante: as interlocutórias também podem ser proferidas nos tribunais, gerando o cabimento de agravos específicos, como veremos a seguir.

d) **Acórdãos**

Os atos colegiados proferidos pelos tribunais recebem a denominação de acórdãos (art. 204 do CPC) – julgamento de turmas, seções, plenário, órgão especial etc.

Atenção: nem todo ato de Tribunal é acórdão, uma vez que seus membros poderão proferir atos monocráticos (interlocutórias).

No Exame de Ordem o enunciado poderá conter expressões como:

"o Tribunal, por maioria de votos"

"o Tribunal, por votação unânime"

Nesses casos, estaremos diante de acórdão!

Caso o problema diga "o relator", o "presidente do Tribunal" proferiu julgamento ..., não teremos acórdão, e sim decisão monocrática (com natureza interlocutória e a ponto de desafiar recurso de agravo).

Antes de qualquer coisa...

Se o problema contiver um ato de juiz, faça uma análise preliminar sobre a natureza do ato judicial.

No processo civil, a localização do recurso adequado e correto depende do tipo do ato do juiz. Se o candidato identificar de forma equivocada uma sentença no lugar de uma interlocutória, perderá toda a prova e a nota será zero.

16.1.3. *Atos x recursos*

Identificada a natureza do ato judicial, com base nos arts. 203 e 204, o próximo passo será a localização do recurso específico.

Lembramos que no processo civil, em relação aos recursos, vigora o princípio da unirrecorribilidade ou singularidade, pelo qual, diante de um ato judicial, como regra, será cabível um único recurso. Excepcionalmente, os recursos especial e extraordinário fogem à regra e permitem que um único acórdão, simultaneamente, receba os dois recursos.

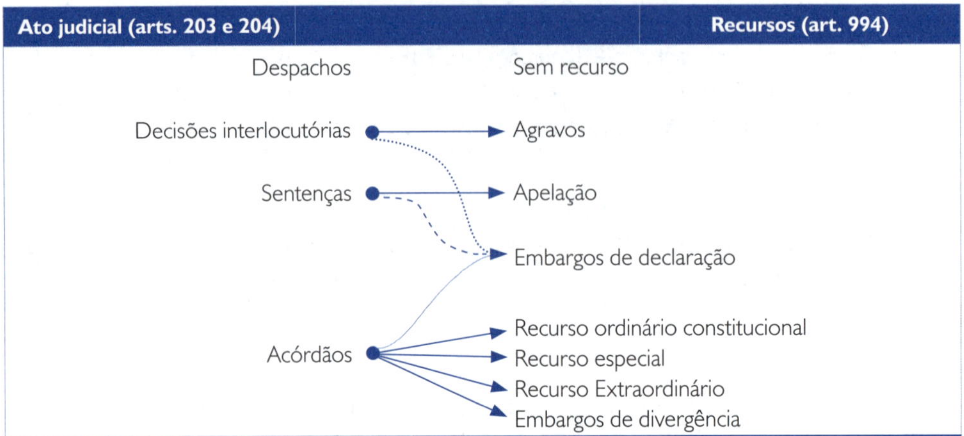

> **Alerta**
>
> - Nos juizados, o recurso contra sentenças não recebe o nome de apelação, mas apenas de recurso (inominado) – art. 41 da Lei n. 9.099/95.
> - Com o CPC de 2015 não há previsão de embargos infringentes e agravo retido.
> - Nas execuções fiscais, contra as sentenças em embargos à execução até 50 ORTNs, o recurso será de "embargos infringentes" – art. 34 da Lei n. 6.830/80 (que não se confunde com os antigos embargos infringentes do CPC de 1973).

16.1.4. *Situações peculiares*

a) Decisão que concede gratuidade – havendo a concessão de gratuidade de justiça, a parte contrária poderá apresentar impugnação (art. 100 do CPC). O recurso apenas será cabível da decisão que revoga a gratuidade ao julgar a impugnação ou quando ocorra seu indeferimento (recurso de agravo de instrumento – art. 1.015, V, do CPC).

b) Ato de expropriação patrimonial sobre bens de terceiros, decorrente de ordem judicial – ocorrendo ordem judicial para expropriação (penhora, arresto, sequestro, arrolamento de bens etc.) sobre bens de terceiro – pessoa que não integra a relação processual –, será cabível a propositura de embargos de terceiro, nos termos do art. 674 do CPC.

16.2. Questões práticas comuns a todos os recursos

16.2.1. *Estruturas de peças*

Em recursos, recomendamos dois modelos básicos de petições:

1) Recurso com petição de interposição: petição de interposição + razões recursais.

A petição de interposição é necessária quando a instância de recebimento do recurso foi diversa da instância de julgamento.

> **Atenção:** contém petição de interposição + razões recursais:
>
> Apelação (e recurso inominado no Juizado) | ROC | REsp | RE | Agravo em recurso REsp e RE

2) Recurso sem petição de interposição: peça direta, sem a necessidade de uma peça introdutória.

Quando o recurso for interposto na própria instância de julgamento, não há necessidade de petição de interposição.

> **Atenção:** não exigem petição de interposição + razões recursais:
>
> Embargos de declaração | Agravo de instrumento | Agravo interno | Embargos de divergência

16.2.2. *Cabimento e pressupostos*

No Exame de Ordem, considerando o objetivo do candidato de ser aprovado – preenchendo um espelho de correção –, nossa sugestão é que todo recurso contenha um capítulo "Do cabimento do recurso" (veja também nos modelos a seguir).

Nesse capítulo, de forma geral, o candidato demonstrará o preenchimento dos pressupostos recursais (os pressupostos estão previstos em lei, portanto, no momento da prova, basta seguir o Código):

Pressuposto processual	O que escrever e fundamento
Cabimento	Demonstrar a natureza do ato judicial e o cabimento Arts. 203/204 x **994** (com inciso específico) + artigo do recurso (p. ex.: apelação, art. 1.009 do CPC).
Legitimidade recursal	Apenas justificar que o recorrente é parte (ou terceiro prejudicado), portanto legitimado para a interposição do recurso, nos termos do **art. 996** do CPC.
Tempestividade	Art. **1.003,** *caput* e § 5º. • Indicar no preâmbulo da peça: vem, tempestivamente... • No capítulo do cabimento, fazer um parágrafo justificando o prazo legal. • Caso o problema determine e dê os elementos para isso, date a peça com o termo final do prazo para o recurso. Como regra, os recursos são interpostos no prazo de **15 dias**, salvo os embargos de declaração, que serão em **5 dias**, e no Juizado, onde o recurso contra sentença será interposto em **10 dias**.
Preparo	Art. **1.007** Indicar que o recurso segue acompanhado da guia do preparo. Caso a parte seja beneficiária da gratuidade de justiça, não haverá a juntada da guia, mas a informação de tal isenção nos termos legais.

Atenção: para cada recurso poderá haver pressupostos específicos, o que também deverá estar nesse capítulo "do cabimento".

Em cada recurso, trataremos dos pressupostos específicos.

A conclusão do capítulo do recurso será sempre:

Assim, por estarem presentes os pressupostos de admissibilidade recursal, desde logo, requer seja o recurso conhecido.

16.2.3. *Terminologias próprias para recursos*

- **Interpor** – verbo próprio para constar nos preâmbulos das peças recursais:

"Nome, já qualificado nos autos da AÇÃO ..., de número em epígrafe, que lhe move NOME, vem, por seu advogado, tempestivamente, **interpor** RECURSO DE ..."

Para embargos a expressão poderá ser **opor**.

Em contrarrazões utilize **apresentar** ou **oferecer contrarrazões** (não se *interpõe* a resposta recursal).

- O pedido recursal sempre conterá as expressões **conhecer e prover**.

O verbo *conhecer* está relacionado ao requerimento de juízo positivo de admissibilidade do recurso, uma vez que preenche os pressupostos recursais.

Já a expressão *prover* tem relação com o mérito do recurso, especialmente ao pedido de reforma ou anulação do ato judicial.

Por todo o exposto, requer a esse Egrégio Tribunal que o recurso seja **conhecido** e **provido**, no sentido de reformar a sentença recorrida para que ...

Cuidado: nas razões recursais (e na sua conclusão), você não está falando com um juízo de primeira instância, mas sim com um órgão colegiado, portanto não cabe: requer a Vossa Excelência etc.

- **Estrutura das razões recursais: saudação, capítulos e encerramento.**

Quando o recurso contiver petição de interposição e razões recursais, o início das razões conterá uma saudação:

Razões de apelação

Apelante: nome
Apelado: nome
Origem: (dados do processo que constarem no problema)

Egrégio Tribunal

Ilustres Desembargadores

I – HISTÓRICO PROCESSUAL

II – DO CABIMENTO DO RECURSO

III – DAS RAZÕES PARA A REFORMA

IV – DO PEDIDO DE REFORMA

Termos em que
pede deferimento.
Local e data ...
Advogado ...
OAB ...

16.3. Recurso adesivo – art. 997 do CPC

Inicialmente, cumpre destacar que o recurso adesivo NÃO representa uma espécie de recurso, mas sim uma forma de interpor um determinado recurso. A simples leitura do art. 994 demonstra que ele não está entre as modalidades de recursos em espécie.

Na verdade, a parte poderá interpor recurso de duas formas:

a) Independente – ciente do ato judicial, e inconformada, a parte interpõe seu recurso independentemente do recurso da outra parte (no prazo de 15 dias que ela tem para recorrer).

b) Adesiva – a parte espera a outra parte interpor o seu recurso e, quando intimada para a resposta, aproveita a oportunidade para, nesse momento, também apresentar seu recurso.

São requisitos para a existência do recurso na forma adesiva:

- sucumbência recíproca (p. ex., sentença de parcial procedência);
- recurso independente interposto apenas por uma das partes (se ambas interpuseram seus recursos independentes, não haverá para nenhuma delas a possibilidade de aderir ao recurso da outra);
- tem cabimento na apelação, nos recursos especial e extraordinário (portanto, não há que se cogitar o adesivo nos demais);
- será interposto no prazo das contrarrazões e com observância dos requisitos próprios do recurso interposto (inclusive preparo, se houver).

Atenção: a pergunta clássica: **"professor, qual o modelo de recurso adesivo?"** O recurso adesivo não tem um modelo próprio.

Na verdade, sendo um adesivo de apelação, ele observará todo o modelo de apelação, apenas constando no preâmbulo da peça: "vem, tempestivamente, interpor recurso de APELAÇÃO NA FORMA ADESIVA (ou RECURSO ADESIVO DE APELAÇÃO), com fundamento nos arts. 997 e 1.009 do Código de Processo Civil".

Como o recurso na forma adesiva é uma exceção, sugerimos que no capítulo do cabimento seja elaborado um parágrafo para justificar os requisitos do art. 997.

16.4. Efeito suspensivo nos recursos

O efeito suspensivo é aquele que impede que o ato recorrido produza efeitos enquanto houver a pendência do julgamento do recurso.

A depender do recurso, a sua interposição ou mediante decisão própria, poderá ser deferida a suspensão da execução provisória da decisão recorrida.

A regra contida no art. 995 do Código de Processo Civil é no sentido de que os recursos não impedem a eficácia da decisão recorrida, salvo disposição legal ou decisão judicial em sentido contrário.

Assim, a depender do recurso, o efeito suspensivo será:

a) automático – por previsão legal (p. ex., como é a regra da apelação);

b) excepcional – a depender de decisão judicial que defira o efeito para impedir a produção de efeitos durante o trâmite do recurso.

Atenção: requerimento de **efeito suspensivo**:

Não sendo automático o efeito (por previsão legal), o recorrente deverá formular o pedido com observância dos requisitos previstos no parágrafo único do art. 995 do CPC:

- requerimento ao relator (art. 932, II, do CPC) ou ao órgão dotado de competência a depender do recurso;
- risco de dano grave, de difícil reparação;
- ficar demonstrada a probabilidade de provimento do recurso.

Evidentemente, para o Exame da OAB, além dos requisitos do parágrafo único do art. 995, também sugerimos, em caráter excedente, que o candidato utilize os requisitos da tutela provisória dos arts. 294 e 300 do CPC.

#OQueAbundaNãoPrejudica

Em cada recurso, o efeito suspensivo tem comportamento próprio (trataremos também em cada recurso). Vejamos:

Recurso	Efeito suspensivo	Prática e modelo
Apelação	Regra: o recurso é recebido no duplo efeito (art. 1.012 do CPC) – devolutivo + suspensivo, ou seja, de forma automática, interposta a apelação, a sentença ficará suspensa. Exceção: sentenças previstas no § 1º do 1.012 do CPC não possuem efeito suspensivo (permitem a execução imediata). Nos casos de ausência de efeito suspensivo na apelação, os §§ 3º e 4º admitem o requerimento da parte para a concessão de tal efeito.	Petição simples – *vide* modelo no capítulo da apelação.
Agravo de instrumento	Depende de requerimento ao relator. Art. 1019, I, do CPC (efeito suspensivo ou tutela antecipada recursal).	Fundamentação e requerimento em capítulo específico dentro do agravo de instrumento.
Embargos de declaração	Regra: não têm efeito suspensivo (art. 1.026 do CPC). No entanto, a eficácia da decisão da decisão monocrática ou colegiada poderá ser suspensa pelo respectivo juiz ou relator se demonstrada a probabilidade de provimento do recurso ou, sendo relevante a fundamentação, se houver risco de dano grave ou de difícil reparação (§ 1º do art. 1.026 do CPC).	Fundamentação e requerimento em capítulo específico dentro do próprio recurso de embargos de declaração (*vide* modelo dentro dos embargos).
Especial e extraordinário	Regra: não têm efeito suspensivo. Em caráter excepcional, o § 5º do art. 1.029 autoriza o pedido ao Tribunal superior/supremo ou ao relator, se já distribuído o recurso.	Petição específica – § 5º do art. 1.029 do CPC.

16.5. Recursos nos Juizados

O ordenamento prevê a existência de três Juizados:

a) Juizado Especial Cível – Lei n. 9.009/95;

b) Juizado Especial Federal – Lei n. 10.259/2001;

c) Juizado Especial das Fazendas Públicas – Lei n. 12.153/2009.

Basicamente, a Lei n. 9.009/95, de forma geral, regulamenta os detalhes dos procedimentos para todos os juizados. Em relação aos recursos, a sistemática também está na referida lei.

- Os prazos, inclusive para os recursos, serão contados em dias úteis – art. 12-A da Lei n. 9.009/95.
- Em fase de recurso, as partes serão obrigatoriamente representadas por advogados – art. 41, § 2º, da Lei n. 9.099/95.
- Como regra o recurso apenas terá efeito devolutivo, podendo o juiz atribuir efeito suspensivo caso a parte demonstre perigo de dano irreparável – nesse caso, a parte fará o requerimento na própria petição de interposição.

Para as **sentenças**, excetuada a homologatória, o art. 41 da Lei n. 9.009/95 afirma ter cabimento o recurso (sem dizer o nome), no prazo de 10 dias (art. 42). Assim, é conhecido como recurso inominado.

Recurso	Cabimento e fundamento
Recurso inominado	Cabível contra as sentenças, salvo as homologatórias – art. 41 da Lei n. 9.099/95. • Prazo de 10 dias. • Preparo em até 48 horas seguintes à interposição.
Embargos de declaração	Cabíveis contra sentenças e acórdãos, em conformidade com o art. 1.002 do CPC (art. 48 da Lei n. 9.009/95). • A oposição dos embargos de declaração interrompe o prazo para outros recursos. • Podem ser interpostos na forma oral ou escrita (no prazo de 5 dias).
Recurso especial	Não tem cabimento no âmbito do Juizado. Súmula 203 do STJ[1].
Recurso extraordinário	Tem cabimento nos termos do art. 102, III, da Constituição da República. Inteligência das Súmulas 640 e 727 do STF[2].

Nos Juizados não existe a previsão de agravo de instrumento contra as decisões interlocutórias. Portanto, quando cabível, a prática se utiliza de mandado de segurança contra ato judicial, nos termos do art. 5º, II, da Lei n. 12.016/2009 – Súmula 376 do STJ[3].

16.6. Recursos em mandado de segurança

O mandado de segurança, ação constitucional prevista no art. 5º, LXIX, da Constituição, tem seu procedimento regulado pela Lei n. 12.016/2009, com sistemática recursal em sinergia com as regras do CPC de 2015.

---

1 Súmula 203 do STJ: "Não cabe recurso especial contra decisão proferida por órgão de segundo grau dos Juizados Especiais".

2 Súmula 640 do STF: "É cabível recurso extraordinário contra decisão proferida por juiz de primeiro grau nas causas de alçada, ou por turma recursal de juizado especial cível e criminal".

Súmula 727 do STF: "Não pode o magistrado deixar de encaminhar ao Supremo Tribunal Federal o agravo de instrumento [agora agravo em recurso extraordinário] interposto da decisão que não admite recurso extraordinário, ainda que referente a causa instaurada no âmbito dos juizados especiais".

3 Súmula 376 do STJ: "Compete a turma recursal processar e julgar o mandado de segurança contra ato de juizado especial".

No mandado de segurança podemos ter decisões interlocutórias, sentenças e acórdãos, portanto a lógica adotada será a mesma prevista de forma geral no Código de Processo, apenas devendo haver cuidado especial com os mandados de segurança que têm início diretamente nos Tribunais (competência originária dos Tribunais). Vejamos:

Origem (instância de início do MS)	Ato	Recurso
1ª instância	Decisão que aprecia liminar no MS	**Agravo de instrumento** – art. 7º, § 1º, da Lei n. 12.016/2009 + art. 1.015, I, do CPC.
	Sentença que extingue o processo (com ou sem resolução)	**Apelação** • Indeferimento da inicial – art. 10, § 1º, da Lei n. 12.016/2009. • Denegatória ou que concede a segurança – art. 14 da Lei n. 12.016/2009 + art. 1.009 do CPC.
Tribunais	Decisão que aprecia o pedido de liminar	**Agravo interno** – art. 16, parágrafo único, da Lei n. 12.016/2009.
	Indeferimento da inicial – pelo relator	**Agravo interno** – Agravo para o órgão colegiado – art. 10, § 1º, da Lei n. 12.016/2009.
	Acórdão concessivo da segurança – art. 18 da Lei n. 12.016/2009	**Recursos especial e/ou extraordinário** – quando presentes os requisitos constitucionais (arts. 102, III, e 105, III, da CF).
	Acórdão denegatório da segurança (com ou sem mérito) – art. 18 da Lei n. 12.016/2009	**Recurso ordinário constitucional** – arts. 102, II, e 105, II, da CF.

Cuidado: o recurso ordinário constitucional no mandado de segurança apenas terá cabimento quando o MS for de competência originária de Tribunal e tiver a segurança denegada. Não cabe ROC quando do julgamento de apelação em MS.

No capítulo próprio do ROC trataremos do item com detalhes.

16.7. Apelação

A apelação é o recurso concebido pelo processo para obtenção da reforma ou anulação de uma sentença (conteúdo de sentença + efeito de sentença), de extinção do processo com ou sem mérito.

Importante: na prática administrativa, o recurso de apelação teve muita incidência, portanto é estrutura que deve estar no radar dos candidatos.

Cabimento geral	Contra sentença.	Art. 1.009
Previsões específicas	• Mandado de segurança – arts. 10, § 1º, e 14 da Lei n. 12.016/2009.	
Prazo	15 dias.	Art. 1.003
Órgão de interposição	Juízo recorrido – 1ª instância.	Art. 1.010
Juízo de admissibilidade	Tribunal – inicialmente pelo relator.	Caso o relator, monocraticamente, negue admissão à apelação, caberá agravo interno (art. 1.021).
Órgão de julgamento do mérito recursal	Tribunal de Justiça (apelação contra sentença de juízo de direito) ou Tribunal Regional Federal (contra sentença de juízo federal).	
Modelo da peça	Peça dupla: petição de interposição + razões recursais.	
Resposta da parte contrária	Contrarrazões de apelação (15 dias).	Art. 1.010, § 1º
Admissão de recurso adesivo	Sim – no prazo das contrarrazões.	Art. 997
Retratação na apelação	Exceção.	Permitem retratação as seguintes sentenças: • improcedência liminar – art. 332, § 3º; • extinção sem resolução de mérito – art. 485; • indeferimento da petição inicial; • proferidas em processos do ECA – art. 178 do ECA.

A apelação é recurso básico no processo civil, pois, como regra, alguma das partes sairá vencida na causa e terá interesse na revisão do julgado (quando não as duas).

No entanto, algumas questões envolvem cuidado especial:

a) **Preliminar em apelação**

A recorribilidade das interlocutórias na 1ª instância é restrita aos casos de cabimento de agravo de instrumento em conformidade com o rol do art. 1.015 do CPC.

Portanto, não estando no art. 1.015 ou sem urgência que justifique o agravo de instrumento (taxatividade mitigada), a parte não poderá interpor recurso imediato, e, consequentemente, o próprio código estabelece que a matéria não sofrerá preclusão.

Nesse caso, todas as questões que não foram objeto de agravo de instrumento na primeira instância (pela ausência de cabimento) poderão ser alegadas pela parte em preliminar de apelação ou em preliminar nas contrarrazões, a depender do interesse e oportunidade.

b) **Juízo de admissibilidade da apelação**

Na sistemática do CPC de 2015, a verificação dos pressupostos da apelação não poderá ser realizada pelo juízo de primeiro grau. O § 3º do art. 1.010 expressamente afirma que os autos serão remetidos ao Tribunal independentemente de juízo de admissibilidade.

Portanto, a competência para a admissão ou não do recurso, originariamente, compete ao relator, que, de forma monocrática, poderá negar seguimento a ele.

Os poderes do relator estão previstos no art. 932 do CPC, inclusive com atribuição para julgar o mérito do recurso de forma monocrática (negar provimento), apreciar tutela provisória e realizar o juízo de admissibilidade.

Atenção: o que cabe?

a) Decisão do relator que não admite apelação? Resposta: caberá agravo interno (art. 1021 do CPC).

b) Decisão do juízo de primeira instância que não observa o § 3º do 1.010 e faz juízo negativo de admissibilidade da apelação? Resposta: o juízo de primeira instância usurpou a competência do relator (Tribunal) e, consequentemente, caberá reclamação contra tal ato – art. 988, I, do CPC.

c) **Juízo de retratação na apelação**

Como regra, na apelação não há possibilidade de juízo de retratação pelo magistrado que proferiu a sentença (diferente do que ocorre com as decisões interlocutórias, cuja retratabilidade é regra).

No entanto, existem exceções, especialmente em relação às sentenças de:

- indeferimento da petição inicial – art. 331 do CPC;
- improcedência liminar – § 3º do art. 332 do CPC;
- extinção sem resolução do mérito – § 7º do art. 485 do CPC.
- julgamento em procedimento afeto à Justiça da Infância e da Juventude, com base no ECA – art. 198, VII, do ECA.

Atenção:

Reflexo na peça

Cabível a retratação, o que isso muda na peça processual?

Evidentemente, estando diante de uma situação em que a retratação é possível, o apelante fará tal pedido na peça de interposição do recurso:

"Por oportuno, nos termos do art. 332, § 3º, do Código de Processo Civil, requer a Vossa Excelência a retratação da sentença proferida, com a sua anulação e consequente prosseguimento regular do feito.

No entanto, caso não ocorra a retratação, requer a remessa dos autos do Egrégio Tribunal de Justiça do Estado para que o recurso seja processado".

d) **Teoria da causa madura**

Ao julgar uma apelação e tornar sem efeito uma sentença, a regra é que o Tribunal determine a remessa dos autos à primeira instância para que o magistrado de origem possa proferir novo julgamento.

Por exemplo, a primeira instância profere sentença de indeferimento da petição inicial, e o autor apela. Se o Tribunal der provimento à apelação, tornará a sentença (de extinção sem mérito) sem efeito e determinará o retorno dos autos à origem para a prolação de um novo julgamento, agora com apreciação do mérito.

Excepcionalmente, não precisará haver a devolução dos autos à instância de origem quando for aplicável a teoria da causa madura, com o julgamento do mérito pelo próprio Tribunal.

As hipóteses de aplicação da teoria estão previstas nos §§ 3º e 4º do art. 1.013 do CPC.

Atenção:

Reflexo na peça

Sendo aplicável a teoria da causa madura, o apelante requererá que o recurso seja provido e o próprio Tribunal julgue o mérito da causa, sem a devolução dos autos à primeira instância.

Vejamos dois exemplos:

SEM aplicação da teoria da causa madura

"Por todo o exposto, requer a esse Egrégio Tribunal o conhecimento e provimento da apelação, para que a sentença que indeferiu a petição inicial (art. 485) seja reformada e, por não ser caso de aplicação da teoria da causa madura, sejam os autos remetidos à primeira instância para processamento da causa e novo julgamento".

COM aplicação da teoria da causa madura

"Por todo o exposto, requer a esse Egrégio Tribunal o conhecimento e provimento da apelação, para que seja afastada a prescrição imposta pela sentença recorrida e, por se tratar de caso previsto no § 4º do art. 1.013 do Código de Processo Civil, estando o feito em condições de imediato julgamento, requer que o Tribunal julgue desde logo o mérito da causa, sendo aplicada a teoria da causa madura".

Já caiu

A teoria da causa madura já foi objeto de incidência no XXII Exame, quando a peça cabível era um recurso ordinário constitucional, e a banca incluiu no espelho a aplicação de tal instituto.

16.7.1. *Esqueleto da apelação*

Esqueleto da peça	
Petição de interposição (folha 1/5)	
Endereçamento	Juízo de 1ª instância – recorrido
Preâmbulo	Partes + qualificação (o art. 1.010 pede qualificação). • Verbo *interpor.* • Tempestivamente. • Recurso de apelação. • Com fundamento no art. 1.009 do CPC. • Informar que seguem acostadas as razões e a guia do preparo.

Formalidades	Requerer intimação da parte contrária para contrarrazões (art. 1.010, § 1º) e posterior remessa dos autos ao Tribunal (§ 3º). Excepcionalmente, caso seja situação que permita retratação do juízo de primeira instância, fazer um parágrafo com esse requerimento.
Encerramento	A petição de interposição terá encerramento, e, na folha 2, terão início as razões recursais.
Razões recursais (a partir da folha 2/5)	
Abertura e saudação	Razões de apelação Apelante: nome Apelado: nome Origem: dados do problema Egrégio Tribunal Ilustres Desembargadores
Capítulos da peça	I. Dos fatos do processo (síntese da ação proposta + citação e audiência + defesa + sentença) II. Do cabimento do recurso (justificar os pressupostos) III. Da preliminar em apelação (art. 1.009, § 1º – questões processuais não resolvidas que não comportaram agravo de instrumento) IV. Das razões para a reforma (ou anulação) (teses) V. Do pedido recursal Ver o próximo item.
Requerimento e conclusão	• Apreciação da preliminar (se houver). • Recurso seja conhecido e provido. • Condenação da parte contrária no ônus da sucumbência. Atenção: se for o caso, requerer a aplicação da "teoria da causa madura" – art. 1.013, §§ 3º e 4º, do CPC.
Encerramento	Termos em que pede deferimento. Local e data _____ (datar se o problema pedir) Advogado _____ OAB n. _____

16.7.2. *Modelo de apelação*

Folha 1/4 – petição de interposição

01	*EXCELENTÍSSIMO SENHOR DOUTOR JUIZ DE DIREITO DA [número]*
02	*VARA CÍVEL [ou da Fazenda] DA COMARCA DE ... [endereçar a ape-*
03	*lação ao juízo de primeira instância que constar no enunciado]*
04	
05	

Processo autuado sob o n. ...

APELANTE, qualificação completa ..., inconformada com a sentença proferida na AÇÃO POPULAR, de número em epígrafe, proposta em face de APELADOS, qualificação ..., vem, tempestivamente, por seu advogado, interpor RECURSO DE APELAÇÃO[4], com fundamento no art. 1.009 do Código de Processo Civil, cujas razões e guia comprobatória do preparo seguem acostadas.

[Se for o caso, requerer juízo de retratação.][5]

Por oportuno, requer a intimação do Apelado, nos termos do § 1º do art. 1.010 do CPC, para apresentar suas contrarrazões e, após tal formalidade, sejam os autos remetidos ao Tribunal de Justiça do Estado de ...

Termos em que
pede deferimento.

Local e data [datar se o problema pedir]
Advogado ...
OAB ...

Razões de apelação – a partir da folha 2/4

RAZÕES DE APELAÇÃO

Apelante: Nome
Apelados: Nome

4 Se fosse resposta do apelado: "apresentar CONTRARRAZÕES DE APELAÇÃO" ...

5 "Por oportuno, requer a Vossa Excelência o exercício do juízo de retratação, nos termos do artigo ... do Código de Processo Civil, para que ..."

Origem: [dados do processo que constam no problema]

EGRÉGIO TRIBUNAL

ILUSTRES DESEMBARGADORES

I – EXPOSIÇÃO DOS FATOS E DO DIREITO

A Autora, ora Apelante, na qualidade de cidadã, propôs ação popular em face dos Apelados, em síntese ...

Citados, apresentaram defesa ... [resumo da defesa]

Em primeiro grau ... [narrar outros atos relevantes]

Por sua vez, o magistrado prolatou sentença de improcedência, em síntese, por entender que:

a) ...

b) ...

No entanto, como será demonstrado a seguir, a sentença merece ser reformada.

II – DO CABIMENTO DO RECURSO

Inicialmente, cumpre destacar que o recurso preenche todos os pressupostos para sua admissibilidade.

No presente caso, o magistrado prolatou sentença, nos termos dos arts. 487 e 203, § 1º, do CPC, e, portanto, tem cabimento o recurso de apelação, como previsto nos arts. 994, I, e 1.009 do mesmo Código.

Folha 3/4

Além disso, o recurso está sendo interposto pela Autora, parte no processo e legítima para o apelo, como prevê o art. 996 do CPC.

O recurso é tempestivo, pois está sendo apresentado no prazo de 15 dias, como estabelecem o art. 1.003, "caput" e § 5º, do Código de Processo Civil (explicar conta do prazo).

O recurso também está sendo acompanhado da guia do preparo, inclusive os portes, como determina o art. 1.007 do CPC.

Infere-se, assim, que o recurso merece ser conhecido.

III – DA PRELIMINAR NA APELAÇÃO

[Caso o problema traga alguma questão processual não resolvida na primeira instância e sem a interposição de agravo de instrumento – art. 1.009, § 1º, do CPC.]

IV – DAS RAZÕES PARA A REFORMA

(teses de mérito)

Portanto, a sentença merece ser reformada.

V – DO PEDIDO DE REFORMA

Por todo o exposto, requer a esse Egrégio Tribunal seja o recurso CONHECIDO e PROVIDO para reformar a sentença recorrida, no sentido de ...

[Caso a ação tenha a possibilidade de fixação de condenação pelo ônus da sucumbência, fazer um parágrafo requerendo tal fixação.]

Requer, ainda, a condenação dos Apelados no ônus da sucumbência, com o pagamento das custas e honorários advocatícios, nos termos dos

Folha 4/4

arts. 82, § 2º, e 85 do Código de Processo Civil, bem como art. 12 da Lei n. 4.717/65.

Termos em que
pede deferimento.

Local e data [datar se pedir]

Advogado ...
OAB ...

16.7.3. *Modelo de contrarrazões de apelação*

Folha 1/3 – petição de juntada

(não há que se falar em petição de interposição, pois isso só se aplica à apelação)

EXCELENTÍSSIMO SENHOR DOUTOR JUIZ DE DIREITO DA [número] VARA CÍVEL DA COMARCA DE ...

Processo autuado sob o n. ...

APELADO, já qualificado nos autos da ação de ... PROCEDIMENTO COMUM, de número em epígrafe, que lhe move APELANTE, vem, tempestivamente, por seu advogado, apresentar CONTRARRAZÕES DE APELAÇÃO, nos termos do art. 1.010, § 1º, do Código de Processo Civil.

Por oportuno, requer a juntada das contrarrazões aos autos e a remessa ao Egrégio Tribunal de Justiça do Estado ...

Termos em que
pede deferimento.

Local e data ...

Advogado ...
OAB ...

Contrarrazões de apelação – a partir da folha 2/3

RAZÕES DE APELAÇÃO

Apelado: Nome
Apelante: Nome
Origem: dados do enunciado

EGRÉGIO TRIBUNAL
ILUSTRES DESEMBARGADORES

I – EXPOSIÇÃO DOS FATOS E DO DIREITO

[Narrativa dos fatos.]

II – DO NÃO CABIMENTO DO RECURSO

Inicialmente, cumpre destacar que o recurso não preenche os pressupostos para sua admissibilidade.

[Demonstrar eventual ausência de pressuposto para conhecimento do recurso. Enquanto nas razões de apelação o apelante demonstra a existência dos requisitos, nas contrarrazões o objetivo é oposto.]

Infere-se, assim, que o recurso não merece ser conhecido.

Não obstante os motivos para a não admissão, caso o recurso seja conhecido, o que se admite apenas para argumentar, existem argumentos de mérito para a negativa de provimento e a existência de questão preliminar que merece ser apreciada.

III – DA PRELIMINAR NAS CONTRARRAZÕES

[O apelado, nas contrarrazões, poderá requerer o julgamento de questão preliminar – nos termos do art. 1.009, § 1º, do CPC.]

Folha 3/3

IV – DAS RAZÕES PARA A MANUTENÇÃO DA SENTENÇA

[Teses contra os argumentos da apelação e que justifiquem a manutenção dos termos da sentença apelada.]

V – DOS REQUERIMENTOS

Desde logo, nos termos do art. 932, III, do Código de Processo Civil, requer não seja o recurso conhecido por ausência de pressuposto processual ...

Por outro lado, sendo levado a julgamento, requer a esse Egrégio Tribunal que seja negado provimento ao apelo, com a manutenção integral da sentença recorrida por seus próprios fundamentos.

Requer, ainda, nos termos do art. 85, §§ 1º e 11, do Código de Processo Civil, a fixação e majoração dos honorários advocatícios em razão do recurso, considerando o trabalho adicional realizado pelo advogado da Apelada.

Termos em que
pede deferimento.

Local e data [datar se pedir]

Advogado ...
OAB ...

16.7.4. *Efeito suspensivo em apelação*

Como vimos, a regra é no sentido de que a mera interposição do recurso de apelação já gera o efeito suspensivo, ou seja, a sentença não poderá ser executada enquanto estiver pendente o julgamento do recurso.

No entanto, o art. 1.012, § 1º, prevê situações em que não haverá o efeito suspensivo, permitindo, desde logo, o cumprimento provisório da sentença. São casos de sentenças que:

> I – homologa divisão ou demarcação de terras;
>
> II – condena a pagar alimentos;
>
> III – extingue sem resolução do mérito ou julga improcedentes os embargos do executado;
>
> IV – julga procedente o pedido de instituição de arbitragem;
>
> V – confirma, concede ou revoga tutela provisória;
>
> VI – decreta a interdição.

Além dos casos previstos no art. 1.012 do CPC, também não terá efeito suspensivo a sentença que conceder o mandado de segurança. Portanto, poderá ser executada provisoriamente (apelação só no efeito devolutivo) – art. 14, § 3º, da Lei n. 12.016/2009, salvo nos casos em que for vedada a concessão de liminar (§ 2º do art. 7º da referida lei).

16.7.4.1. Modelo de pedido de efeito suspensivo em apelação

Folha 1/3

EXCELENTÍSSIMO SENHOR RELATOR DOUTOR DESEMBARGADOR DO TRIBUNAL DE JUSTIÇA DO ESTADO ... [Endereçar o pedido de efeito suspensivo ao presidente do Tribunal, se a apelação ainda não tiver sido distribuída no Tribunal, ou ao relator, caso exista algum designado – art. 1.012, § 3º.]

Processo autuado sob o n. ...

NOME DO RECORRENTE, já qualificado nos autos da AÇÃO ..., de número em epígrafe, que lhe move NOME DO RECORRIDO, vem, por seu advogado, requerer a concessão de EFEITO SUSPENSIVO AO RECURSO DE APELAÇÃO, nos termos dos arts. 932, II, e 1.012, §§ 3º e 4º, do Código de Processo Civil, pelo que expõe e requer a Vossa Excelência o seguinte.

I – DOS FATOS – DA SENTENÇA PROLATADA E APELAÇÃO INTERPOSTA

A ação versa sobre ...

Em sentença, o pedido do Autor Recorrido foi acolhido para ...

Oportunamente, foi interposto recurso de apelação para obtenção da reforma da sentença, sendo ela distribuída nesse Egrégio Tribunal de Justiça [ou em fase prévia à distribuição].

No entanto, em conformidade com o inciso [destacar a hipótese] do art. 1.012 do Código de Processo Civil, trata-se de situação em que, em

Folha 2/3

tese, o recurso de apelação não tem atribuição de efeito suspensivo.

Dessa forma, considerando que a parte contrária poderá iniciar imediatamente a execução provisória, como será demonstrado a seguir, é caso de concessão de efeito suspensivo ao recurso de apelação.

II – DO DIREITO – CONCESSÃO DO EFEITO SUSPENSIVO

No caso em epígrafe estão presentes os requisitos que autorizam a concessão de efeito suspensivo à apelação.

Inicialmente, cumpre destacar que o art. 932, II, do Código de Processo Civil confere ao relator o poder de conferir medidas de urgência nos recursos, inclusive com atribuição de tutelas provisórias.

Por sua vez, o parágrafo único do art. 996 do Código de Processo Civil afirma que a eficácia da decisão recorrida poderá ser suspensa por decisão do relator, se da imediata produção de seus efeitos houver risco de dano grave ou de difícil reparação, bem como fique demonstrada a probabilidade de provimento do recurso.

Na ação em curso, foi interposta apelação que demonstrou de forma clara o erro da sentença [justificar a grande chance de reforma da sentença], estando presente a probabilidade ou "fumus boni iuris" que leva à concessão da liminar para suspender a execução do julgado.

A sentença violou literalmente ...

Como se não bastasse, o início do cumprimento da sentença implicará grave prejuízo ao Apelante, uma vez que a sentença determinou que ...

Também estão presentes os requisitos que permitem o deferimento de tutela provisória, com base nos arts. 294 e 300 do Código de Processo Civil ...

Existe risco de dano grave e de difícil reparação a ponto de justificar a medida excepcional de concessão do efeito suspensivo.

Folha 3/3

Portanto, estão presentes os requisitos legais para a concessão de efeito suspensivo à apelação.

III – DO PEDIDO DE EFEITO SUSPENSIVO

Por todo o exposto, requer a Vossa Excelência a concessão do efeito suspensivo ao recurso de apelação, nos termos dos §§ 3º e 4º do art. 1.012, com a determinação de que a sentença não produza efeitos durante o trâmite do recurso perante esse Egrégio Tribunal de Justiça, evitando o início da execução provisória.

Termos em que
pede deferimento.

Local e data ...

Advogado ...
OAB ...

16.8. Embargos de declaração

Os embargos de declaração – recurso de baixa incidência na 2ª fase do Exame de Ordem, mas que não pode ser desprezado na preparação – são meio de "integração" do ato jurisdicional.

Na verdade, ao opor embargos de declaração, o recorrente não almeja a reforma ou a anulação do ato, mas apenas obter um pronunciamento jurisdicional que torne o ato jurisdicional integral (pois está incompleto, sem lógica, incoerente ou sem clareza).

Os embargos de declaração poderão ser opostos contra todos os atos jurisdicionais de pronunciamento, quando houver:

a) omissão – o magistrado ou Tribunal deixou de apreciar algo que deveria ter manifestação expressa (atenção ao disposto no art. 489, § 1º, do CPC);
b) contradição – divergência no conteúdo do ato jurisdicional;
c) obscuridade – falta de clareza;
d) erro material – inconsistências materiais que não alterem o resultado do julgamento, por exemplo, erros em nomes, em cálculos aritméticos, referências etc.

Já caiu

Embargos de declaração para prequestionamento

Os embargos de declaração também podem ser opostos com a finalidade de prequestionar dispositivos legais ou constitucionais que serão objeto de discussão em futuros recursos especial ou extraordinário.

Como sabemos, a jurisprudência do STJ e do STF entende que os recursos especial e extraordinário apenas serão conhecidos quando a matéria houver sido apreciada, de forma expressa, na instância inferior. Portanto, uma forma de fazer o Tribunal recorrido se manifestar sobre a questão federal ou constitucional será por meio de embargos de declaração.

Importante: mesmo que os embargos de declaração não sejam conhecidos, o art. 1.025 do CPC afirma que a matéria poderá ser considerada prequestionada.

Vejamos. Vamos imaginar que os embargos sejam feitos para prequestionamento e, por ausência de previsão expressa de cabimento, o Tribunal entenda que eles são protelatórios e aplique a multa do § 2º do art. 1.026 do CPC. Isso estará correto?

Resposta: não. A Súmula 98 do STJ afirma expressamente que os embargos de declaração opostos com a finalidade de prequestionamento não poderão ser considerados protelatórios.

Atos que permitem embargos	Interlocutórias, sentenças e acórdãos.	
Cabimento e fundamento	Omissão, contradição, obscuridade ou erro material.	Art. 1.022 e incisos
Prazo	5 dias.	Art. 1.023
Órgão de interposição	Ao próprio órgão embargado.	Art. 1.023
Juízo de admissibilidade	O próprio órgão.	
Órgão de julgamento do mérito recursal	O próprio órgão.	Art. 1.024
Modelo da peça	Peça única (direta) – não há necessidade de petição de interposição.	
Resposta da parte contrária	Como regra não haverá contrarrazões. No entanto, caso o eventual acolhimento implique modificação da decisão embargada, o embargado será intimado para se manifestar (contrarrazões), no prazo de 5 dias – § 2º do art. 1.023 do CPC.	
Admissão de recurso adesivo	Não.	Art. 997
Pontos importantes	• Efeito interruptivo – art. 1.026. • Multa em embargos protelatórios – § 2º do art. 1.026.	

16.8.1. *Modelo de embargos de declaração*

Folha 1/3

01	EXCELENTÍSSIMO SENHOR DOUTOR JUIZ DE DIREITO DA [número]ª
02	VARA CÍVEL DA COMARCA DE ...
03	

Processo autuado sob o n. ...

NOME, já qualificado nos autos da AÇÃO DE ..., de número em epígrafe, que lhe move NOME DO EMBARGADO, vem, por seu advogado, tempestivamente, opor EMBARGOS DE DECLARAÇÃO, com fun- fundamento no art. 1.022, II, do Código de Processo Civil, considerando omissões na sentença de fls. ..., pelo que expõe e requer a Vossa Excelência o seguinte.

I – DOS FATOS – AÇÃO PROPOSTA E SENTENÇA PROLATADA

O Embargante, na qualidade de Réu na ação ...

[Narrativa dos fatos.]

Dessa forma, como será demonstrado a seguir, têm cabimento e merecem acolhimento os embargos para sanar as omissões referidas.

II – DO CABIMENTO DOS EMBARGOS[6]

Inicialmente, cumpre destacar que têm cabimento os embargos de

Folha 2/3

declaração contra sentença, nos termos dos arts. 994, IV, e 1.002 do Código de Processo Civil.

Existem omissões que precisam ser sanadas.

6 Sugerimos a realização do capítulo "Do cabimento" por cautela no Exame de Ordem, especialmente para que o candidato possa demonstrar o conhecimento acerca dos pressupostos recursais. Na vida prática, essa peça acaba tendo forma mais simples e direta.

O recurso está sendo oposto pelo Réu, portanto legítimo nos termos do art. 996.

Também é tempestivo, pois a disponibilização ocorreu há 2 dias, e o prazo previsto no art. 1.023 do Código de Processo Civil é de 5 dias (contar e datar se o problema trouxer elementos suficientes).

O recurso não se sujeita a preparo (art. 1.023).

Assim, estão presentes todos os pressupostos para o conhecimento dos embargos.

III – DO DIREITO – OMISSÕES NA SENTENÇA

A sentença foi omissa em relação à alegação do Réu acerca da ...

[Apontar omissão, contradição, obscuridade, erro material ou item de prequestionamento.]

Por tais razões, os Embargos merecem acolhimento.

IV – DO PEDIDO

Por todo o exposto, requer a Vossa Excelência que os Embargos sejam conhecidos e providos, para que as omissões sejam sanadas, a fim de ...

Por oportuno, considerando eventual alteração da sentença, requer a intimação da Embargada para que, querendo, possa se manifestar em relação aos embargos, no prazo legal (art. 1.023, § 2º, do CPC).

Requer, por fim, sejam os embargos recebidos com o efeito de interromper o prazo para a interposição de outros recursos, como estabelece

Folha 3/3

o art. 1.026 do Código de Processo Civil[7].

Termos em que

[7] Na vida prática, esse parágrafo é totalmente desnecessário, mas, para o Exame de Ordem, sugerimos que o candidato peque pelo excesso para demonstrar conhecimento de todos os itens relativos ao tema.

pede deferimento.

Local e data ...

Advogado ...

OAB ...

16.9. Agravos

Agravo é recurso contra decisão interlocutória e, nos termos do 994 do CPC, a depender da natureza da decisão e do momento processual, pode ser:

a) de instrumento;

b) interno;

c) em recurso especial ou extraordinário.

<table>
<tr><th colspan="2">Interlocutória</th><th>Agravo</th><th>Fundamento</th></tr>
<tr><td colspan="2">Na 1ª instância</td><td>Agravo de instrumento</td><td>Art. 1.015</td></tr>
<tr><td rowspan="2">Nos Tribunais</td><td>Relator</td><td>Agravo interno</td><td>Art. 1.021</td></tr>
<tr><td>Presidente do Tribunal que não admite REsp ou RE</td><td>Agravo em recurso especial ou extraordinário</td><td>Art. 1.042</td></tr>
</table>

Atenção: no CPC de 1973 havia "agravo retido", não previsto no atual CPC.

Na verdade, o antigo agravo retido agora se transformou na "preliminar de apelação". Tudo aquilo que não for urgente e não comportar agravo de instrumento (rol do art. 1.015 do CPC), a parte deverá aguardar para alegar a matéria em preliminar de apelação ou nas contrarrazões de apelação, como prevê o art. 1.009, § 1º, do CPC.

16.9.1. *Agravo de instrumento*

O agravo de instrumento tem esse nome justamente pelo fluxo da prática: como os autos estão na primeira instância e o recurso é interposto diretamente no Tribunal, a parte recorrente deve formar um instrumento (com cópias dos autos da primeira instância), para viabilizar o recurso no Tribunal.

De fato, o agravo de instrumento é recurso contra as interlocutórias de primeira instância, interposto diretamente no Tribunal, com processamento ágil para resolver inclusive questões urgentes (que demandem tutela provisória recursal).

16.9.1.1. Cabimento

O art. 1.015 do Código de Processo Civil estabelece as situações de cabimento do agravo de instrumento.

A princípio, esse rol era tido como taxativo, sem a possibilidade de interposição em situações ali não previstas.

No entanto, o Superior Tribunal de Justiça, ao analisar a questão, pacificou o entendimento no sentido de que o rol do art. 1.015 é de "taxatividade mitigada".

Pelo entendimento do STJ, sendo caso de urgência e existindo o perigo de ineficácia de alegação futura, a parte poderá interpor recurso de agravo de instrumento.

<table>
<tr><td>Cabimento e fundamentos</td><td colspan="2">Interlocutórias de 1ª instância.
• Rol do art. 1.015 (incisos e parágrafo único) + entendimento do STJ de taxatividade mitigada.
• Julgamentos parciais – arts. 354, parágrafo único, e 356, § 5º.
• Decreto de prisão do devedor de alimentos – art. 19, § 2º, da Lei n. 5.478/68.
• Liminar em mandado de segurança – art. 7º, § 1º, da Lei n. 12.016/2009.
• Ação popular – art. 19, § 1º, da Lei n. 4.717/65.
• Decretação de falência – art. 100 da Lei n. 11.101/2005.</td></tr>
<tr><td>Prazo</td><td>15 dias</td><td>Art. 1.003</td></tr>
<tr><td>Órgão de interposição</td><td>Diretamente no Tribunal – endereçamento ao Presidente do Tribunal.</td><td>Art. 1.016</td></tr>
<tr><td>Juízo de admissibilidade</td><td>Relator no Tribunal.</td><td>Art. 932</td></tr>
<tr><td>Modelo da peça</td><td colspan="2">Peça única (direta) – não há necessidade de petição de interposição.</td></tr>
<tr><td>Contrarrazões de agravo de instrumento</td><td colspan="2">Poderá seguir a mesma forma direta da petição de agravo, com o uso da expressão "vem apresentar resposta ao recurso de agravo de instrumento". O fundamento das contrarrazões será o art. 1.019, II, do CPC.</td></tr>
<tr><td>Formalidades do agravo de instrumento</td><td colspan="2">O art. 1.016 prevê a estrutura básica do agravo. Além disso, importante frisar:
• nome e endereço profissional dos advogados constituídos nos autos – art. 1.016;
• cópias para formação do agravo – art. 1.017;
• preparo – art. 1.017, § 1º;
• informação à primeira instância – art. 1.018;
• requerimento de efeito suspensivo ou tutela antecipada recursal – 1.019, I;
• intimação do agravo e do MP, se for o caso – art. 1.019, II e III.</td></tr>
<tr><td>Admissão de recurso adesivo</td><td colspan="2">Não – art. 997.</td></tr>
</table>

16.9.1.2. Efeito suspensivo ou tutela antecipada recursal?

O art. 1.019, I, prevê que o relator poderá conceder o efeito suspensivo ou a tutela antecipada recursal ao agravo de instrumento.

De fato, os dois institutos representam modalidade de "liminar ou tutela de urgência no recurso", mas possuem eficácia diferenciada:

Efeito suspensivo	Tutela antecipada recursal
Visa **paralisar** a decisão agravada, impedindo que ela produza efeitos.	Tem por objetivo **adiantar os efeitos** práticos do provimento do recurso (o efeito que a parte teria no final do julgamento do recurso acolhido).
Por exemplo: • agravo contra decisão que decreta prisão do devedor de alimentos.	Por exemplo: • agravo contra decisão que negou a tutela provisória requerida na primeira instância.
Requisitos: • art. 932, II – requerimento ao relator; • art. 995, parágrafo único: risco de dano + probabilidade de provimento do recurso.	

Na dúvida, peça os dois! Sempre com o objetivo de utilizar o suspensivo para paralisar os efeitos da decisão agravada e a tutela antecipada recursal, de forma mais ampla, para conceder aquilo que foi negado na instância inferior.

Nos termos do art. 932, II, do CPC, a competência para apreciação do pedido de tutela provisória em sede recursal, incluindo os efeitos do agravo, sempre competirá ao relator. Portanto, contra a decisão que aprecia tal pedido caberá agravo interno, nos termos do art. 1.021 do CPC.

16.9.1.3. Modelo de agravo de instrumento

Folha 1/4

EXCELENTÍSSIMO SENHOR DOUTOR DESEMBARGADOR PRESIDENTE DO TRIBUNAL DE JUSTIÇA DO ESTADO DE SÃO PAULO [endereçar diretamente ao Tribunal - art. 1.016 do CPC]

AGRAVANTE, qualificação completa ..., inconformado com a decisão que denegou liminar em MANDADO DE SEGURANÇA, impetrado contra ato do NOME DA AUTORIDADE, vinculado à NOME DA PESSOA JURÍDICA, vem, por seu advogado, tempestivamente, interpor RECURSO DE AGRAVO DE INSTRUMENTO com pedido de TUTELA ANTECIPADA RECURSAL [ou efeito suspensivo, a depender do caso], com fundamento no art. 7º, § 1º, da Lei n. 12.016/2009 e no art. 1.015, I, do Código de Processo Civil, pelo que expõe e requer a esse Egrégio Tribunal o seguinte.

I - DOS FATOS - BREVE SÍNTESE DO PROCESSO

O Agravante impetrou mandado de segurança, distribuída à ... Vara Cível de ..., com o objetivo de obter ...

Em razão da urgência, o Agravante requereu na primeira instância a concessão de liminar no mandado de segurança.

Por sua vez, o magistrado proferiu decisão interlocutória de indeferimento, em síntese, por entender que ...

No entanto, como será demonstrado a seguir, a decisão merece ser reformada.

II - CABIMENTO

De plano, cumpre destacar que o recurso interposto tem pleno cabi-

Folha 2/4

mento e merece ser conhecido.

A decisão recorrida tem natureza de interlocutória (art. 203, § 2º, do CPC), proferida em primeira instância, e, pela sua natureza e previsão expressa no art. 7º, § 1º, do Lei n. 12.016/2009 e art. 1.015, I, do Código de Processo Civil, desafia a interposição do recurso de agravo de instrumento.

Além disso, estão presentes todos os demais pressupostos recursais genéricos, como a tempestividade (recurso interposto no prazo de 15 dias - art. 1.003, "caput" e § 5º, considerando que o advogado tomou ciência em ...). O preparo segue acostado [ou a parte é beneficiária da gratuidade], como estabelecem os arts. 1.007 e 1.017, § 1º, do CPC.

Dessa forma, o recurso merece ser conhecido.

III - DAS RAZÕES DE REFORMA

A decisão agravada merece ser reformada, pois estão presentes os requisitos para a concessão da liminar no mandado de segurança.

O art. 7º, III, da Lei n. 12.016/2009 autoriza ao juiz conceder a suspensão do ato coator quando presentes os requisitos da urgência ("fumus boni iuris") e o fundamento relevante que justifique a paralisação do ato coator.

No presente caso, como restou amplamente demonstrado, o ato da *autoridade viola direito líquido e certo do Impetrante, uma vez que ···, justificado o fundamento relevante capaz de gerar um juízo de probabilidade nesse momento da ação·*

Além disso, caso não seja concedida a liminar, o Impetrante sofrerá dano grave ou de difícil reparação ···

Infere-se, portanto, que a decisão merece ser reformada·

IV – DA ANTECIPAÇÃO DA TUTELA RECURSAL

Folha 3/4

O caso exige a concessão de uma tutela de urgência no recurso para evitar dano grave à parte e a concessão imediata da liminar no mandado de segurança, sendo inviável à parte aguardar o julgamento do mérito do recurso·

O art· 1·019, I, do Código de Processo Civil autoriza o relator a conceder o efeito suspensivo ou a tutela antecipada recursal·

Por sua vez, o art· 995, parágrafo único, afirma que o efeito poderá ser concedido quando houver perigo de dano e probabilidade de provimento do recurso·

Como ficou demonstrado anteriormente, o Agravante tem direito à realização do tratamento às custas da Agravada, sendo muito provável que o recurso seja provido·

Por outro lado, caso não seja concedida a liminar, o Agravante sofrerá dano grave, não tendo tempo hábil para aguardar o julgamento do mérito recursal·

Portanto, presentes os requisitos que autorizam a concessão da tutela antecipada recursal para o fim de deferir de imediato a tutela antecipada denegada na instância inferior·

V – PEDIDOS E REQUERIMENTOS

Desde logo, requer a Vossa Excelência a concessão da tutela antecipara recursal para, de plano, ··· nos termos do art· 1·019, I, do CPC, comunicando-se o juiz sua decisão·

Por todo o exposto, requer a esse Egrégio Tribunal que o recurso seja

CONHECIDO e PROVIDO para reformar a decisão e conceder a liminar no mandado de segurança para ...

Em atenção ao art. 1.016, IV, do CPC, informa que estão constituídos nos autos os seguintes advogados: ..., com endereços profissionais em ...

Folha 4/4

Em cumprimento ao art. 1.017, I, do CPC, a petição de agravo de instrumento está sendo instruída obrigatoriamente, com cópias da petição inicial, da contestação, da petição que ensejou a decisão agravada, da própria decisão agravada, da certidão da respectiva intimação ou outro documento oficial que comprove a tempestividade e das procurações outorgadas aos advogados do agravante e do agravado;

OU

Em cumprimento ao art. 1.017, § 5º, do CPC, sendo eletrônicos os autos do processo, deixa de juntar as cópias obrigatórias do inciso I do art. 1.017 do CPC.

O agravante informa que providenciará a juntada, aos autos do processo, de cópia da petição do agravo de instrumento, do comprovante de sua interposição e da relação dos documentos que instruíram o recurso, podendo o Juízo a quo reformar a sua decisão em decorrência do juízo de retratação, nos termos do art. 1.018, § 1º, do CPC.

A intimação do agravado para que responda no prazo de 15 (quinze) dias, nos termos do art. 1.019, II, do CPC.

A intimação do Ministério Público para que se manifeste no prazo de 15 (quinze) dias, conforme o art. 1.019, III, do CPC e o art. 12 da Lei n. 12.016/2009.

Termos em que

pede deferimento.

Local e data ...

Advogado ...

OAB ...

Atenção: todos os requisitos e itens da peça estão no CPC. Portanto, siga todos os artigos no momento da redação, que sua peça ficará completa.

16.9.2. *Agravo interno*

O agravo interno – já chamado anteriormente de agravo para o órgão colegiado – foi concebido pelo atual CPC como instrumento para atacar as interlocutórias comuns nos tribunais, ou seja, as decisões proferidas monocraticamente pelos relatores, objetivando uma revisão pelo próprio órgão colegiado ao qual ele pertence.

Importante: na prática administrativa, considerando a existência de grande incidência de ações de competência originária dos tribunais ou incidentes, o recurso poderá ser exigido contra as decisões monocráticas do relator que:

a) denegarem liminar em mandado de segurança em competência originária – art. 16, parágrafo único, da LMS;

b) tratarem da suspensão de segurança – art. 15 da LMS;

c) indeferirem a petição inicial de mandado de segurança de competência originária de Tribunal – art. 10, § 1º, da LMS.

Cabimento e fundamento	Interlocutórias nos tribunais: • decisões monocráticas do relator – art. 1.021; • decisão em juízo de admissibilidade REsp ou RE com base nos incisos I e III do art. 1.030 do CPC (*vide* o § 2º do art. 1.030); • indeferimento da petição inicial de mandado de segurança impetrado diretamente no Tribunal (competência originária) – § 1º do art. 10 da Lei n. 12.016/2009.
Prazo	15 dias – art. 1.003. Atenção: mesmo que o regimento interno do Tribunal estabeleça outro prazo, deverá ser respeitado o prazo de 15 dias – art. 1.070 do CPC.
Órgão de interposição	Endereçamento ao próprio relator – § 1º do art. 1.021.
Órgão de julgamento	O processamento do agravo interno observará as regras do regimento interno do Tribunal. Como regra, o agravo será julgado pelo órgão colegiado ao qual pertence o magistrado que proferiu o ato monocraticamente.
Modelo da peça	Peça única (direta) – não há necessidade de petição de interposição.
Contrarrazões	Poderá seguir a mesma forma direta da petição de agravo, com o uso da expressão "vem apresentar resposta ao recurso de agravo de instrumento". O fundamento das contrarrazões será o art. 1.021, § 2º.

Pontos importantes	• Na petição de agravo interno o recorrente deverá impugnar precisamente os pontos de inconformismo contra a decisão agravada – § 1º. • Ao julgar, é vedado ao relator levar o processo em mesa limitando-se à reprodução dos fundamentos da decisão agrava para lhe negar provimento – § 2º. • Caso o agravo seja considerado, em votação unânime, manifestamente inadmissível ou improcedente, o órgão colegiado condenará o agravante ao pagamento de multa ao agravado no valor entre um e cinco por cento do valor da causa atualizado. A interposição de qualquer outro recurso ficará condicionada ao depósito da multa.
Admissão de recurso adesivo	Não – art. 997.

Cuidado: o agravo interno também terá cabimento, nos termos do § 2º do art. 1.030, quando houver trancamento de recurso especial e recurso extraordinário motivado pela:

I – negativa de seguimento do recurso extraordinário pela ausência de repercussão geral já reconhecida pelo STF, ou em extraordinário ou especial interposto contra acórdão que esteja em conformidade com entendimento do STF ou STJ, exarado em regime de julgamento de recursos repetitivos;

III – sobrestar o recurso que versar sobre controvérsia de recurso repetitivo ainda não decidida pelo Supremo Tribunal Federal ou pelo Superior Tribunal de Justiça, conforme se trate de matéria constitucional ou infraconstitucional.

No caso de não admissão dos recursos especial ou extraordinário, com base no inciso V do art. 1.030, o agravo será aquele previsto no art. 1.042 e não o interno.

16.9.2.1. Modelo de agravo interno

Folha 1/3

EXCELENTÍSSIMO SENHOR DOUTOR RELATOR DESEMBARGADOR DO TRIBUNAL DE JUSTIÇA DO ESTADO DE ··· [endereçar ao relator]

NOME DO RECORRENTE, já qualificado nos autos da AÇÃO ···, que lhe move NOME DA PARTE CONTRÁRIA, em fase de juízo de admissibilidade de apelação, vem, tempestivamente, por seu advogado, interpor

RECURSO DE AGRAVO INTERNO, com fundamento no art. 1.021 do Código de Processo Civil, pelo que expõe e requer a esse Egrégio Tribunal o seguinte.

I - DOS FATOS - BREVE SÍNTESE DO PROCESSO

[Relato do caso.]

II - CABIMENTO

Inicialmente, importante consignar que o recurso interposto tem cabimento e merece ser conhecido pelo órgão colegiado, nos termos do Regimento Interno desse Tribunal.

A decisão recorrida tem natureza de interlocutória (art. 203, § 2º, do CPC), de natureza monocrática proferida pelo relator na apelação e, pela sua natureza e previsão expressa no art. 1021 do mesmo Código, desafia a interposição do recurso de agravo interno.

Além disso, estão presentes todos os demais pressupostos recursais genéricos, como a tempestividade (recurso interposto no prazo de 15 dias - art. 1.003, "caput" e § 5º, considerando que o advogado tomou

Folha 2/3

ciência em ...). O prazo também está em conformidade com o disposto no art. 1.070 do Código de Processo Civil, uma vez que o prazo de 15 dias prevalece sobre qualquer outro previsto nos regimentos internos.

Dessa forma, o recurso merece ser conhecido.

III - DAS RAZÕES DE REFORMA

A decisão agravada merece ser reformada.

A ausência de preparo é vício que permite o saneamento a ponto de evitar o não conhecimento do recurso.

O art. 1.007, em seu § 4º, afirma que o recorrente que não comprovar o recolhimento do preparo no ato de interposição do recurso será intimado, na pessoa de seu advogado, para realizar o recolhimento em dobro, sob pena de deserção.

Além disso, o parágrafo único, do art. 932 também afirma que o relator, antes de considerar inadmissível o recurso, deverá conceder o prazo de 5 (cinco) dias ao recorrente para que seja sanado vício ou complementada a documentação exigível.

No presente caso, o Agravante tinha de ter recebido a oportunidade de correção do vício – de natureza sanável – antes da não admissão do recurso, sob pena de violação dos artigos mencionados.

Depreende-se, portanto, que o recurso merece ser provido, no sentido de conferir ao Agravante a oportunidade de regularização do vício antes do decreto da deserção.

IV – DO PEDIDO RECURSAL

Por todo o exposto, requer a Vossa Excelência o recebimento do presente recurso de agravo interno e, diante das razões, seja realizado o

Folha 3/3

juízo de retratação, no sentido de conceder o prazo de 5 dias para o Agravante recolher o preparo em dobro ou, caso mantida a decisão – o que se espera apenas para argumentar –, requerer o processamento do agravo interno nos termos do regimento do Tribunal, com seu conhecimento e provimento para a reforma da decisão agravada.

Por oportuno, requer a intimação da parte contrária para resposta ao recurso, no prazo de 15 dias, nos termos do art. 1.021, § 2º, do Código de Processo Civil.

Termos em que

pede deferimento.

Local e data ...

Advogado ...

OAB ...

16.9.3. *Agravo em recurso especial e extraordinário*

Os recursos especial e extraordinário, como trataremos em capítulo seguinte, são interpostos perante o presidente do Tribunal recorrido e, após juízo de admissibilidade positivo, são remetidos, respectivamente, ao Superior Tribunal de Justiça e ao Supremo Tribunal Federal.

Dessa forma, a decisão que faz o juízo de admissibilidade – pelo Presidente do Tribunal ou vice-presidente, em conformidade com o regimento interno do Tribunal – tem natureza de decisão interlocutória e, consequentemente, desafia o recurso de agravo.

Nesse ponto, temos de tomar muito cuidado, pois o juízo de admissibilidade feito com base no art. 1.030 do CPC ora permite a interposição de agravo interno (art. 1.021), ora a interposição do agravo em recurso especial ou extraordinário (art. 1.042).

Fundamento da não admissão do recurso	Recurso
Inciso I do art. 1.030	Agravo interno – do art. 1.021 (modelo do item anterior).
Inciso III do art. 1030	
Inciso V do art. 1030	Agravo em recurso especial e extraordinário – art. 1.042.

16.9.3.1. Modelo de agravo em recurso especial e extraordinário

Atenção: como o agravo é interposto no Tribunal recorrido e julgado pelo STJ ou STF, deve ser elaborado com peça dupla, ou seja, petição de interposição e razões recursais.

Folha 1/3 – interposição. A partir da folha 2, razões recursais. *Vide* modelo:

EXCELENTÍSSIMO SENHOR DOUTOR DESEMBARGADOR PRESIDENTE
DO EGRÉGIO TRIBUNAL DE JUSTIÇA DO ESTADO DE ...

Processo nº ...

RECORRENTE, já qualificado nos autos da AÇÃO DE ..., de número em epígrafe, que move em face de RECORRIDO, não se conformando com a decisão proferida pelo Presidente do Tribunal, recorrido que inadmitiu o recurso especial [ou extraordinário], vem, tempestivamente, por seu advogado, com fundamento no art. 1.042 do Código de Processo Civil, interpor o presente AGRAVO EM RECURSO ESPECIAL, conforme razões que seguem acostadas.

Requer a intimação do agravado para oferecer resposta no prazo de 15 (quinze) dias. Após o prazo de resposta, não havendo retratação, o agravo será remetido ao Tribunal superior competente, nos termos do art. 1.042, § 4º, do Código de Processo Civil.

Termos em que
pede deferimento.

Local e data ...
Advogado ...
OAB ...

Folha 2/3

RAZÕES DE AGRAVO EM RECURSO ESPECIAL

Agravante: ...
Agravado: ...
Origem ...

Egrégio Tribunal
Ilustres Ministros

I – BREVE SÍNTE DO PROCESSO

[relato dos fatos]

II – DO CABIMENTO

Considerando que a decisão que inadmitiu o recurso especial foi proferida pelo presidente do Tribunal recorrido nos termos do art. 1.030,

V, do CPC, cabível o agravo em recurso especial nos termos dos arts. 1.042 e 1.030, § 1º, do CPC.

O referido recurso é tempestivo, uma vez que interposto no prazo de 15 dias, nos termos dos arts. 1.003, § 5º, e 1.070 do CPC.

Nos termos do art. 1.042, § 2º, do CPC, o referido recurso independe do pagamento de custas e despesas postais.

III – DAS RAZÕES DE REFORMA

[Abordar a necessidade de decisão, eis que cumpridos todos os requisitos de admissibilidade do RE ou REsp, isto é, falar que demonstrou o prequestionamento, repercussão geral etc.]

Folha 3/3

IV – DOS PEDIDOS E REQUERIMENTOS

Em face do exposto, é a presente para requerer que o recurso seja conhecido e provido para o fim de reformar a decisão do presidente do Tribunal recorrido, julgando-o conjuntamente com o recuso especial, uma vez que todos os requisitos de admissibilidade foram cumpridos, devendo, assim, ser provido o recurso especial para ...

Termos em que
pede deferimento.

Local e data ...

Advogado ...
OAB ...

16.10. Recursos no STJ e no STF

A competência jurisdicional do Superior Tribunal de Justiça e do Supremo Tribunal Federal foi estabelecida pela Constituição da República para o conhecimento de causas originárias (ações que começam diretamente nesses Tribunais) e atribuição recursal:

Superior Tribunal de Justiça	Supremo Tribunal Federal
• Recurso ordinário constitucional – art. 105, II, da CF. • Recurso especial – art. 105, III, da CF.	• Recurso ordinário constitucional – art. 105, II, da CF. • Recurso extraordinário – art. 105, III, da CF.

16.10.1. *Recurso ordinário constitucional*

O ROC foi concebido para, em situações muito específicas, fazer as vezes (ser substituto) de um recurso de apelação, como típico meio de inconformismo contra o julgamento em instância inicial, cabendo a discussão de teses de fato e de direito.

O ROC poderá ser para o STJ ou para o STF, a depender da origem do ato recorrido.

Para o STJ – art. 105, II, da CF	**a)** os *habeas corpus* decididos em única ou última instância pelos Tribunais Regionais Federais ou pelos tribunais dos Estados, do Distrito Federal e Territórios, quando a decisão for denegatória; **b)** os mandados de segurança decididos em única instância pelos Tribunais Regionais Federais ou pelos tribunais dos Estados, do Distrito Federal e Territórios, quando denegatória a decisão; **c)** as causas em que forem partes Estado estrangeiro ou organismo internacional, de um lado, e, do outro, Município ou pessoa residente ou domiciliada no País (caso de competência originária da Justiça Federal de 1ª instância, art. 109 da CF).
Para o STF – art. 102, II, da CF	**a)** o *habeas corpus*, o mandado de segurança, o *habeas data* e o mandado de injunção decididos em única instância pelos Tribunais Superiores, se denegatória a decisão; **b)** o crime político.

> **Atenção:** caso o MS tenha sido impetrado na primeira instância (em razão da regra regular de competência), nunca caberá o ROC.
>
> O ROC apenas terá cabimento quando a ação mandamental tiver origem diretamente em um TJ, TRF ou Tribunal Superior.

Cabimento e fundamento	Situações específicas: • para o STJ – art. 105, II, da CF; • para o STF – art. 102, II, da CF. O CPC também reproduz as hipóteses de cabimento no art. 1.027.
Prazo	15 dias – art. 1.003.
Órgão de interposição	Endereçamento à instância recorrida: • contra acórdão – petição dirigida ao Presidente do Tribunal recorrido – § 2º do art. 1.028 do CPC; • contra sentença de juízo federal (caso específico) – petição dirigida ao juízo de primeira instância, seguindo o processamento previsto para a apelação (art. 1.028 do CPC).

Órgão de julgamento	• STF – quando o acórdão recorrido for originário de Tribunal superior; • STJ – quando o acórdão recorrido for de TJ ou TRF.
Modelo da peça	Petição dupla: petição de interposição + razões recursais (modelo semelhante ao recurso de apelação).
Contrarrazões	Mesmo modelo das contrarrazões de apelação.
Efeito suspensivo	Aplicável a regra do art. 1.029, § 5º, do CPC (que prevê a competência para atribuição de efeito suspensivo no REsp e RE).
Pontos importantes	• Aplica-se ao ROC a regra prevista no art. 1.013, § 3º – teoria da causa madura. • O recurso é interposto na origem e remetido para o STJ ou STF independentemente de juízo de admissibilidade (§ 3º do art. 1.028 do CPC).

16.10.1.1. Modelo de recurso ordinário constitucional

Folha 1/3 – petição de interposição – modelo semelhante ao recurso de apelação
(com as devidas alterações pertinentes)

EXCELENTÍSSIMO SENHOR DOUTOR DESEMBARGADOR PRESIDENTE DO TRIBUNAL DE JUSTIÇA DO ESTADO ... [endereçar ao presidente do Tribunal recorrido – art. 1.028, § 2º, do CPC]

Processo autuado sob o n. ...

RECORRENTE, já qualificado nos autos do MANDADO DE SEGURANÇA, de número em epígrafe, impetrado originariamente perante esse Egrégio Tribunal de Justiça, contra ato do Sr. NOME DA AUTORIDADE, vinculada à NOME DA PESSOA JURÍDICA, vem, por seu advogado, tempestivamente, interpor RECURSO ORDINÁRIO CONSTITUCIONAL, com fundamento no art. 105, II, da Constituição da República [ou art. 102, II, da CF, caso a origem seja Tribunal superior] e artigo 1.027, II [ou I, se for o caso], cujas razões e guia comprobatória do preparo seguem acostadas.

Por oportuno, nos termos dos §§ 2º e 3º do art. 1.028 do Código de Processo Civil, requer seja intimado o Recorrido para contrarrazões e, após, sejam os autos remetidos ao Tribunal superior [STJ ou STF], independentemente de juízo de admissibilidade.

Termos em que

pede deferimento.

Porto Alegre, data.

Advogado ...

OAB ...

Razões de recurso ordinário constitucional – a partir da folha 2/3

RAZÕES DE RECURSO ORDINÁRIO CONSTITUCIONAL

Recorrente: nome ...

Recorrido: nome ...

Origem: Tribunal de Justiça do Estado ...

SUPERIOR TRIBUNAL

ILUSTRES MINISTROS

I - EXPOSIÇÃO DOS FATOS E DO DIREITO

O Recorrente impetrou mandado de segurança contra ato do Sr. Excelentíssimo Senhor Juiz de Direito da ... Vara de ... em razão de ato que violou direito líquido e certo demonstrado na inicial.

A liminar foi indeferida e, por fim, proferido acórdão denegatório da segurança.

Em síntese, a denegação ocorreu por entender que ...

No entanto, como será demonstrado a seguir, o acórdão merece ser reformado para que a segurança seja concedida ao Recorrente.

II - DO CABIMENTO DO RECURSO

Inicialmente, cumpre destacar que o recurso ordinário preenche todos os pressupostos para a sua admissibilidade.

No presente caso, o Tribunal prolatou acórdão denegatório da segurança, no exercício de competência originária [considerando a Autoridade

Impetrada, a competência era originária do TJ ou do TRF]. O recurso tem fundamento no art. 105, II, da Constituição da República.

Além disso, o recurso está sendo interposto pela Impetrante, parte no processo e legítima para o apelo, como prevê o art. 996 do CPC.

Folha 3/3

O recurso é tempestivo, pois está sendo apresentado no prazo de 15 dias, como estabelecem os art. 1.003, "caput" e § 5º, do Código de Processo Civil (explicar conta do prazo ...).

O recurso também está sendo acompanhado da guia do preparo, inclusive os portes, como determina o art. 1.007 do CPC.

Infere-se, assim, que o recurso merece ser conhecido.

III – DAS RAZÕES PARA A REFORMA DO ACÓRDÃO

[Teses:

Atenção: no ROC as teses poderão ser de fato e de direito.]

IV – DO PEDIDO DE REFORMA

Por todo o exposto, requer a esse Egrégio Tribunal seja o recurso CONHECIDO, por estarem presentes todos os pressupostos recursais e, no mérito, seja dado integral PROVIMENTO para reformar o acórdão recorrido no sentido de ... [sempre especificar com detalhes o que deseja como efeito prático]

Termos em que

pede deferimento.

Local e data [datar se pedir]

Advogado ...

OAB ...

16.10.2. Recurso extraordinário

Foi concebido como meio de levar ao STF, em claro controle difuso de constitucionalidade, o conhecimento de violações ao texto da Constituição da República.

Cabimento e fundamento	Acórdão ou decisão de última instância que: **a)** contrariar dispositivo desta Constituição; **b)** declarar a inconstitucionalidade de tratado ou lei federal; **c)** julgar válida lei ou ato de governo local contestado em face desta Constituição; **d)** julgar válida lei local contestada em face de lei federal. • Fundamento da peça – art. 102, III, + a indicação precisa da alínea de cabimento.
Prazo	15 dias – art. 1.003, § 5º, do CPC.
Requisitos específicos	• Repercussão geral – § 3º do art. 102 da CF + art. 1.035 e §§ do CPC (alegação preliminar). • Cabimento – indicação da hipótese de cabimento. • Acórdão ou decisão de última instância – ou seja, com esgotamento das vias inferiores. • Prequestionamento (*vide* art. 1.025 do CPC).
Órgão de interposição	Endereçamento ao Presidente do Tribunal recorrido – art. 1.029.
Juízo de admissibilidade	Realizado pelo Presidente do Tribunal recorrido. Em caso de negativa, caberá agravo em recurso extraordinário (art. 1.042 do CPC) ou agravo interno (art. 1.021). *Vide* §§ 1º e 2º do art. 1.030 do CPC.
Órgão de julgamento	Supremo Tribunal Federal.
Modelo da peça	Petição dupla: petição de interposição + razões recursais (modelo semelhante ao recurso de apelação). Atenção: o art. 1.029 contém clara estrutura da peça do recurso extraordinário: Petição de interposição ao presidente do Tribunal recorrido Razões recursais: I. Exposição do fato e do direito (resumo da ação) II. Repercussão geral e cabimento do recurso (demonstração dos requisitos) No capítulo do cabimento, alegar a repercussão geral em caráter preliminar. III. Razões (tese = demonstração da violação à Constituição) IV. Pedido de reforma (conhecimento e provimento para reforma do acórdão recorrido).
Contrarrazões	Mesmo modelo das contrarrazões de apelação. Fundamento: art. 1.030, *caput*, do CPC.
Efeito suspensivo	Poderá ser concedido em caráter excepcional. O pedido deverá ser formulado, nos termos do § 5º art. 1.029 (*vide* modelo de requerimento de efeito suspensivo na apelação).
Recurso adesivo	Pode ser utilizado no recurso extraordinário – art. 997 do CPC.
Juizado Especial	Tem cabimento recurso extraordinário no âmbito dos juizados. Esse entendimento está pacificado nas Súmulas 640 e 727 do STF.

16.10.2.1. Modelo de recurso extraordinário

Folha 1/4

EXCELENTÍSSIMO SENHOR DOUTOR DESEMBARGADOR PRESIDENTE DO TRIBUNAL DE JUSTIÇA DO ESTADO ... [endereçar ao presidente do Tribunal recorrido – art. 1.029, § 2º, do CPC]

Processo autuado sob o n. ...

RECORRENTE, já qualificado nos autos da AÇÃO ..., de número em epígrafe, proposta em face de RECORRIDO, vem, por seu advogado, tempestivamente, interpor RECURSO EXTRAORDINÁRIO, com fundamento no art. 102, III, "a", da Constituição da República e art. 1.029 do Código de Processo Civil, cujas razões e guia comprobatória do preparo seguem acostadas.

Por oportuno, nos termos do art. 1.030 do Código de Processo Civil, seja recebida a petição e intimado o Recorrido para contrarrazões e, após, realizado juízo de admissibilidade positivo, sejam os autos remetidos ao Supremo Tribunal Federal (inciso V do referido artigo).

Termos em que
pede deferimento.

Local e data.

Advogado ...

OAB ...

Razões de recurso extraordinário – a partir da folha 2/4

RAZÕES DE RECURSO EXTRAORDINÁRIO

Recorrente: nome ...

Recorrido: nome ...

Origem: Tribunal de Justiça do Estado ...

SUPREMO TRIBUNAL

ILUSTRES MINISTROS

I - EXPOSIÇÃO DOS FATOS E DO DIREITO

O Recorrente ajuizou ação perante a primeira instância, em síntese para demandar ...

O pedido inicial foi julgado improcedente, em síntese, por entender o magistrado que ...

Interposto recurso de apelação, foi regularmente processado no Tribunal de Justiça do Estado ... e, ao final, proferido acórdão mantendo a sentença recorrida, por seus próprios fundamentos.

Por oportuno, com a finalidade de prequestionamento, o Recorrente opôs embargos de declaração, sendo certo que o Tribunal não conheceu do referido recurso.

Dessa forma, como será demonstrado a seguir, o acórdão do Tribunal de Justiça precisa ser reformado, uma vez que viola dispositivo da Constituição da República em relação ao direito de ...

II - PRELIMINAR DA REPERCUSSÃO GERAL E DO CABIMENTO DO RECURSO EXTRAORDINÁRIO

Preliminarmente, cumpre destacar que o recurso preenche o pressuposto do prequestionamento, na forma do § 2º do art. 1.035 do CPC.

Folha 3/4

O acórdão recorrido tratou de [assunto] e violou a Constituição [citar dispositivos violados] e, portanto, estamos diante da existência de matéria ou questão relevante do ponto de vista econômico, político, social ou jurídico, que ultrapassa os interesses subjetivos do processo, nos moldes do § 1º do art. 1.035 do CPC.

O requisito da repercussão geral, estabelecido no art. 102, § 3º, da Constituição da República, está presente e o recurso extraordinário merece ser conhecido.

No mais, o recurso preenche todos os pressupostos de admissibilidade, uma vez que o acórdão viola a Constituição, foi proferido em última instância, como estabelece o art. 102, III, "caput" e "a", da Constituição da República.

Além disso, a matéria foi prequestionada com a oposição dos embargos de declaração, na forma prevista no art. 1.025 do Código de Processo Civil.

O recurso está sendo interposto pela Impetrante, parte no processo e legítima para o apelo, como prevê o art. 996 do CPC. O recurso é tempestivo, pois está sendo apresentado no prazo de 15 dias, como estabelecem os arts. 1.003, "caput" e § 5º, do Código de Processo Civil (explicar conta do prazo se houver elemento para isso ...).

O recurso também está sendo acompanhado da guia do preparo, inclusive os portes, como determina o art. 1.007 do CPC.

Infere-se, assim, que o recurso merece ser conhecido.

III – DAS RAZÕES PARA A REFORMA DO ACÓRDÃO

[Teses:

Atenção: no recurso extraordinário a tese será limitada à discussão de tese jurídica, especialmente violação a dispositivo da Constituição.]

IV – DO PEDIDO DE REFORMA

Folha 4/4

Por todo o exposto, requer a esse Supremo Tribunal Federal, guardião da Constituição, seja o recurso CONHECIDO, por estarem presentes todos os pressupostos recursais e, no mérito, lhe seja dado integral PROVIMENTO para reformar o acórdão recorrido no sentido de ... [sempre especificar com detalhes o que deseja como efeito prático], reconhecendo a violação à Constituição.

Por oportuno, nos termos do art. 85, "caput" e § 1º, do Código de Processo Civil, seja o Recorrido condenado ao pagamento das custas e honorários advocatícios de sucumbência.

Termos em que
pede deferimento.

Local e data [datar se pedir]

Advogado ...
OAB ...

16.10.3. ***Recurso especial***

O recurso especial, para o STJ, foi concebido para a uniformização da interpretação da lei federal, em matéria comum.

Todos os Tribunais de Justiça e Tribunais Regionais Federais estão investidos de poder para apreciar a lei federal comum. No entanto, a última palavra, após a Constituição de 1988, cabe ao Superior Tribunal de Justiça.

Cabimento e fundamento	Acórdão ou decisão de última instância, proferido por TJ ou TRF, que: **a)** contrariar tratado ou lei federal, ou negar-lhes vigência; **b)** julgar válido ato de governo local contestado em face de lei federal; **c)** der a lei federal interpretação divergente da que lhe haja atribuído outro Tribunal. • Fundamento da peça – art. 105, III, + a indicação precisa da alínea de cabimento.
Prazo	15 dias – art. 1.003, § 5º, do CPC.
Requisitos específicos	• Acórdão proferido por TJ ou TRF (não cabe de qualquer órgão). • Cabimento – indicação da hipótese de cabimento. • Acórdão ou decisão de última instância – ou seja, com esgotamento das vias inferiores. • Prequestionamento (*vide* art. 1.025 do CPC).
Órgão de interposição	Endereçamento ao Presidente do Tribunal recorrido – art. 1.029.
Juízo de admissibilidade	Realizado pelo Presidente do Tribunal recorrido. Em caso de negativa, caberá agravo em recurso extraordinário (art. 1.042 do CPC) ou agravo interno (art. 1.021). *Vide* §§ 1º e 2º do art. 1.030 do CPC.

Órgão de julgamento	Superior Tribunal de Justiça.
Modelo da peça	Petição dupla: petição de interposição + razões recursais (modelo semelhante ao recurso de apelação). Atenção: o art. 1.029 contém clara estrutura da peça do recurso especial: Petição de interposição ao presidente do Tribunal recorrido Razões recursais: I. Exposição do fato e do direito (resumo da ação) II. Repercussão geral e cabimento do recurso (demonstração dos requisitos) No capítulo do cabimento, alegar a repercussão geral em caráter preliminar. III. Razões (tese = demonstração da violação à Constituição) IV. Pedido de reforma (conhecimento e provimento para reforma do acórdão recorrido).
Contrarrazões	Mesmo modelo das contrarrazões de apelação. Fundamento: art. 1.030, *caput*, do CPC.
Efeito suspensivo	Poderá ser concedido em caráter excepcional. O pedido deverá ser formulado, nos termos do § 5º do art. 1.029 (*vide* modelo de requerimento de efeito suspensivo na apelação).
Recurso adesivo	Pode ser utilizado no recurso especial – art. 997 do CPC.
Juizado Especial	Não tem cabimento recurso especial no âmbito dos Juizados. Súmula 203 do STJ.

16.10.3.1. Modelo de recurso especial

Folha 1/4

EXCELENTÍSSIMO SENHOR DOUTOR DESEMBARGADOR PRESIDENTE DO TRIBUNAL DE JUSTIÇA DO ESTADO ... [endereçar ao presidente do Tribunal recorrido – art. 1.029, § 2º, do CPC]

Processo autuado sob o n. ...

RECORRENTE, já qualificado nos autos da AÇÃO ..., de número em epígrafe, proposta em face de RECORRIDO, vem, por seu advogado, tempestivamente, interpor RECURSO ESPECIAL, com fundamento no art. 105, III, "a", da Constituição da República e no art. 1.029 do Código de Processo Civil, cujas razões e guia comprobatória do preparo seguem acostadas.

Por oportuno, nos termos do art. 1.030 do Código de Processo Civil, seja recebida a petição e intimado o Recorrido para contrarrazões e, após, realizado juízo de admissibilidade positivo, sejam os autos remetidos ao Superior Tribunal de Justiça (inciso V do referido artigo).

Termos em que
pede deferimento.

Local e data.

Advogado ...
OAB ...

Razões de recurso especial – a partir da folha 2/4

RAZÕES DE RECURSO ESPECIAL

Recorrente: nome ...
Recorrido: nome ...
Origem: Tribunal de Justiça do Estado ...

SUPERIOR TRIBUNAL
ILUSTRES MINISTROS

I - EXPOSIÇÃO DOS FATOS E DO DIREITO

O Recorrente ajuizou ação perante a primeira instância, em síntese, para demandar ...

O pedido inicial foi julgado improcedente, em síntese, por entender o magistrado que ...

Interposto recurso de apelação, foi regularmente processado no Tribunal de Justiça do Estado ... e, ao final, proferido acórdão mantendo *a sentença recorrida, por seus próprios fundamentos.*

Por oportuno, com a finalidade de prequestionamento de violação da lei federal, o Recorrente opôs embargos de declaração, sendo certo que o Tribunal não conheceu do referido recurso.

Dessa forma, como será demonstrado a seguir, o acórdão do Tribunal de Justiça precisa ser reformado, uma vez que viola dispositivo do [indicar a lei federal violada] em relação ao direito de ...

II – DO CABIMENTO DO RECURSO ESPECIAL

O recurso preenche todos os pressupostos de admissibilidade, uma vez que o acórdão violou dispositivo da lei federal, foi proferido em última instância, como estabelece o art. 105, III, "caput" e alínea "a", da Consti-

Folha 3/4

tuição da República.

Além disso, a matéria foi prequestionada com a oposição dos embargos de declaração, na forma prevista no art. 1.025 do Código de Processo Civil.

O recurso está sendo interposto pelo Recorrente, parte no processo e legítima para o apelo, como prevê o art. 996 do CPC. O recurso é tempestivo, pois está sendo apresentado no prazo de 15 dias, como estabelecem os arts. 1.003, "caput" e § 5º, do Código de Processo Civil (explicar conta do prazo se houver elemento para isso ...).

O recurso também está sendo acompanhado da guia do preparo, inclusive os portes, como determina o art. 1.007 do CPC.

Infere-se, assim, que o recurso merece ser conhecido.

III – DAS RAZÕES PARA A REFORMA DO ACÓRDÃO

(Teses:

Atenção: no recurso especial a tese será limitada à discussão de tese jurídica, especialmente violação a dispositivo da Constituição.)

IV – DO PEDIDO DE REFORMA

Por todo o exposto, requer a esse Superior Tribunal de Justiça seja o recurso CONHECIDO, por estarem presentes todos os pressupostos recursais, e, no mérito, lhe seja dado integral PROVIMENTO para reformar o acórdão recorrido no sentido de ... [sempre especificar com detalhes o que deseja como efeito prático], reconhecendo a violação a Lei Federal.

Por oportuno, nos termos do art. 85, "caput" e § 1º, do Código de Processo Civil, seja o Recorrido condenado ao pagamento das custas e honorários advocatícios de sucumbência.

Folha 4/4

Termos em que

pede deferimento.

Local e data [datar se pedir]

Advogado ...

OAB ...

16.10.4. *Embargos de divergência*

Os embargos de divergência ocorrem após o julgamento dos recursos especial e/ou extraordinário, respectivamente no STJ e STF, quando houver divergência entre órgãos internos dos próprios Tribunais.

Cabimento e fundamento	Acórdão proferido em recurso especial ou recurso extraordinário, que contenha divergência em relação ao julgamento de outro órgão do próprio Tribunal. Art. 1.043. É embargável o acórdão de órgão fracionário que: I – em recurso extraordinário ou em recurso especial, divergir do julgamento de qualquer outro órgão do mesmo Tribunal, sendo os acórdãos, embargado e paradigma, de mérito; III – em recurso extraordinário ou em recurso especial, divergir do julgamento de qualquer outro órgão do mesmo Tribunal, sendo um acórdão de mérito e outro que não tenha conhecido do recurso, embora tenha apreciado a controvérsia;
Prazo	15 dias – art. 1.003, § 5º, do CPC.
Requisitos específicos	• Demonstração da divergência. • Quanto ao processamento, observará a regra prevista no regimento interno do STJ ou do STF, conforme o caso.
Órgão de interposição	Endereçamento ao relator.

Juízo de admissibilidade	Realizado pelo relator. Em caso de inadmissibilidade, caberá agravo interno.
Órgão de julgamento	Órgão definido no regimento interno.
Modelo da peça	Petição única – *vide* modelo a seguir.
Contrarrazões	Mesmo modelo das contrarrazões em peça única.
Efeito	A interposição de embargos de divergência no Superior Tribunal de Justiça interrompe o prazo para interposição de recurso extraordinário por qualquer das partes – art. 1.044, § 1º, do CPC.
Recurso adesivo	Não tem previsão no art. 997 do CPC.

16.10.4.1. Modelo de embargos de divergência

Folha 1/2

EXCELENTÍSSIMO SENHOR RELATOR DOUTOR MINISTRO DO SUPERIOR TRIBUNAL DE JUSTIÇA

Processo autuado sob o n. ...

RECORRENTE, já qualificado nos autos da AÇÃO ..., de número em epígrafe, proposta em face de RECORRIDO, vem, por seu advogado, tempestivamente, interpor EMBARGOS DE DIVERGÊNCIA, com fundamento no art. 1.043, I, do Código de Processo Civil, pelo que expõe e requer o seguinte.

I - HISTÓRICO PROCESSUAL

[Narrar fatos do processo.]

II - DO CABIMENTO DOS EMBARGOS DE DIVERGÊNCIA

[Justificar os pressupostos gerais dos recursos e o cabimento com base no art. 1.043. Também fundamentar nas regras específicas do Regimento Interno do STJ ou do STF, conforme o caso.]

III – DAS RAZÕES – DA DIVERGÊNCIA

Folha 2/2

O acórdão proferido pela 1ª Turma desse Superior Tribunal diverge, em relação à mesma tese jurídica, de outro acórdão anteriormente proferido pela 2ª Turma do mesmo Tribunal.

No acórdão recorrido, o entendimento foi ...

Por sua vez, no acórdão paradigma, a tese foi em sentido oposto, favorecendo o Recorrente, com o seguinte entendimento: ...

O entendimento que deve prevalecer é aquele dado pelo acórdão paradigma, uma vez que ...

Como sabemos, o art. 926 do Código de Processo Civil estabelece que os tribunais devem uniformizar sua jurisprudência e mantê-la estável, íntegra e coerente.

Portanto, o recurso merece ser provido para, em julgamento em conformidade com o Regimento Interno do Tribunal, seja suprida a divergência e uniformizada a jurisprudência do Tribunal acerca da matéria.

IV – DO PEDIDO RECURSAL

Por todo o exposto, requer que o recurso seja conhecido e provido, no sentido de ...

Termos em que
pede deferimento.

Local e data.

Advogado ...
OAB ...

Referências

BARROSO, Darlan; LETTIÈRE, Juliana Francisca. *Prática no processo civil*. 9. ed. São Paulo: Saraiva, 2019.

CARVALHO FILHO, José dos Santos. *Manual de direito administrativo*. 31. ed. São Paulo: Atlas, 2017.

CINTRA, Antonio Carlos de Araújo; GRINOVER, Ada Pellegrini; DINAMARCO, Cândido Rangel. *Teoria geral do processo*. 26. ed. São Paulo: Malheiros, 2010.

DI PIETRO, Maria Sylvia Zanella. *Direito administrativo*. 31. ed. São Paulo: Forense, 2018.

MELLO, Celso Antônio Bandeira de. *Curso de direito administrativo*. 33. ed. São Paulo: Malheiros, 2018.

MOREIRA NETO, Diogo de Figueiredo. *Curso de direito administrativo*. 16. ed. São Paulo: Forense, 2014.

NERY JUNIOR, Nelson; NERY, Rosa Maria de Andrade. *Código de Processo Civil comentado*. 11. ed. São Paulo: Ed. RT, 2014.

PAULO, Vicente; ALEXANDRINO, Marcelo. *Direito administrativo descomplicado*. 26. ed. São Paulo: Método, 2018.

WAMBIER, Luiz Rodrigues. *Curso avançado de processo civil:* teoria geral do processo. 16. ed. São Paulo: Ed. RT, 2016. v. 1.